P. und M.

Martina Meuth
Bernd Neuner-Duttenhofer

BAYERN

Küche, Land und Leute

Photos von Martina Meuth

Kulinarische Landschaften
Droemer Knaur

Die Deutsche Bibliothek – CIP-Einheitsaufnahme

Bayern: Küche, Land und Leute/Martina Meuth; Bernd Neuner-Duttenhofer. – München: Droemer Knaur, 1993
(Kulinarische Landschaften)
ISBN 3-426-26595-8
NE: Meuth, Martina; Neuner-Duttenhofer, Bernd

Gedruckt auf Luxo Magic
150 g/qm, aus 100% chlorfreiem Zellstoff (TCF)

Droemersche Verlagsanstalt
Th. Knaur Nachf., München 1993

Gestaltung und Herstellung: Horst Schöck, Stuttgart
Fotosatz: Fotosatz Schmidt + Co., Weinstadt
Reproduktion: Fotolito Longo, Bozen
Umschlaggestaltung:
Atelier Höpfner-Thoma, München
Umschlagsfotos: Martina Meuth
Kartengrundlage: Mairs Geographischer Verlag
Kartenbearbeitung: Rolf Günther, Gerlingen
Druck: Appl, Wemding
Aufbindung: Großbuchbinderei Sigloch, Künzelsau
Printed in Germany
ISBN 3-426-26595-8
5 4 3 2 1

Inhalt

Die Autoren Martina Meuth und Bernd Neuner-Duttenhofer haben jeweils die längste Zeit ihres bisherigen Lebens in Bayern gelebt, genauer gesagt, in München. Sie kennen also Küche, Land und Leute nicht nur aus intensiver eigener Anschauung, sie haben auch eine außergewöhnlich enge Beziehung dazu. Diese wird durchaus nicht dadurch beeinträchtigt, daß die beiden inzwischen auf ihrem Apfelgut im Nordosten des Schwarzwalds leben und arbeiten. Dort schreiben sie ihre Bücher und für die verschiedensten Zeitschriften. Einem großen Publikum sind sie vertraut geworden als das gastgebende, kochende und moderierende Ehepaar der ARD-Ratgeber-Sendung ESSEN & TRINKEN

Vorwort

Bayern-Bilder: Der Chiemsee mit den Alpen im Hintergrund, ein Bauernhaus mit Lüftlmalerei im Leitzachtal, ein Restaurant über dem Tegernsee, das herzige Kircherl am Irschenberg, Schwanthalers Bavaria über der Theresienwiese in München… Die ersten Bilder dieses Buches mögen den Eindruck vermitteln, wir verstünden unter Bayern nur Oberbayern, wie viele, die Bayern nur flüchtig kennen – und dennoch lieben. Nein, wir meinen durchaus ganz Bayern, so wie wir es als Freistaat heute kennen, mit dem bayerischen Teil Schwabens und dem Allgäu, einschließlich der drei fränkischen Regierungsbezirke.

Dieses Bayern war als Königreich zu Anfang des letzten Jahrhunderts in ähnlichen Grenzen wie heute entstanden, als Napoleon das alte Deutschland wegwischte, als die Kleinstaaterei beendet, die Rechte der reichsfreien Städte aufgehoben und vor allem der Besitz der Kirche säkularisiert, also verstaatlicht wurde. Altbayern, bestehend aus Ober- und Niederbayern, der Oberpfalz und der Rheinpfalz, die freilich nach 1945 verloren und im neuen Bundesland Rheinland-Pfalz aufging, gewann Bistümer, bevölkerungsreiche Städte, ausgedehnte Grafschaften und Fürstentümer: 1814 war es fast doppelt so groß und zählte dreimal so viele Einwohner wie nur zwölf Jahre zuvor. Schließlich kam 1920 durch Volksentscheid noch Coburg hinzu.

Zwar hatte schon Bismarck bemerkt, daß es den bayerischen Königen (und ihren Ministern!) auf rätselhafte Weise gelungen war, ihren Untertanen eine Art von Nationalgefühl, zumindest einen patriotischen Stolz auf ihr Land zu vermitteln, aber dennoch sind die Landesteile nie vollkommen miteinander verschmolzen – einige Franken wollen, kaum ernst gemeint, ein eigenes Land gründen.

Südlich der Donau, also des berühmten und vielstrapazierten Weißwurstäquators, hingegen kann man sehr wohl ein »bayerisches« Lebensgefühl ausmachen, das spürbar südlich orientiert ist und in dem eine dem Leben zugewandte Sinnenfreude zum Ausdruck kommt. Gerne wird hierfür das Wort »barock« herangezogen – im katholischen Kernland sicherlich mit

Recht: Unter dem Einfluß der Gegenreformation wurde sozusagen der Himmel auf die Erde geholt, die Kirche entfaltete eine ungeheure Pracht und sorgte dafür, daß auch der Alltag nicht zu kurz kam. Nicht, weil man reicher war, als in anderen Gegenden, sondern weil man Wert auf das leibliche Wohl legte. So schrieb 1854 der aus Berlin herangereiste Paul Heyse, der Münchner »Bürgerstand vollends genoß eines so reichlichen Lebens- und Nahrungszuschnitts, wie er in dem sparsamen und nüchternen Norden unerhört war«.

Daran hat sich im Prinzip nichts geändert: der alte Spruch, daß gutes Essen Leib und Seele zusammenhält, hat weiterhin höchsten Stellenwert! Die seinerzeit neu hinzugekommenen protestantischen Gebiete Nordbayerns haben vielleicht weniger opulente kulinarische Traditionen, konnten sich aber offenbar durch die unmittelbare Nachbarschaft zu den Katholiken einem relativen Wohlleben nicht entziehen. (Oder wollten es so wenig wie die freiwillig Zugereisten?)

Oberschwaben wie Franken haben selbstverständlich Eigenarten, die sie teilweise deutlich von den Altbayern unterscheiden – nicht nur im Charakter der Menschen. Vor allem beim Essen und Trinken wird das immer wieder deutlich sichtbar.

In diesem Zusammenhang darf man nicht vergessen, daß die protestantischen Franken den katholischen Bayern wirtschaftlich weit vorauseilten. So war beispielsweise Nürnberg-Fürth seit Beginn des 19. Jahrhunderts die industrielle Metropole Bayerns – nicht umsonst fuhr hier die erste Eisenbahn! Und schon Graf Montgelas hatte erkannt, daß er mit den rührigen Franken, die in Bayreuth, Erlangen und Ansbach schließlich preußische Schulung erfahren hatten, eine effektivere Verwaltung aufziehen konnte als mit den geruhsamen Altbayern.

Auch die fleißigen Schwaben hatten aus Augsburg längst eine Weltstadt gemacht, ein Zentrum des Handels, der Banken und der Kunst, als München noch ein unbedeutendes Städtchen war. Und denken wir schließlich noch rasch an das einst wahrhaft kosmopolitische Regensburg, die mächtigen, reichen, lebensfrohen Bischofsresidenzen Würzburg, Bamberg und Passau! Man stellt leicht fest, daß das reiche Bürgertum in den Reichsstädten ein kultivierteres Leben führte, als die kleinen Beamten in der Residenzstadt München. Und daß die Bischöfe einen Hof hielten, der dem bayerischen in Landshut, Ingolstadt, Neuburg an der Donau oder München in nichts nachstand.

Alten Kochbüchern können wir entnehmen, daß viele vor 30 Jahren geradezu exotisch anmutende Zutaten in den adligen Küchen des 16. bis 18. Jahrhunderts und den bürgerlichen Haushalten des ausgehenden 19. und beginnenden 20. Jahrhunderts selbstverständlich waren. Erst die Gastarbeiter und eigene Reisen haben dafür gesorgt, daß Läden und Märkte reichhaltiger und breite Bevölkerungsschichten mit diesen Produkten konfrontiert wurden. Wir müssen uns hüten, bayerische Küche einfach mit Bauernküche gleichzusetzen. Leider ist dies heute üblich – und man vergißt, daß die Köche der Könige, Fürsten und Bischöfe die Witzigmänner und Schuhbecks ihrer Zeit waren. Und daß die Köchin eines Ministerialbeamten oder Professors natürlich äußerst anspruchsvolle Menüs auf die Tafel zu bringen im Stande war.

Trotz dieser gehobenen Kochkunst und aller Einflüsse aus Frankreich, Italien und Böhmen ist die bayerische Alltagsküche nicht gerade von umwerfender Vielfalt. Brot und Bier, Bayerns »flüssiges Brot«, Wurst und Fleisch sind das wichtigste, nachdem man sie sich leisten kann – früher waren es Mehlspeisen in tausenderlei Variationen. Mit dem Gemüse haben die Bayern es dann weniger – außer dem Kraut sollte eigentlich alles »erst durch die Sau« gegangen sein.

So ist das Lieblingsessen eines gestandenen bayerischen Mannsbilds, das weiß alle Welt, ein knuspriger Schweinebraten (wie es korrekt heißt). Aber wir haben lange suchen müssen, bis wir einen perfekten Schweinsbraten (wie der Bayer sagt) gefunden haben. Und zwar bei einem Witzigmann-Schüler! Womit das große Dilemma der bayerischen Küche auf den Punkt gebracht ist: Wirklich gut kann man einfache, gradlinige Gerichte, von wenigen Ausnahmen abgesehen, nur in traditionsbewußten Familien und einigen Spitzenrestaurants genießen. Die breite Gastronomie und die meisten Hausfrauen geben sich leider nicht die Mühe, arbeiten nicht mit der Präzision, die auch und gerade für eine einfache Küche nötig ist – sei sie nun bäuerlich oder bürgerlich.

Hinzu kommt freilich, daß in den meisten Haushalten der unermeßliche Schatz der Erfahrung verloren gegangen ist. Nur noch in wenigen bäuerlichen Großhaushalten lernen die Mädchen und jungen Frauen bei Mutter, Groß- und Schwiegermutter, wie es gemacht wird. Dagegen kann man das, was in Haushaltschulen gelehrt wird, im allgemeinen getrost vergessen – Mehlschwitze mit Margarine!

Auch die Wirren der Kriegs- und

Nachkriegszeit, Not und Vertreibung haben das ihre dazu beigetragen, daß Traditionen untergegangen sind. Die fast zweieinhalb Millionen Flüchtlinge und Heimatvertriebenen, die Bayern nach dem Krieg aufnahm, kochten weiter nach ihrer Art, fanden aber nur Produkte mit anderen Eigenschaften. Freilich schuf ihre Nachfrage neue Angebote, befruchtete so die bayerische Küche. Aber nur zu häufig sind wir jungen Frauen begegnet, die als traditionelle bäuerliche und bürgerliche Küche nichts anderes gelernt haben, als die Ersatzrezepte aus Nazizeit und junger Republik – und wenn es vom damaligen Liebling der Nation, Clemens Wilmenrod, im Fernsehen abgeschaut war.

Allerdings müssen wir berücksichtigen, daß es im bäuerlichen wie im bürgerlichen Haushalt früher nicht auf die Zeit ankam. Ein Eintopf durfte lange köcheln, ein Ragout ewig schmurgeln, das Fleisch briet langsam bei milder Hitze. Zum häufigen Begießen des Bratens hatte man immer eine Hilfe.

Schließlich hat sich die Qualität der Lebensmittel geändert – beim Schweinefleisch auf großer Linie gewiß nicht zum Besten. Vergleicht man Abbildungen zur Warenkunde in alten Kochbüchern mit neuen, so kann man etwas Erstaunliches feststellen: Die fettdurchwachsenen, marmorierten, mit einer dicken Speckschicht besetzten Bratenstücke, die einst als beste Qualität gepriesen wurden, gibt es gar nicht mehr; und die Stücke, die als minderwertig, weil zu mager abgelehnt wurden, gelten heute als die besten. Verkehrte Welt? Ja, denn der manisch auf seine Schlankheit fixierte Verbraucher hat eine verhängnisvolle Entscheidung getroffen: Weil er jeden Tag Fleisch essen und dennoch nicht dick werden will, mußte das Fleisch abspecken. Dadurch schmeckt es aber nicht mehr so gut und wird zudem zäh, denn das Fett ist Aromaträger und Zartmacher zugleich. Es gilt, will man so vorzüglich essen, wie unsere Vorfahren, radikal umzudenken: Nur zwei oder drei Mal die Woche Fleisch, dann aber gutes, also korrekt gemästetes, nicht zu junges, mit dem nötigen Fett durchzogenes Fleisch! Wozu man freilich auch auf die alten Rassen zurückgreifen muß, die sich Jahrhunderte hindurch bewährt haben, aber vor zwei, drei Jahrzehnten abgeschafft wurden.

Solch gutes Fleisch, sei es Rind, Geflügel oder Schwein, kostet natürlich mehr als die übliche Schnellmastware – wer seine Kundschaft über den Preis gewinnen will, kann halt keine echte Qualität erzeugen. Die Landwirtschaft stellte auf weniger arbeitsintensive

Haltung der Tiere mit Kraft- und Silofütterung um und erzeugte fettarmes Fleisch. Aus den weitgehend sich selbst versorgenden Bauernhöfen wurden Fabriken für ganz bestimmte Massenartikel. Die Städter wissen schon lang nicht mehr, wie ihre Nahrungsmittel produziert werden – wüßten sie es, sie würden sich in vielen Bereichen mit Grausen wenden.

Heute sind wir an einem Punkt, wo Umkehr dringend nötig ist – nicht nur aus geschmacklichen und gesundheitlichen, sondern aus ethischen, ökologischen und ökonomischen Gründen. Bayern ist trotz zunehmender Industrialisierung und Ausweitung des Dienstleistungssektors noch immer stark von der Landwirtschaft geprägt. Der bayerische Staat tut auch viel, um seinen Bauern das Überleben zu sichern und seine Bevölkerung auf die Probleme hinzuweisen. Aber die Erkenntnis, daß wir gleichzeitig ökonomisch und ökologisch sinnvolles Wirtschaften sowie die Qualität der Ernährung sichern müssen, hat noch längst nicht gegriffen. Erst sehr wenige verstehen die Zusammenhänge und handeln danach.

So ist es vielleicht erstaunlich, wenn wir feststellen müssen, daß in diesem Land, das nach außen hin so stolz auf seine Traditionen ist, auf kulinarischem Gebiet sehr viel mehr wiedergewonnen werden muß, als zu konservieren noch vorhanden ist. Gewiß: Hier und da zieht einer seine Enten und Gänse nach alter, anständiger Art mit Körnern zu unerwartetem Gewicht und Wohlgeschmack, gibt es noch frei oder auf dem gestampften Stallboden aufgewachsene, glückliche, schwere, kernige Säue zum Schlachtfest, verwendet eine Bäuerin noch die wunderbare Mischung von Schweine- und Butterschmalz zum Ausbacken; aber mehr Geflügel wird auf billige Weise mit Sojaschrot schnellgemästet, die meisten Schweine sterben viel zu jung und haben ein qualvolles Dasein auf Gitterrosten hinter sich gebracht und die jungen Bäuerinnen backen in neutralem Fett oder kaufen sich gleich die fertigen Sachen beim Bäcker...

Viele Gastwirtschaften haben wir vergeblich besucht, oft verließen wir schöne Häuser voller Enttäuschung! Aber wir wurden auch belohnt und haben Freundschaft und kulinarische Paradiese gefunden, von den schönen Städten und großartigen Landschaften ganz zu schweigen.

Nun hoffen wir, daß wir Ihnen durch unsere Bilder und Berichte das Bayern vermitteln können, das wir lieben. Allen, die uns dabei geholfen haben, sei an dieser Stelle aus ganzem Herzen gedankt.

FRÜHLING

Von Hopfensprossen, Spargel, Ziegenkäse – von eleganter und bürgerlicher Küche und fränkischem Wein

Zünftig: Krachlederne als Festtagskluft

Geräuchert: Renken

München: Rathaus, Dom

Gemütlich: Biergarten unter Kastanien

Bauernalltag: Milchkannen vor der Tür

Edel: Trockenbeerenauslesen aus Franken

Frühlingsfestessen: Täubchen mit Morcheln

Abensberger Spargel: weiß und grün

Hopfen: als Sprossen und für Bier

Von jeher war Spalt für seinen Hopfen berühmt. Das hübsche Städtchen liegt südlich von Nürnberg, am Rande des Neuen Fränkischen Seenlands, jener Region, die durch die gigantischen Erdverschiebungen für den Rhein-Main-Donau-Kanal als Freizeitseenlandschaft überhaupt erst entstanden ist. Dank des besseren Bodens, aromatischerer Sorten und geringerem Ertrag als etwa in der Holledau (dem größten Hopfenanbaugebiet nicht nur Bayerns, sondern der Welt), gerät der Spalter Hopfen besonders würzig.

Früher hat der Hopfen, das *grüne Gold*, die Menschen reich gemacht, trotz des arbeitsintensiven Anbaus. Heute werden die Preise von Importware gedrückt. Zwar wurden Anbau und Ernte rationalisiert, aber aufwendig ist eine Hopfenplantage immer noch. Der Hopfen will täglich seinen Herrn sehen, sagt ein Sprichwort. Die Pflanzen ranken sich an Drähten einer Gerüstkonstruktion empor, 10 Meter hoch und sehr stabil. Jedes Jahr müssen sie neu verspannt werden. Von einer riesigen fahrbaren Leiter aus, Draht für Draht, für jede der 4000 Pflanzen pro Hektar einen. Nur zwei bis drei Triebe pro Pflanze werden benötigt, die anderen 50 bis 60 Keime müssen entfernt werden. Das macht mit der heute üblichen Fräsmaschine nicht viel Mühe. Aber dann sind die zarten Sprossen vernichtet. Will man sie essen, muß man von Hand pflükken, und das ist eine arge Schinderei. Zudem müssen sie sofort verarbeitet werden, sonst färben sie sich braun. So ist der Hopfenspargel zur raren und teuren Delikatesse geworden.

In den Gasthäusern der Gegend allerdings wird er noch angeboten. Am besten versteht man sich darauf im *Gasthof Blumenthal* im Ortsteil Stiegelmühle. Dort serviert ein junges Paar sorgfältige, liebevolle Küche. Leider wurde das Haus bereits in den sechziger Jahren nicht sehr einfühlsam renoviert. Aber das Essen versöhnt sogleich: frisch gekocht, klar und ehrlich – einfach gut!

Nur etwa zwei Wochen lang kann man die delikaten Hopfensprossen ernten, von Ende März bis Anfang April. Leider machen sich nicht mehr viele die Mühe, sie zu pflükken. Früher verdienten sich die Frauen damit ein Taschengeld; heute ist die Mühe zu groß und der Verdienst zu klein

Sophie und Josef Kocher haben das Gasthaus Blumenthal vor vier Jahren von seinen Eltern übernommen. Er steht in der Küche, sie serviert. Auch sorgt die Konditorin für Kuchen und die Desserts. Sonntags geht's zu, dann hilft die Schwiegermama in der Küche, vorzugsweise bei den Braten

Das Spalter Bier – hell und dunkel – ist weithin bekannt. Zu Recht! Der ausgeprägte Hopfenton macht es angenehm bitter, frisch und aromatisch. Ursprünglich braute fast jeder Gasthof im Ort sein eigenes Bier. Heute jedoch gibt's in Spalt nur noch diese eine Brauerei

Spalt, ein hübscher Ort im Hügelland von Mittelfranken

Charakteristisch mit dem hohen Dach: ein alter Hopfenspeicher

1

HOPFENSPROSSEN (Grundrezept)

Die zarten Keimsprößlinge sind sehr empfindlich, müssen also so schnell wie möglich verarbeitet werden. Danach lassen sie sich problemlos ein bis zwei Tage im Kühlschrank aufbewahren. Zunächst werden die Sprossen gründlich gewaschen, dabei vorsichtig zwischen den Handflächen aneinander gerieben, damit sie hell werden. Häufig muß man sie auch am unteren Ende wie Spargel schälen, Holziges wird abgeschnitten. Schließlich werden sie gekocht:

Sud für ca. 500 g Sprossen:
1 l Wasser, 1/8 l Essig, 2 EL Zucker, 1/2 EL Salz

Die Sprossen in diesem Sud 10 Minuten leise köcheln. Im Sud abkühlen lassen und auch darin aufbewahren.

2

BRUNNENKRESSESUPPE MIT HOPFENSPROSSEN

Für vier bis sechs Personen:
2 Frühlingszwiebeln, 1/4 Sellerieknolle, 1 Petersilienwurzel, 1–2 Knoblauchzehen, 1 Bund Brunnenkresse, 2 EL Butter, 1 EL Mehl, 1 l Hühnerbrühe, Salz, Pfeffer, 100 g Crème fraîche, 1/2 TL gefriergetrocknete rosa Pfefferbeeren, 1 gute Handvoll Hopfensprossen

Frühlingszwiebeln, Sellerie, Petersilienwurzel und Knoblauch würfeln, zusammen mit den Stielen der Brunnenkresse in der heißen Butter andünsten. Mit Mehl bestäuben und durchschwitzen. Brühe angießen, salzen und pfeffern. Etwa eine halbe Stunde sanft köcheln. Crème fraîche zufügen. Nach etwa 5 Minuten alles mit dem Mixstab fein pürieren und durch ein Sieb streichen. Vor dem Servieren die Suppe mit den Blättern der Brunnenkresse aufmixen. Rosa Pfefferbeeren und Hopfensprossen darin erwärmen und abschmecken.

1

2

3

KARPFENFILET MIT GEMÜSENUDELN

Für vier Personen:
4 Portionsstücke aus dem Karpfenfilet à 180 g, Salz, Pfeffer, 1/4 l Fischfond, 1/8 l Weißwein, 100 g Crème fraîche, 1 dicker Bund Schnittlauch
Gemüsenudeln:
200 g schmale Bandnudeln, Salz, je 100 g gelbe Rüben, Petersilienwurzel, Lauch, Sellerie und Hopfensprossen, 2 EL Butter, Petersilie

Die Karpfenstücke salzen und pfeffern. Fischfond, Weißwein und Crème fraîche etwas einkochen, die Fischstücke darin sanft 5 Minuten garziehen lassen. Zugedeckt warm stellen. Den Sud zur Saucenkonsistenz einkochen, salzen, pfeffern, Schnittlauchröllchen einrühren und über die Fischfilets geben. Die Nudeln knapp gar kochen. Gemüse in feine Streifchen schneiden. In heißer Butter einige Minuten dünsten. Salzen, pfeffern, die abgetropften Nudeln untermischen. Mit Petersilie bestreuen.

4

HOPFENSPROSSENSALAT

Für vier Personen:
250 g blanchierte Hopfensprossen, verschiedene Blattsalate der Saison.
Marinade:
2 EL milder Weißweinessig, 1 EL Sherryessig, 1 TL Balsamico-Essig, Salz, Pfeffer, 4 EL Olivenöl (Extra-Qualität), gehackte Petersilie und Schnittlauch

Die Hopfensprossen in ihrem Sud erwärmen. Auf einem Bett von Salatblättern anrichten. Mit der Marinade, die mit einem Schneebesen aufgeschlagen wurde, anmachen.

5

SCHINKEN IM BIERTEIG

Das ist die in der Spalter Gegend traditionelle Beigabe zum Hopfensprossensalat. Man braucht dafür einen gekochten Schinken, der nicht zu stark gepökelt und weniger lang als sonst gegart wurde – sonst schmeckt er nach dem Backen zu salzig und gerät zu trocken.

Für vier Personen:
Bierteig:
250 g Mehl, 1 Ei, 1/4 l Bier, Salz, 1 gestrichener EL Zucker
Außerdem:
4 fingerdicke Scheiben Schinken, Schweineschmalz zum Backen

Aus Mehl, Eigelb, Bier und Salz einen dickflüssigen Teig quirlen. Das Eiweiß steif schlagen, dabei den Zucker zufügen (gibt dem Eischnee Stand und läßt den Teig in der Pfanne schön golden karamelisieren) und unter den Teig ziehen. Die Schinkenscheiben nacheinander im Teig wenden und im heißen Schmalz golden ausbacken.

4

3

5

Die Weltstadt mit Herz

München – Weltstadt oder, wie oft gespottet, Millionendorf? Beides! Versnobter Tummelplatz des Schickimicki oder Bier-Oase mit italienischem Flair und so erstaunlich demokratischem Umgang zwischen den verschiedenen Gesellschaftsschichten? Beides! Gar heimliche Hauptstadt? Nein, dies wohl nur in der alten Bundesrepublik, die Vereinigung hat den Titel gekostet.
Und »Weltstadt mit Herz«? Ein Slogan aus Eigenlob, erfunden nach finsterer Zeit: München mußte, nachdem sich der Beiname »Hauptstadt der Bewegung« erledigt hatte, sich ein neues Image zulegen. Wurden auch die Menschen geändert?
Es ist eine typisch bayerische Eigenschaft, von etwas begeistert zu sein und sich daran zu berauschen – wie an einer guten Maß Bier nach der anderen –, ohne zu merken, wo man eigentlich hinsteuert. Irgendwie ist man plötzlich betrunken – wo es doch im Biergarten so schön war ... Hinterher wundert man sich, daß es so weit kommen konnte. Die von Gerhard Polt so beängstigend gezeigte Dumpfheit, die von Lion Feuchtwanger im Roman »Der Erfolg« so eindringlich beschriebene Bosheit sind eben Nachbarn altbayerischer Gemütlichkeit.

Wahrzeichen: Rathaus, Frauenkirche

Denkmal: Geliebte Liesl Karlstadt

Das moderne München: Olympiagelände

Südliches Ambiente: Straßenrestaurant

Bayerisch, münchnerisch: Wie leicht schlägt fröhliche Ausgelassenheit in böses Brüllen oder Rauferei um, wie fröhlich schwelgen Stammtischbrüder in kommenden Katastrophen, wie nah sind gegenreformatorisches Jubeln und barockes Bewußtsein des Todes!
Im Barock erfuhr München seine bis heute bestimmende architektonische Gestalt, die das Mittelalter hinter sich ließ. Rokoko, Klassizismus und Historismus setzten schließlich die anderen stadtprägenden Akzente: München wurde eine schöne Stadt. Allerdings ist ohnehin jeder Münchner überzeugt, daß es die schönste der Welt ist. Wozu man beileibe kein geborener Münchner sein muß. Im Gegenteil: Die meisten Münchner sind Zugereiste, die München lieben! Auch Preußen, die man nicht leiden zu können vorgibt, die aber seit jeher Basis für das liberale Selbstverständnis der Stadt sind – und unverzichtbar, weil dynamischer als die Ureinwohner: Ihnen verdankt München seinen wirtschaftlichen Aufschwung.
Heute erstrahlt München wieder in seinen klaren, transparenten Farben. So, wie es war, bevor der Höllenspuk der Nazis die Stadt in Schutt und Asche legte. So, wie Thomas Mann es pries: München leuchtet.

Schloß Nymphenburg, in seinem barocken Park eine der großartigsten Anlagen Deutschlands, entwickelte sich aus einem Jagdhaus zur glänzenden Hofhaltung

Die Amalienburg, das Lustschlößchen im Nymphenburger Park, ein Rokoko-Juwel

Ludwig I., ein leidenschaftlicher Bauherr: Mit Klenze und Gärtner realisierte er die prachtvolle, klassizistische Ludwigstraße – aus der Privatschatulle finanziert!

Das Mädchen und der Penner – München ist kein Pflaster mehr für Märchen

Links: Mariensäule; oben: Mittagspause vor der Residenz

Bestellung: Im Biergarten auf dem Viktualienmarkt

Bei Eckart Witzigmann: Kulinarischer Gipfel

Es ist immer so eine Sache mit den Besten ihrer Zunft. Sie selber denken ja im Traum nicht daran, sich als solche hinzustellen. Aber das nimmt ihnen niemand ab. Eckart Witzigmann, der berühmteste deutsche Koch, kann davon ein Lied singen.

Zuerst hatte sich alles schön langsam und erfreulich entwickelt: Als er vor gut zwanzig Jahren in München im *Tantris* begann, öffnete er mit seinem Küchenkonzept der deutschen Gastronomie eine neue Dimension. Er zeigte, daß auch hierzulande große Küche möglich ist, bewies, daß Kochen ebenso Kunst wie zugleich eine höchst irdische Sache ist. Das war neu; begierig stürmten nicht nur Gäste, auch die Kollegen Köche herbei, der Nachwuchs stand Schlange, um bei Witzigmann zu lernen – der Kochberuf wurde interessant.

Die Anstöße, die damals aus Witzigmanns Küche im *Tantris* kamen, waren für die gastronomische Entwicklung in unserem Land entscheidend. Eine neue Art des Kochens griff Raum, auch eine frischere, natürlichere, weniger weihevolle Attitüde in den *feinen Restaurants* wurde spürbar; Genuß war auf einmal nicht mehr verpönt. Man war interessiert, wurde anspruchsvoller, auf deutschen Märkten, in den Küchen tat sich etwas.

Schließlich wurden Eckart Witzigmann als erstem deutschen Koch drei Michelinsterne verliehen. Damit zählte er zu der kleinen Handvoll Auserlesener, die nach Ansicht des traditionsreichsten Gastronomieführers zur Weltspitze gehören.

Das weckte Neid. Weniger bei Kollegen. Auf einmal wurde es bei gewissen Gästen schick, über Witzigmann zu lästern; selbst Gastronomiekritiker waren sich nicht zu schade, nach natürlich nicht vorhandenen Haaren in der Suppe zu forschen; in manchen Kreisen wies sich als Kenner aus, wer mäkelte; und, natürlich, fand man immer alles viel zu teuer. Dabei läßt sich mühelos vorrechnen, daß der sattsam bekannte Hamburger in seiner Styroporschachtel im Preis-Leistungs-Verhältnis verglichen mit einem Menü

in Witzigmanns *Aubergine* geradezu Wucher ist.

Witzigmann ist mit Leidenschaft bei seiner Sache; und das ist nicht nur ein plattes Wort. Kochen ist ihm wichtiger als all die glamourösen Evenements, die in der Gastronomieszene Mode sind, all die Festivals, Fernsehauftritte und üppig dotierte Vermarktungsverträge.

Er steht in seiner Küche, unbeirrt, jeden Tag, mittags wie abends, bis spät in die Nacht, und es geht kein Gericht hinaus, das er nicht genau überprüft, abgeschmeckt und kontrolliert hat. Den Gästen soll es schmekken, sie sollen glücklich sein. Ob und wie sehr ihm das gelungen ist, sagt ihm der Teller, der in die Küche zurückkehrt. Es bestürzt ihn, wenn er nicht leergegessen ist; er sucht dann den Fehler nicht etwa bei anderen, sondern bei sich.

Gärtner wäre er gern geworden, sagt er, und sein Blick wird sehnsüchtig. »Zu sehen, wie aus kleinen Pflänzchen die Gemüse sich entwickeln, zu vollendeter Form heranwachsen, voll Duft und Geschmack . . . ernten und dann sofort etwas ganz Besonderes daraus zubereiten.« Er ist und bleibt eben Koch, aus Leidenschaft!

CHARTREUSE VON DER GÄNSELEBER UND WACHTEL

Natürlich ist gleich der Auftakt des Menüs derart fulminant, daß es sich erübrigt, ein genaues Rezept zu liefern. Es wäre zu langwierig, zu kompliziert, und an die nötigen Zutaten kommt ein »Normalbürger« ohnehin nicht so ohne weiteres. Unter einer *Chartreuse* versteht man in der Küchensprache eine kunstvoll zusammengebaute Konstruktion von erlesenen Delikatessen, die in einem runden Förmchen mit Gelee zusammengehalten sind. In diesem Fall handelt es sich um Foie Gras, also Gänsestopfleber, die mit Wachtelmousse und reichlich schwarzen Trüffeln aufeinandergeschichtet und mit grünem Spargel umkränzt wurde. Das bildschöne »Törtchen« ist hier mit einem kleinen Salat und einer Pinienkern-Vinaigrette angerichtet.

1

2

2

SALAT VOM KALBSKOPF

Für vier bis sechs Personen:
1 Kalbszunge, 1 Kalbshirnhälfte, ca. 150 g Kalbsbries, 1/2 ausgelöster Kalbskopf, 1/2 Stangensellerie, 1 Lauchstange, 1 Bund Petersilie, 1 Zwiebel, 1 Lorbeerblatt, 1 Nelke, Salz, 10 weiße Pfefferkörner
Salat:
2 mittelgroße Kartoffeln, 1 kleine rote Bete, 1 gelbe Rübe, 2 Petersilienwurzeln, 1 kleines Stück Sellerieknolle, 1 Lauchstange, eine gute Handvoll Salatblätter, 3–4 Radieschen
Vinaigrette:
1 Schalotte, 1 Frühlingszwiebel, Salz, Pfeffer, Zucker, 1 TL Pommery-Senf, 2 EL Obstessig, 2 EL Estragonessig, 6 EL Olivenöl, 6 EL Rinder-Consommé, frischer Meerrettich, Kerbelblätter
Außerdem:
Mehl zum Bestäuben, 1 Ei, 4 EL geklärte Butter, Salz, Pfeffer aus der Mühle

Die Kalbsinnereien und den Kalbskopf zwei bis drei Stunden wässern. Hirn und Bries sorgfältig parieren.
Reichlich Wasser mit Sellerie, Lauch und Petersilienstielen sowie Zwiebel und Gewürzen aufkochen. Zunge und Kalbskopf zufügen und eineinhalb bis zwei Stunden sanft ziehen lassen. Herausnehmen, kalt abschrecken. Die Zunge häuten.
Für den Salat Kartoffeln und rote Bete in ihrer Schale weich kochen, pellen und noch heiß in Scheiben schneiden. Die restlichen Gemüse in streichholzfeine Stäbchen schneiden, nach Sorten getrennt in Salzwasser blanchieren und kalt abschrecken.
Inzwischen für die Vinaigrette Schalotte und Frühlingszwiebel fein würfeln. Mit den übrigen Zutaten cremig aufschlagen. Zum Schluß etwas Meerrettich frisch hineinreiben. Die Salatzutaten jeweils getrennt mit etwas Vinaigrette marinieren.
Zum Servieren Zunge und Kalbskopf in feine Scheiben schneiden und mit Brühe beträufelt im heißen Ofen erwärmen. Auf Tellern anrichten und mit Vinaigrette beträufeln. Die Salate dazwischen anordnen, mit Radieschenstiften und Kerbelblättchen dekorieren.
Hirn und Bries in Scheiben schneiden, in Mehl wenden, im verquirlten Ei wälzen, in Butter golden backen, salzen, pfeffern und obenauf betten.

1

ZANDER MIT KRÄUTERN

Für vier Personen:
4 Stücke vom Zanderfilet à 200 g, 1 EL neutrales Öl, 30 g Butter, Meersalz, Pfeffer aus der Mühle
Kartoffelschaumsauce:
2 Schalotten, 1 TL Butter, 250 g Kartoffeln, 10 cl Hühnerbrühe, 15 cl Fischfond, 15 cl süßer Rahm, 2 EL geschlagener Rahm, Salz, Pfeffer, Muskat
Rote-Bete-Vinaigrette:
1 kleine, frisch gekochte rote Bete, 1 EL Zitronensaft, Salz, Pfeffer, 1 EL Champagner-Essig, 3 EL Olivenöl, 2 EL neutrales Öl, 1 EL Fischfond, frische Gartenkräuter der Saison

Die Haut der Fischstücke mit einem sehr scharfen Messer kreuzweise einritzen. In einer Teflonpfanne im heißen Öl auf starkem Feuer rasch auf der Hautseite anbraten. Das Öl wegkippen, die Butter in der Pfanne aufrauschen lassen, den Fisch wenden und neben dem Herd nachziehen lassen.
Für die Sauce die feingewürfelten Schalotten in der Butter andünsten, die Kartoffeln zufügen, mit Brühe und Fischfond weich kochen. Pürieren und durch ein Sieb passieren. Mit Sahne etwas einköcheln, mit Salz, Pfeffer und Muskat würzen, bevor der Schlagrahm untergezogen wird.
Die Vinaigrettezutaten mixen. Die Fischstücke, Hautseite nach oben, anrichten. Mit Kartoffelsauce umgießen, kleine Tupfer Rote-Bete-Vinaigrette hinsetzen, mit Kräutern dekorieren.

1

3

1

GEBRATENE TAUBE MIT FRÜHLINGSGEMÜSEN

Für vier Personen:
2 Tauben à 450–500 g, Salz, Pfeffer, 8 Wacholderbeeren, 4 EL Öl, 100 g Butter, 1/2 Sellerieknolle, 2 Schalotten, 1/2 l Geflügelfond, 20 junge gelbe Rübchen, 20 Frühlingszwiebeln, 16 Champignons, 3–4 Kartoffeln, 10 grüne Spargel, 400 g frische Morcheln, 2 cl Madeira, Petersilie

Die Tauben innen und außen mit Salz und Pfeffer würzen, mit Küchenzwirn zusammenbinden. Mit dem Wacholder in eine Kasserolle setzen, mit Öl bestreichen und im 200 Grad heißen Ofen auf jeder Keulenseite etwa 8 Minuten braten. Den Ofen ausschalten, die Täubchen bei leicht geöffneter Tür ruhen lassen, damit sich die Säfte verteilen.

In zwei Eßlöffeln Butter feingewürfelten Sellerie und Schalotten andünsten, mit Geflügelfond auffüllen. Die Frühlingsgemüse putzen, nach Belieben tournieren (also hübsch zuschneiden) und in diesem Fond garen. Den Spargel schälen, in Stücke schneiden und in Salzwasser gar kochen. Die Morcheln sorgfältig putzen, in drei Eßlöffeln Butter sanft braten. Mit Salz, Pfeffer und Madeira würzen.

Die Tauben halbieren, auf einer Platte oder Tellern anrichten. Mit den Gemüsen umlegen und mit zerzupften Petersilienblättchen garnieren.

2

2

FLUSSKREBSE IM EIGENEN SUD MIT PESTO

Für vier Personen:
Krebssud:
32 Flußkrebse, $^3/_4$ l Wasser,
1 TL Salz, 1 TL Kümmel,
1 Messerspitze Cayennepfeffer,
20 g Butter,
2 Stengel Bleichsellerie,
1 Fenchelknolle, 2 Schalotten,
2 Tomaten, 2 cl Noilly Prat,
2 EL Cognac, $^3/_4$ l Fischfond

Außerdem:
1 Lauchstange, 1 gelbe Rübe,
1 Gartengurke, 250 g Erbsen,
500 g Dicke Bohnen, 20 g Butter,
Salz, Pfeffer

Pesto:
20 große Basilikumblätter,
20 g glatte Petersilie, 20 g Kerbel,
2 Thymianzweige, 2 Knoblauchzehen,
Salz, Pfeffer, Muskat

Die Krebse partienweise kopfüber in kochendes Wasser werfen, das mit Salz, Kümmel und Cayennepfeffer gewürzt ist. Scheren und Schwänze ausbrechen und im Kochsud aufbewahren. Vier Krebsschalen (-nasen, wie der Fachmann sagt) für die Dekoration auswaschen. Die restlichen Schalen und Beine zerkleinern, in Butter anrösten, dabei feingeschnittenes Würzgemüse mitbraten. Nach 10 Minuten mit Noilly Prat ablöschen, mit Cognac flambieren und schließlich mit Fischfond auffüllen. Eine halbe Stunde köcheln, bis ein intensiv-würziger Krebsfond daraus geworden ist.

Inzwischen Lauch, gelbe Rübe und Gurke putzen, sehr fein würfeln; Erbsen und Dicke Bohnen palen, letztere auch aus der Innenhaut lösen. In heißer Butter dünsten, salzen und pfeffern.

Die Zutaten für den Pesto im Mörser oder Mixer zu einer Paste pürieren.

Den Krebsfond durch ein Sieb zum Gemüse gießen und aufkochen. In tiefe Tellern verteilen, das Krebsfleisch darauf anrichten. Den Pesto den Rand entlang in die Suppe träufeln.

3

WALDMEISTER-JOGHURTEIS MIT KOMPOSITION VON FRÜHLINGSFRÜCHTEN

Auch für das Dessert sollte man lieber gleich in die »Aubergine« gehen, als sich in seiner eigenen Küche daran zu versuchen. Es ist typisch für ein Luxusrestaurant, in dem man allein für den Nachtisch eine eigene Küche betreibt, in der gleich mehrere Köche sich ausschließlich um Süßes kümmern. So kann man hier gleich dreierlei auf einem Teller anrichten (von links im Uhrzeigersinn): Walderdbeeren im Hippenkorb mit gesponnenem Zuckerhäubchen, Gratin von Walderdbeeren und schließlich Walderdbeer-Terrine mit Waldmeister-Joghurteis, geschmückt mit einem gebackenen Schmetterling . . . Das Eis ist übrigens gar nicht so schwierig und schnell gemacht:

Für vier Personen:
60 g Zucker, Saft von $^1/_2$ Zitrone,
1 EL Cognac, 5 EL Weißwein,
1 kleiner Bund Waldmeister,
250 g Joghurt, 1 TL Milchpulver

Zucker mit Zitronensaft, Cognac und Weißwein aufkochen. Vom Feuer nehmen, den Waldmeister darin eine halbe Stunde zugedeckt ziehen lassen. Durch ein Sieb passieren, Joghurt und Milchpulver mit dem Mixstab einarbeiten. In der Eismaschine gefrieren lassen, bis das Eis cremig ist.

Ein Hoch den Münchner Schmankerln

Mit *Leckerbissen* ist ein Schmankerl nicht richtig definiert. In dem Begriff steckt vielmehr eine ganze kulinarische Welt. »Man braucht's gewiß nicht zum Überleben, aber es ist gut fürs Wohlbefinden« – so ungefähr jedenfalls hat Siggi Sommer seinen legendären Spaziergänger Blasius in der Abendzeitung sinnieren lassen. Schmankerl, das sind die kleinen Gerichte, die man auch außerhalb der Mahlzeiten zu sich nehmen kann, zum zweiten Frühstück beispielsweise. Ein *Lüngerl* etwa, ein rosa *Kalbsherz vom Rost* oder *Gesottenes Ochsenkron* (Nordlichter kennen dieses delikate Stück Rindfleisch vielleicht nicht unter seiner deutschen Bezeichnung Zwerchfell, sondern eher als das vornehmer klingende, französische *bavette*). Die Schmankerl-Kultur in Münchner Gaststätten hat zunehmend gelitten; kein Wunder, denn nicht alle zugereisten Gäste haben Sinn für diese Gustostückerl. Was nicht bestellt wird, kann der Wirt nicht verkaufen. Und so halten auch hier statt dessen immer häufiger die allseits bekannten Rahm-, Jäger- und anderen Schnitzel Einzug auf den Speisekarten.

Rühmliche Ausnahme: Der *Straubinger Hof*, einen Steinwurf weg vom Münchner Viktualienmarkt. Die beiden Wirtsleut' Rudolf Färber und Friedrich Sabo betreiben das Gasthaus so, wie es sich für eine Münchner Traditionsgaststätte gehört: Ab neun Uhr gibt's Weißwürscht', und dann geht's in der Küche rund bis abends um halb zehn. Nicht einmal der Biergarten fehlt: zwar mit Blick auf die Brandmauer des Nachbarhauses, aber beschattet von mächtigen, alten Kastanien und Linden. Bei diesen Grundstückspreisen! Und das Publikum? Genau die Mischung, die München ausmacht: das alte Mütterlein, das nicht mehr selber kochen mag, die jungen Frauen aus den umliegenden Büros und der Schickimicki-Stenz mit der schweren Goldkette auf nackter Brust – eben alle, die Schmankerl lieben . . .

Rudolf Färber und der Koch Friedrich Sabo vom Straubinger Hof

1

GEBACKENES KALBSZÜNGERL MIT KARTOFFELSALAT

Für ein bis zwei Personen:
1 Kalbszunge, 1 Zwiebel, Salz,
1 Lorbeerblatt, 2 Nelken,
1/2 TL weiße Pfefferkörner,
1 EL Mehl, 1 Ei, 3 El Semmelbrösel,
Butter- oder Schweineschmalz
zum Backen

Kartoffelsalat:
500 g festkochende Kartoffeln,
1 weiße Zwiebel, 3–4 EL Essig,
1 EL Öl, Salz, Pfeffer

Die Zunge mit der gehackten Zwiebel und den Gewürzen in einen passenden Topf füllen. Mit Wasser bedecken, aufkochen und auf mildem Feuer zugedeckt eine gute Stunde garziehen lassen. Die Zunge ist gar, wenn sie sich leicht durchstechen läßt. Die Zunge häuten, von Knorpeln säubern und in der Brühe bis zum nächsten Tag auskühlen lassen, weil sie sich dann besser aufschneiden läßt, und zwar längs in fingerstarke Scheiben. Diese zuerst in Mehl, dann in verquirltem Ei, schließlich in Semmelbröseln wenden und im heißen Schmalz schwimmend golden ausbacken.

Für den Salat die Kartoffeln bereits drei bis vier Stunden vor dem Essen gar kochen. Jedoch unbedingt noch lauwarm in dünne Scheiben schneiden und mit der feingewürfelten Zwiebel, Essig, Salz, Pfeffer und Öl sowie einem guten Schuß Zungenbrühe(!) anmachen. So bekommt der Salat die richtige Festigkeit. Zugedeckt durchziehen lassen. Immer wieder durchmischen und gegebenenfalls mit einem weiteren Schuß warmer Brühe geschmeidiger machen. Außerdem gehört zum gebackenen Züngerl eine Remouladensauce.

2

BÖFFLAMOTT

Der eigenartige Name rührt aus dem Französischen: Es handelt sich nämlich um ein Bœuf à la mode, also einen geschmorten Sauerbraten, wie er in der feinen Bürgerküche Münchens Mode war. Der Bayer sagt auch »Soßfleisch« dazu und braucht dicke Semmelknödel, um die köstlich würzige Sauce aufzutunken oder einen Berg von Eierspätzle (siehe Seite 200).

Für sechs bis acht Personen:
1 Schulternaht
(jenes Stück aus der Rinderschulter, das eine gallertige Linie in der Mitte aufweist, die das Fleisch schön saftig hält),
1/5 l Essig, 1/4 l Rotwein, Wurzelwerk,
1 Zwiebel, 2 Nelken, 2 Lorbeerblätter,
je 1/2 TL Pfeffer-, Piment- und
Wacholderbeeren, 2 EL Butterschmalz,
2 EL Butter, 1 TL Zucker, 1 EL Mehl,
1 Stück Saucenlebkuchen

Das Fleisch in eine Schüssel legen und mit der Beize bedecken. Dafür Essig, Rotwein und einen halben Liter Wasser aufkochen, kleingehacktes Wurzelwerk, Zwiebel und alle Gewürze zufügen. Eine Viertelstunde köcheln. Abgekühlt über das Fleisch gießen und zwei bis vier Tage im Kühlschrank beizen lassen. Schließlich das Fleisch gut abtrocknen, im heißen Butterschmalz anbraten. Die Beizflüssigkeit, Wurzelwerk und Gewürze zufügen. Auf leisem Feuer zugedeckt eineinhalb bis zwei Stunden garziehen lassen.

Für die Sauce die Butter erhitzen, Zukker und Mehl darin anschwitzen, mit etwa einem halben Liter Schmorsud ablöschen. 20 Minuten leise köcheln, dabei den Saucenlebkuchen einbröckeln und mitkochen lassen. Die Sauce schließlich durch ein Sieb passieren und abschmecken.

Das Fleisch quer zur Naht in fingerdicke Scheiben schneiden, auf einer Platte anrichten und mit einem Teil der Sauce überziehen. Den Rest in einer Saucière getrennt dazu reichen.

4

5

3

SPANFERKELKOPF AUS DEM ROHR

Davon gibt's im *Straubinger Hof* pro Tag gerade mal ein bis zwei Stück, also zwei bis vier Portionen. Da heißt es frühzeitig da sein – nach elf vormittags braucht man sein Glück kaum mehr zu versuchen!

Für zwei Personen:
1 Spanferkelkopf, Salz,
2 EL Butter, $^{1}/_{4}$ l Brühe, $^{1}/_{8}$ l Bier

Den Kopf bereits vom Metzger längs in zwei Hälften spalten lassen. Mit der Hautseite nach unten nebeneinander in eine Bratenreine setzen, salzen, mit flüssiger Butter begießen. Im zunächst 250 Grad heißen Backofen eine halbe Stunde braten, dabei immer wieder mit etwas Brühe begießen. Schließlich die Hälften umdrehen und eine weitere halbe Stunde braten. Hierfür die Ofenhitze auf 200 Grad reduzieren. Den Spanferkelkopf immer wieder mit Brühe und Bratensaft beschöpfen. Zum Schluß die Haut mit Bier bestreichen und noch einmal 15 Minuten braten, bis sie rösch und goldbraun geworden ist.

4

GESOTTENE BRIESMILZWURST

Eine gute Briesmilzwurst ist eine wahre Delikatesse: Im locker-duftigen kälbernen Wurstteig geben feste Bries- und Milzstückchen der Sache Farbe und Biß. Klar, daß man sie nur bei einem guten Metzger einkaufen sollte. Im *Straubinger Hof* stammt sie vom besten Weißwurstmetzger der ganzen Stadt, vom *Wallner* am Münchner Großmarkt (siehe auch die Seiten 240 bis 245).

Der Sud wird aus Wasser mit Salz und Essig angesetzt, die Wurstscheiben werden darin bei 80 Grad erhitzt, schließlich in tiefen Tellern serviert. Dazu gehört eine »resche« (knusprige) Brez'n.

5

SAURES SCHWEINEFLEISCH

Für vier bis sechs Personen:
1 Stück frischer Schweinebauch (Wammerl) mit Schwarte, 1 Zwiebel, Wurzelwerk, $^{1}/_{8}$ l Essig, $^{3}/_{4}$ l Wasser, Salz, 2–3 Lorbeerblätter, je $^{1}/_{2}$ TL weiße Pfefferkörner, Piment und Wacholderbeeren
Zum Servieren:
je 200 g gelbe Rüben, Porree, Sellerie, Petersilienwurzel, Salzkartoffeln, Schnittlauch

Das Schweinefleisch mit der Schwarte noch oben in einen passenden Topf betten. Gehackte Zwiebel und Wurzelwerk darum herumstreuen. Essig und Wasser angießen, bis das Fleisch bedeckt ist. Salz und die übrigen Gewürze zufügen. Zugedeckt etwa eineinhalb bis zwei Stunden garen.

Zum Servieren die Gemüse in feine Streifen hobeln, im Kochsud einige Minuten blanchieren. Das Fleisch in fingerdicke Scheiben schneiden und auf einer Platte anrichten. Mit dem bunten Gemüse bedecken.

Außerdem gehören dazu Salzkartoffeln und reichlich Schnittlauch.

Einheit: Kunst und Küche

Als Karl Ederer und Michel Dupuis ihr Restaurant *Glockenbach* 1983 eröffneten, trat etwas ein, wovon jeder Gastronom träumt, was er aber fürchten sollte: Es wurde über Nacht ein voller Erfolg. Schon nach zwei Wochen mußte man mindestens eine Woche im voraus reservieren – und was sich die beiden so sehnlichst gewünscht hatten, nämlich eine *Table d'Hôte* (also einen Wirtstisch mit einem bestimmten Menü) zu führen, konnten sie gar nicht realisieren. Heute meint Karl Ederer lapidar: »So ein Lokal muß erst einmal fünf Jahre existieren – so lange mußt du durchhalten, bis du deine eigenen Krisen hinter dir hast. Danach wächst es dann einfach.«

verändert. »Lieber verschiedene Dinge, alle rein und klar, miteinander komponieren, als sie zu einem konturlosen Einerlei vermischen . . .«

Hauptaufgabe eines Koches ist heute, so meint Ederer, die qualitativ befriedigenden Produkte überhaupt zu finden: Seine Kälber kommen aus der Oberpfalz, Rindfleisch und Brot aus den *Herrmannsdorfer Landwerkstätten* (siehe Seite 38), die zartesten Gemüse – »das Grün der Erbsen und Saubohnen: Maler könnte man werden!« begeistert sich Ederer – von ausgewählten Gärtnern, die vielen Innereien aus dem nahen Schlachthof. Ihnen gilt seine besondere Liebe.

Kompagnon Michel Dupuis kümmert

Karl Ederer gehört zu den nachdenklichen Köchen, die weniger aus dem Bauch als aus dem Wissen um ihr Tun kochen. Michel Dupuis liebt den Kontakt mit dem Gast – hier zerlegt er eine Zickleinkrone auf dem eigens angefertigten Kunstwerk eines Tranchierwagens, vom Münchner Eisenkünstler Markus Heinsdorf

Durchhaltevermögen hat Ederer früh gelernt, zu Hause in Cham im Bayerischen Wald, wo die Tanten Köchinnen waren und die Onkels Hotels hatten. Ein Onkel schilderte ihm das Leben eines Schankkellners als das erstrebenswerte Ziel, weil man weit herumkomme. Ederer versuchte es, wußte aber doch schnell, daß Kochen sein ureigenstes Metier werden würde. Nach lehrreichen Jahren im seinerzeit hochgeschätzten Hotel Wetterstein in München ging er zu Witzigmann, damals noch im Tantris. Der Beginn einer lehrreichen Freundschaft: Was er von Witzigmann erfuhr, ist auch heute noch die Grundlage seines Arbeitens. Freilich hat er inzwischen zu seiner eigenen, ganz persönlichen Küche gefunden. Im Mittelpunkt steht immer das Produkt, es wird so wenig wie möglich in seinem Geschmack

sich um den Service und den Wein. Gerne tranchiert er Fleisch am Tisch: »Das macht den Leuten Spaß, sie schauen interessiert zu, und gleichzeitig beginnen die Magensäfte zu strömen. Der Gast bekommt Appetit und verdaut besser – wir sind eben immer um sein Wohl besorgt!« zwinkert er.

Das *Glockenbach* war einst ein typisches Bier-Eck-Lokal für die kleinbürgerliche Umgebung. Ederer hat dem Saal die altmünchnerische Täfelung, die messingenen Kleiderhaken belassen, aber von allem Kitsch gereinigt, die Decke strahlend weiß gestrichen: Ein gleichzeitig gemütlicher und heller, klarer Raum, in dem großformatige, moderne Bilder die Akzente setzen. »Andere sammeln Sterne, ich lieber Bilder«, sagt Ederer mit seinem offenen, aber stets ein wenig hintergründigen Lächeln.

1

2

1

SCHINKENSÜLZE

Eine ebenso hübsche wie praktische Idee: Karl Ederer läßt die Sülze in Eiswürfelschalen erstarren. Das ergibt dekorative Portionssülzchen und macht das Aufschneiden überflüssig – was bekanntlich bei einer perfekten, nur sanft gelierten Sülze selten ohne Zerbrechen gelingt . . .

Für vier bis sechs Personen:
250 g Champignons, 2 EL Butter,
Salz, Pfeffer,
400–500 g gekochter Schinken,
ca. 1/2 l kräftige, gelierende Rinderbrühe
(z. B. vom Ochsenschwanz)
Vinaigrette:
2 EL Weißweinessig, Salz, Pfeffer,
3 EL Traubenkernöl

Die Pilze fein würfeln und in der Butter andünsten, salzen und pfeffern. Mit dem ebenfalls kleingewürfelten Schinken mischen. In Eiswürfelschalen verteilen. Mit der kräftig gewürzten Brühe auffüllen und im Kühlschrank fest werden lassen.
Zum Servieren aus den Schalen lösen und auf Tellern anrichten. Essig, Salz, Pfeffer und Öl cremig schlagen und darüberträufeln.
Mit Bärlauchstreifen, Spargelspitzen und hellen Salatblättern dekorieren.

3

4

2

KITZKRONE MIT MORCHELN

Für vier bis sechs Personen:
1 Zickleinrücken (Ziegenkitz), 4 EL Butter, 2 EL Öl, 1/8 l Kalbsfond, Salz, Pfeffer, 400 g junge Weißkrautblätter, 200 g frische Morcheln

Den Zickleinrücken vom Händler bereits längs halbieren lassen; dabei das Rückgrat entfernen, damit er sich biegen läßt. Die Rippenknochen jedoch dranlassen, sie bis zum Fleisch sauberputzen. Beide Rückenhälften zur Krone formen, also die Fleischseite nach innen biegen, und mit Rouladennadeln feststecken. Nebeneinander in eine Bratenreine setzen. Zwei Löffel Butter und Öl erhitzen, das Fleisch damit bestreichen. Im 250 Grad heißen Ofen 10 bis 15 Minuten braten; dabei ab und zu Kalbsfond über das Fleisch gießen, salzen, pfeffern und mit Bratensaft beschöpfen. Den Ofen ausschalten, die Kronen noch etwa 15 Minuten ruhen lassen.

Inzwischen die Weißkrautblätter in Quadrate schneiden, dabei den Strunk entfernen; zwei Minuten in Salzwasser blanchieren. Zusammen mit den sorgfältig gereinigten Morcheln in der restlichen Butter einige Minuten dünsten. Den restlichen Kalbsfond und Bratensaft angießen; das Gemüse mit Salz und Pfeffer abschmecken.

3

KALBSHIRN AUF KUTTELN UND DICKEN BOHNEN

Wahrlich ein luxuriöses Gericht, denn es macht einige Mühe! Karl Ederer nennt es auch »Schlachthofrundfahrt«, weil gleich dreierlei verschiedene Innereien vom Kalb darin vorkommen.

Für zwei Personen:
Kalbshirn:
1 ganzes, unversehrtes Kalbshirn, 150 g gekochte Kalbszunge, 2 EL Butter, 1/8 l Kalbsfond
Kutteln:
300 g vorgekochte Kutteln, 100 g weiße, junge Zwiebeln, 2 EL neutrales Öl, 1/2 EL Mehl, Salz, Pfeffer, 1/8 l Weißwein, 1 EL Essig, 1/8 l Kalbsfond, 500 g Dicke Bohnen, Petersilie

Das Hirn einige Stunden lang wässern, dann häuten. Die Zunge in dünne Streifen schneiden, das Hirn damit spicken. In einem passenden Pfännchen in heißer Butter wenden, mit Fond ablöschen. Unbedeckt bei 180 bis 200 Grad im Backofen etwa 10 Minuten braten.

Die Kutteln sollte man schon am Vortag vorbereiten: in kleine Würfel schneiden, mit den feingehackten Zwiebeln im heißen Öl andünsten, mit Mehl bestäuben, salzen und pfeffern. Wein, Essig und Fond angießen. Zugedeckt im 180 Grad heißen Backofen oder auf mittlerem Feuer etwa eine Stunde schmoren.

Die Dicken Bohnen inzwischen palen, auch aus ihrer ledrigen Haut pellen, für die letzten 10 Minuten zu den Kutteln geben und mitdünsten.

In tiefen Tellern anrichten, das gespickte Hirn obenauf betten und mit gehackter Petersilie bestreuen.

4

KARTHÄUSERKLÖSSE MIT RHABARBERKOMPOTT

Für vier bis sechs Personen:
4 Semmeln (Brötchen) vom Vortag, ca. 1/8 l Milch, 1 Vanillestange, 1 Ei, 100 g Semmelbrösel, 3–4 EL Butter
Rhabarberkompott:
500 g Rhabarber, 80 g Zucker, einige schöne Erdbeeren

Die Semmeln in dünne Scheiben schneiden. Die Milch aufkochen, die Vanillestange darin 10 Minuten ziehen lassen, aufschlitzen, das Mark ausschaben und in die Milch rühren. Über die Semmeln gießen, und sie einweichen lassen. Sobald die Milch abgekühlt ist, das Ei unter die Semmelmasse mischen. Nockerl daraus formen, sie in Semmelbröseln wälzen und in heißer Butter schließlich golden braten.

Das Kompott sollte man bereits am Vortag zubereiten: den Rhabarber putzen, wenn nötig fädeln, in Würfel schneiden. Mit dem Zucker vermischt Saft ziehen lassen. Den Saft abgießen und bis zum Sirup einkochen, den Rhabarber zufügen und zugedeckt einige Minuten köcheln; dabei darauf achten, daß die Würfel nicht zerfallen.

Das Kompott gut gekühlt mit den heißen Nockerln und einigen Erdbeeren hübsch anrichten.

Von Frömmigkeit und Vaterland: Kloster

An der blauen Donau hellem Strande, unmittelbar vor ihrem romantischen Durchbruch durch den von lichten Laubwäldern gekrönten Jura, liegt hingebreitet das Kloster Weltenburg – wie so oft in Bayern, hat die Kirche sich den schönsten Platz weit und breit gesichert! Das stattliche Kloster wurde ab 1716 errichtet, die Kirche mit ihrer außerordentlich prachtvollen Innenausstattung erst 1751 vollendet. Baumeister war der geniale Cosmas Damian Asam aus München, der zusammen mit seinem Bruder Egid Quirin hier einen der eindrucksvollsten Kirchenräume der Welt geschaffen hat: Hochdramatisch fällt das Licht durch den Hochaltar mit dem funkelnden St. Georg, geradezu überirdisch der Lichtakzent im Gewölbe! Über der klaren Säulen- und Pilasterordnung des Raumes beginnt sich die Kuppel zu wölben, setzt jedoch auf halber Höhe ab, um, beleuchtet von unsichtbaren Fenstern, als illusionistische Phantasiearchitektur den Himmel für die auffahrende Muttergottes zu bilden. Vollkommen wird die Illusion von der gebauten und stuckierten Wirklichkeit gestützt, von der Brüstung lächelt das vollplastische Bild von Cosmas, gestal-

Teleskopartig schiebt sich die Befreiungshalle aus der Erde

Gewaltige, übermenschliche Dimensionen des Innenraums

Weltenburg und die Befreiungshalle

tet von seinem Bruder, den er wiederum als Engel ins Fresko gemalt hat – ein höchst barockes Selbstbewußtsein der Künstler. Auf der anderen Seite des Donaudurchbruchs liegt das hübsche Städtchen Kelheim, dominiert von einem gewaltigen zylindrischen Gebäude mit figurengesäumter Kuppel. Es handelt sich um die sogenannte Befreiungshalle, die Ludwig I. von Leo

von Klenze bauen ließ und dem *Teutschen Volke* anläßlich der nationalen Befreiung vom napoleonischen Joch widmete. Ein gewiß großartiges, von den französischen Revolutionsarchitekten Ledoux und Boullée beeinflußtes Gebäude mit einer doch etwas zu weihevoll-schwülstig geratenen Ausstattung. Ein Nationalheiligtum ist sie jedenfalls nicht geworden.

Die Weltenburger Fähre nutzt die Strömung als Antrieb

Kastanienbeschatteter Biergarten im Innenhof des Klosters

Spargel mit Klasse

Spargel stellt hohe Ansprüche: Er braucht leichten, sandigen Schwemmboden, sorgfältige Pflege des Feldes und eine exakte, möglichst natürliche Düngung; er verlangt bei der Ernte ein kräftiges Kreuz, denn man muß sich ordentlich bücken, um ihn zu stechen; schließlich muß er gewissenhaft gereinigt, beschnitten und in Klassen eingeteilt werden, damit die Spargelschlemmer ihre Freude daran haben. Einst war der *Schrobenhauser* Spargel der bekannteste und beste Altbayerns – heute kommt von hier sehr unregelmäßige Qualität. An den vielen Straßenständen im Erzeugergebiet wird man regelrecht betrogen – für teuer Geld bekommt man angedreht, was die Genossenschaft nicht nimmt! Will man Spargel aus Oberbayern, halte man sich lieber an den zu recht geschätzten *Pörnbacher.* Höchste Kennergunst genießt ein niederbayerischer, der *Abensberger* Spargel, vorbildlich sortiert und nicht durch eine Genossenschaft vermarktet, sondern durch die private Fruchthandelsfirma Jobst in Abensberg: Ob grün oder weiß – die Stangen sind rigoros klassifiziert, werden von den Erzeugern sorgfältig abgepackt und an Großmärkte angeliefert.

Grüner Spargel: *weniger Mühe als weißer*

Klasse Extra: *Preiswert, da wenig Abfall*

Spargelsuppe: *Aus Abschnitten und Schalensud. Helle Butter-Mehl-Schwitze mit Sud ablöschen, durchkochen, würzen. Sahne kommt nicht dran, dafür Schnittlauch*

Spargel mit Schinken: *Bieten alle Gasthäuser der Region – leider ist der Schinken meist gepreßt und selten echter Beinschinken. Dazu Salzkartoffeln und zerlassene Butter*

Spargel mit Ochsenbrust: *Eigenwillig, aber überzeugend; sogar der Meerrettich paßt! In der Region ißt man nur weißen Spargel, der grüne geht nach München . . .*

Oberbayerns stilles Bauernland

Nördlich und östlich von München muß Oberbayern ohne prächtige Berge und liebliche Seen auskommen. Sanft wellen sich die Hügel der Moränen, überzogen von Wiesen und Äckern. Heimelig schmiegen sich die Dörfer in die Mulden: Stets künden Kirchtürme von ihnen – hier von einer barocken Zwiebel, dort von einer gotischen Spitze gekrönt –, ehe die ersten Häuser sichtbar werden.

Landwirtschaft ist hier Lebensgrundlage. Der Tourismus ist wenig ausgeprägt, Handwerk und Kleinbetriebe sichern nur bescheidene Einkünfte, Industrie wollte sich kaum ansiedeln. Doch die Landwirtschaft hat Probleme: Hofvergrößerung, Umstellung auf reine Viehwirtschaft, Monokulturen von Raps und Mais sind wohl eher untaugliche Versuche, um die Produktion zu verbilligen und damit die Lage der Bauern nachhaltig zu verbessern. Also sucht man neue Wege – so produzieren zum Beispiel die »Herrmannsdorfer Landwerkstätten« der Familie Schweisfurth (ehemals Herta-Wurst) auf der Grundlage eines »ganzheitlichen ökologischen Denkens« hochwertige Güter, verändern dabei aber den von der Natur gegebenen Rahmen nicht gewaltsam, sondern füllen ihn verantwortungsbewußt aus.

Beim flüchtigen Hinschauen stimmt alles: die Wäsche flattert im Wind, die Kühe muhen im kreuzgewölbten Stall. Eine Idylle! Aber die Bäuerin wünscht sich einen Arbeit sparenden Wäschetrockner, der Bauer einen automatisch zu reinigenden Stall...

Touristen können sich freuen auf Schritt und Tritt: fröhliche Kinder und bunt blühende Bauerngärten, Milchkannen unter blumenbeladenen Balkons, stolze Maibäume neben nicht minder prangenden Kirchtürmen, pralleutrige Kühe auf satten Weiden: Die Oberbayern lieben und schmücken ihr Land, man sieht es allenthalben!

Die Menschen sind freundlich, dabei ebenso aufgeschlossen wie traditionsbewußt

Pavolding: Plastiken von Heinrich Kirchner

Frühling: Rapsfelder und Bäume blühen

Fast italienisch in Bauweise und Lebensgefühl: Wasserburg in der Innschleife

Ein Traum von einem Braustüberl

Wer herumfährt, möchte auch mal einkehren, Brotzeit machen – aber so, wie es sich auf dem Land gehört, nicht in Resopal und pseudorustikalem Wirtshauskitsch von der Stange.
Man träumt von einem holzgetäfelten Raum mit gemütlichem Gewölbe, mit schönen, handwerklichen Stühlen und gescheuerten Tischen. Ein großer Kachelofen müßte darin stehen und seine wohlige Wärme spenden – ist's warm, müßte er ja nicht geheizt sein, aber geben müßte es ihn! Und man träumt von Menschen, die an den Tischen sitzen – ein einsamer, grantelnder Alter, der sich sein Bier wärmt, und ein paar jüngere, die schafkopfen (das nationalbayerische Kartenspiel), und eine andere Gruppe, die lautstark politisiert. Man träumt weiter, kommt nach Au am Inn, ins ehemalige Kloster und heutige Behindertenheim, fährt in den von Kastanien behüteten Hof, entdeckt das Braustüberl.
Man tritt ein – und gleich riecht es richtig: Nach Bier und Essen, Men-

schen und Rauch, nach Schmierseife und auch ein bißchen abgestanden, das gehört zwingend dazu. Es gibt ein vorzügliches eigenes Bier, dunkel oder hell, gebraut vom Wirt, dem Gassner Toni. Immer eine Brotzeit (etwa ein saftiges Wacholdergeräuchertes oder Wurstsalat), am Wochenende Weißwürscht, am Donnerstag Leberkäs und am Mittwoch Obatzd'n. Wenn man dann bestellt und den ersten Schluck Bier getrunken hat und sich umschaut, merkt man plötzlich, daß der Traum wahr geworden ist . . .

1

WURSTSALAT

Im allgemeinen nimmt man hierfür Regensburger Knacker oder Fleischwurst; letztere in München übrigens Stadtwurst genannt, ansonsten auch *Leoni* geheißen, worin deutlich hörbar der Begriff *Lyoner* steckt.

Zutaten für vier Personen:
500 g Fleischwurst, 2 weiße Zwiebeln, 3 EL Essig, 3 EL neutrales Öl, Salz, Pfeffer, 1 EL Wasser, Petersilie

Die Wurst häuten, auf der Aufschnittmaschine in dünne Scheiben schneiden und auf einer Platte anrichten. Die geschälten Zwiebeln ebenfalls auf der Maschine dünn aufschneiden und als Ringe über der Wurst verteilen. Essig, Öl, Salz, Pfeffer und Wasser verquirlen und darüberträufeln. Mit gehackter Petersilie bestreuen.

1

Ziegenkäse aus Rott am Inn

Zum Gerinnen wird die Milch erwärmt und mit Lab versetzt. Sobald sie die Konsistenz von Wackelpudding hat, wird sie nach strengem Muster zerschnitten

Nach einigen Stunden hat die Masse sich genügend abgesetzt. Sie wird in durchlöcherte Plastikbecher gefüllt, worin sie abtropft und ihre Form erhält

Die Molke geht wieder an die Bauern zurück, die sie an ihr Vieh verfüttern. Die Käsemasse muß über Nacht in den Plastikformen abtropfen. Schon am nächsten Tag ist sie zum camembertähnlichen Fladen zusammengesunken. Lerchenmüller-Käse sind naturbelassen, ihr Fettgehalt liegt bei mindestens 45 Prozent in der Trockenmasse

Wie er, die schwarze Baskenmütze schräg in die Stirn gezogen, in seinem Käsekeller steht, paßt Josef Lerchenmüller eigentlich eher in die Cevennen als nach Oberbayern. Nun sind Ziegen- oder Schafkäse ja auch nicht unbedingt typisch bayerische Produkte. Doch seit mittlerweile mehr als sieben Jahren produziert der Wahlbayer aus Württemberg eine wachsende Auswahl der unterschiedlichsten Käse, die allesamt gemeinsam haben, daß kein Tropfen Kuhmilch dafür nötig ist. Längst sind seine kräftig-würzigen, cremig-sanften, mild-frischen oder kräftig-langgereiften Käse ein Muß auf dem Käsebrett der feinsten Restaurants im ganzen Land. Käse, die ihren eigenen, unverwechselbaren Charakter haben, weil sie aus naturbelassener, roher Milch entstehen, die je nach Jahreszeit, dem Zustand der Weiden und des Futters unterschiedlich schmeckt. In zwei Tagen verarbeitet Lerchenmüller 6000 Liter Milch, die er von Bauern bezieht, die sich streng an seine Vorgaben halten müssen: Die Tiere dürfen nicht im Stall angebunden stehen, sondern müssen Auslauf haben, zwei Quadratmeter ein jedes mindestens. Silofutter ist verboten, auch im Winter; die Tiere bekommen zu fressen, was ihnen schmeckt, nicht, was den Bauern wenig kostet. Im Stall muß Stroh gestreut sein; die armen Tiere, die auf Beton leben müssen, sagt Lerchenmüller, können keine erstklassige Milch liefern. Auch muß ein Bock vorhanden sein, schmunzelt er, weil der für das Wohlbefinden der Ziegen- oder Schafherde entscheidend ist. Das Wichtigste jedoch: peinliche Sauberkeit; nur Milch aus luftigen, reinen Ställen schmeckt süß und mild, duftet nach jungen Mandeln und ergibt schließlich guten Käse. Übrigens fehlt solchem Käse das charakteristische, aufdringlich strenge Aroma gänzlich, das man von so manchem Ziegenkäse südlicher Provenienz her kennt. Und man vermißt es dankbar: So rein muß guter Ziegenkäse schmecken!

Jeder Käse muß zum Reifen gesalzen werden. Meist geschieht dies in einer Salzlösung, in der der Käse eine gewisse Zeit baden darf. Wer seine Käse trocken salzt, wie Lerchenmüller, braucht Fingerspitzengefühl

Junge, kleine Ziegenkäse werden nach französischem Vorbild in Olivenöl eingelegt. So bleiben sie frisch und erhalten zusätzliche Würze. Es werden Kräuter zugefügt, Rosmarin, Lorbeer, Thymian; auch, wenn's gewünscht wird, Chili

Bildschön, wie Konfekt: Bällchen aus Frischkäse mit verschiedenen Gewürzen bestreut

Die Reifekeller sind voll klimatisiert; gleichbleibende Temperatur ist ebenso wichtig wie hohe Luftfeuchtigkeit. Die Käse lagern auf Chromregalen, die ständige Luftzirkulation erlauben

Das Käsemachen hat Lerchenmüller in verschiedenen Molkereien, auch im Allgäu von der Pike auf gelernt. Längst hat er seine eigenen Sorten entwickelt. Die unterschiedliche Milch beschert ihm unbekannte Varianten

Touristentrubel und Beschaulichkeit:

Morgens, wenn gerade die Sonne aufgeht, gehört der See der Natur und den Fischern. Kaum ein Hauch in der Luft, weich liegt der See. Das Fauchen der Flamme eines Heißluftballons, dann wieder nur das leise Plätschern der Wellen am steinigen Ufer der Fraueninsel. Die Sonne löst die Reste nächtlicher Nebel auf, und das einzigartige, durchsichtig blaue Licht des Chiemsees beginnt sich zu entwickeln. Jetzt und am Abend, wenn die letzten Schiffe die Touristen von der Insel weggeschafft haben, ist es am schönsten. Dann sind nur noch die Insulaner und ein paar Gäste da, und es kehrt eine Stille ein, wie man sie in

diesem herrlichen und deswegen natürlich heillos überlaufenen Urlaubsgebiet nicht vermutet.

Gegen Mittag fallen sie dann in Scharen ein, nachdem sie auf der Herreninsel Ludwigs II. Traum vom eigenen Versailles abgehakt haben: hastig etwas gegessen oder eine geräucherte Renke, ein Aalbrötchen bei einem der Fischer gekauft, in 20 Minuten um die Insel getrampelt, die üppige Blumenpracht bewundert, die uralten Linden bestaunt und wieder ab, aufs Schiff. Holmer Lex, Fischer und Bürgermei-

Insulare Traumwelt: Leises Plätschern...

Gelassene Fischer im wogenden Schilf

Der Chiemsee und seine Fraueninsel

ster von Frauenchiemsee, ist es recht: »Ohne Touristen könnten wir nicht leben – aber es genügt ja, wenn sie ein paar Stunden hier sind.«
Sein Urgroßvater war in der Mitte des 19. Jahrhunderts auf die Insel gekommen – seither sind alle Lex' Fischer, Sohn Thomas natürlich auch. Dessen Frau Sylvia stammt vom Festland, ist aber sofort voll in die Familie integriert worden. Überhaupt gibt es keinen Generationskonflikt: Oma Anna, 1902 auf der Insel geboren, steht jeden Tag in der Küche und hilft Schwiegertochter Erika beim Kochen. Sylvia indes hat die köstlichen Aalsemmeln übernommen, die, damit sie kroß

sind, stets frisch aufgebacken werden. Heute gibt es noch 18 Berufsfischer am See. Insgesamt werden im Jahr 120 bis 150 Tonnen Fische gefangen – pro Fischer, wenn er Glück hat, also 200 Zentner. Das meiste sind Brachsen, die aber wegen ihrer Gräten wenig begehrt sind. Mit einer Art Steaker werden sie zerstört, damit man die Filets bequem essen kann. Am liebsten fangen die Fischer Renken, die machen wenig Arbeit und bringen einen guten Preis – aber in manchen Jahren gehen kaum welche ins Netz.

Überall Blumen, Boote, Netze und Reusen

Das Wahrzeichen von Frauenchiemsee

Die private Seeflotte der Familie Fessler

Aale gibt's ausreichend, *Schratzen* (Barsch, Egli) nicht genug, Hechte, Zander und Seeforellen viel zu wenig. Alle Fische müssen eingesetzt werden. Das Wasser ist seit Errichtung der Ringkanalisation zwar wieder sauber, aber die Unruhe in den Sommermonaten ist problematisch. Man kann am Wochenende die Netze nicht mehr draußen lassen, denn die Leute – wenn sie nicht gleich Reuse oder Netz ausräubern – fahren rücksichtslos darüber. Die Netze, die sich um Schraube oder Ruder wickeln, werden dann abgeschnitten. Auch Hobbyfischer, die in Berufsfischern nur einen Feind sehen, zücken schon mal ihr Messer. Der Beruf des Fischers ist hart: Bei fast jedem Wetter geht es bei Sonnenaufgang hinaus zum Einholen der Netze. Und immer ins kalte Wasser mit den Händen – Gummihandschuhe helfen da wenig: Die Netze müssen nach dem Einholen sorgfältig gespült werden, damit keine Algen ansetzen und die Maschen für die Fische sichtbar machen. Abends, gegen Sonnenuntergang, werden sie dann wieder ausgelegt.

Wo, das ist eine Frage der Erfahrung und des richtigen Riechers. Ob dann am nächsten Morgen tatsächlich etwas drin ist? Beten soll helfen.

Ein zufriedenstellender Fang von Renken

Flußbarsch: Der grätenreiche Fisch wird, verbraucherfreundlich, als Filet verkauft

Eine Brachse: im Trüben gefischt – beim Fressen wühlt sie den Bodenschlamm auf

Brachsen – entweder gibt's gar keine oder einen guten Fang

Zum Braten werden Filets ohne Kopf von der Gräte gehoben

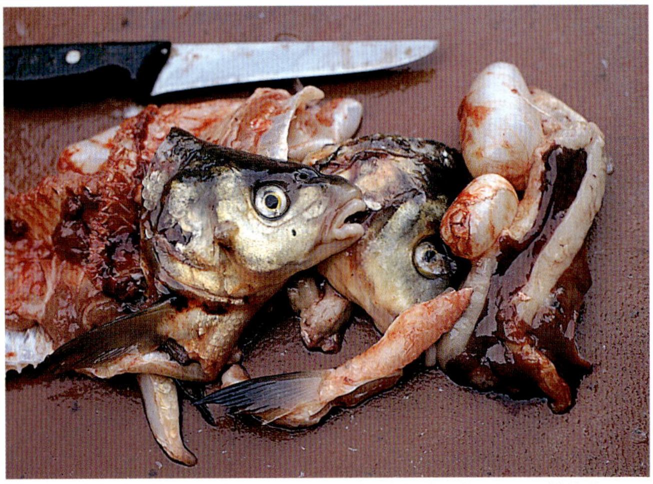

Es bleiben 30 Prozent vom Fanggewicht, der Rest ist Abfall

Beim Räuchern geben die Gräten dem weichen Fleisch Halt

Frisch geräucherte Brachse und Renke: Saftig und zart

Stille am See im Abendfeuer der Sonne

Sylvia Lex kommt vom Räuchern

Realer Traum: knusprige Aalsemmeln

Gasthof »Zur Linde«: Idylle im Bauerngarten

»Der Wastl ist ein Segen für unsere Insel«, sagt Fischer Lex. Der Bürgermeister von der Fraueninsel muß es wissen. Denn Wastl (hochdeutsch Sebastian) Obermaier, der neue Lindenwirt, hat zusammen mit seiner Frau Regina den wunderschönen Gasthof aus dem 14. Jahrhundert nicht nur in kurzer Zeit zum Schmuckkästchen gemacht, er hat auch dafür gesorgt, daß die Ausflugsgäste die Insel idylle im Chiemsee selbst dann noch in guter Erinnerung behalten, wenn sie dort gegessen haben. Das war nicht immer so. Normalerweise darf man an die Gastronomie in Ausflugslokalen keine allzu großen Ansprüche stellen. Zu unregelmäßig ist der Ansturm, zu unterschiedlich die Klientel. In der *Linde* jedoch kann man jederzeit eine anständige, sauber und ehrlich zubereitete Mahlzeit kriegen. Und abends, wenn der Touristenrummel abgeflaut ist, die märchenhafte Ruhe einkehrt, die die Fraueninsel so unvergleichlich macht, dann kann sich sogar der Fein-

schmecker behaglich niederlassen und Chiemseefisch genießen, so frisch und gut, wie ihn der liebe Gott gemeint hat. Die verschiedenen Gaststuben sind mit altem bäuerlichen Mobiliar eingerichtet, angenehmerweise nur sparsam dekoriert und im Winter allesamt mit heimeligen Kachelöfen beheizt. Und in der Seestube steht sogar ein herrlicher holzbefeuerter Herd, an dem auf Wunsch für größere Gesellschaften auch gekocht wird (in voller Pracht auf Seite 54 oben).

Regina und Wastl Obermaier kann als Wirtsleute nichts erschüttern. Manchmal sind sogar Gäste der Staatsregierung zu Besuch

Auch die Serviermädchen wirken souverän; jede ist für einen bestimmten Bereich verantwortlich. So klappt alles reibungslos

Blick ins schöne Fischerstüberl mit dem Stammtisch der Chiemseemaler

2

1

3

1

FRAUENINS'LER FISCHSUPPE

Für sechs Personen:
Sud:
2 gelbe Rüben, 1 Porree, 1/4 Sellerie,
1–2 Petersilienwurzeln, 1 Zwiebel,
2 Lorbeerblätter, 1 TL Pfefferkörner,
1/4 l Weißwein, ca. 1 l Wasser,
die Mittelgräten von 3–4 Fischen,
1 Eiweiß zum Klären, Salz

Außerdem:
1 Brachsenfilet, 1–2 kleine Schrazn
(Egli bzw. Barsche),
je ca. 300 g Hecht- und Zanderfilet,
Salz, Pfeffer,
1/8 l Weißwein, Worcestershiresauce,
1 rote Paprikaschote,
einige Brokkoliröschen, Dill,
Petersilie, 1 Frühlingszwiebel

Wie auf Seite 198 beschrieben, aus Wurzelgemüse, Lorbeer, Pfefferkörnern, Weißwein, Wasser und Gräten einen Fischfond kochen und klären.

Die Fischstücke entgräten; in eine Schale schichten, salzen, pfeffern, mit etwas Weißwein und Worcestershiresauce besprenkelt marinieren lassen.

Zum Servieren die abgetropften Fischstücke in Suppentellern verteilen. Brokkoli in Salzwasser bißfest kochen und dazwischen verteilen. Die Paprikaschote in Rhomben geschnitten als Farbkleckse dazwischenstreuen. Den Sud mit Salz, Pfeffer, Zitronensaft abschmecken und kochend heiß über die Fischstücke gießen. Mit Kräutern und Frühlingszwiebelringen dekorieren und servieren.

Ideal für Gäste: Alle Bestandteile der Suppe kann man fix und fertig vorbereiten und braucht sie zum Servieren nur noch kurz erhitzen und anrichten.

2

GEBRATENE SCHRAZN-FILETS

Ein ebenso simples wie köstliches Gericht – leider gibt es Schrazn, das sind Egli oder kleine Barsche, nicht häufig zu kaufen.

Pro Person:
4–6 Schrazn-Filets,
Salz, Delikateßpaprika,
Mehl zum Bestäuben,
2 EL Butterschmalz, 1 EL Butter,
Zitronensaft

Die Fischfilets salzen, mit Paprika und Mehl überpudern und im heißen Butterschmalz auf beiden Seiten rasch braten. Auf einem Teller anrichten. Das Bratfett aus der Pfanne wegkippen, die Butter darin haselnußbraun werden lassen, mit einem guten Spritzer Zitronensaft ablöschen und über die Fischfilets träufeln.

In der »Linde« gibt's dazu knusprige Bratkartoffeln und Salate oder Gemüse der Saison.

3

SAURE BRATBRACHSE

Im Prinzip das gleiche Rezept, nach dem man in Norddeutschland Bratheringe zubereitet – eine gute Idee! Denn auf diese Weise kann man die Fische wunderbar für einige Tage konservieren. Außerdem löst das Essigbad mit der Zeit die Gräten auf.

<u>Für vier bis sechs Personen:</u>
6 Brachsenfilets
(vom Fischhändler bereits eingeschnitten, wie auf Seite 201 beschrieben),
Salz, Zitronensaft,
4 EL Mehl, 1/2 TL Paprikapulver,
Öl zum Braten
<u>Sud:</u>
1/4 l Essig, 1/4 l Wasser, 2 Zwiebeln,
2 gelbe Rüben, 1/4 Sellerie, 1 Porree,
je 1 TL Piment- und Pfefferkörner,
1 Lorbeerblatt

Die Fischfilets salzen, mit Zitronensaft beträufeln und 10 Minuten ziehen lassen. Sorgfältig abtrocknen, in Mehl wenden, das mit Paprika vermischt wurde, und in Öl knusprig braten.
Essig, Wasser, in Ringe gehobelte Zwiebeln, in Streifen geschnittene gelbe Rüben, Sellerie und Porree sowie Gewürze eine Viertelstunde köcheln.
Die Heringe in ein passendes Gefäß schichten, mit dem abgekühlten Sud übergießen und im Kühlschrank eine Nacht lang durchziehen lassen.
Mit Bratkartoffeln zum Abendbrot oder als Vorspeise servieren.

4

KRAUTINS'LER KRAUTSPATZ'N

Die winzige, der Fraueninsel vorgelagerte Krautinsel war früher der Gemüsegarten für die Bewohner von Herrenchiemsee. Dort wurde alles angebaut, was man rund ums Jahr benötigte. Heute werden diese Gärten längst nicht mehr bewirtschaftet. Aber das Gericht, das daran erinnert, schmeckt trotzdem wunderbar!

<u>Für vier bis sechs Personen:</u>
1 Portion Spätzle (Seite 199),
500 g Weißkraut, Salz,
100 g durchwachsener Speck,
1 EL Butter,
2 EL Crème fraîche,
100 g geriebener Käse

Die Spätzle sollten frisch sein. Das Weißkraut in streichholzschachtelgroße Flecken zerschnitten in Salzwasser etwa 5 Minuten vorgegart.
In einer großen Pfanne den in feine Streifchen geschnittenen Speck in heißer Butter anrösten, die Spätzle und die Krautfleckerl zufügen und mitschwenken. Dabei mit der Crème fraîche und einem Schuß Kohlsud oder Gemüsebrühe anfeuchten. Den geriebenen Käse darüberstreuen und durch Schwenken der Pfanne alles behutsam mischen. Zum Schluß einige Minuten im heißen Backrohr überbräunen.
Unbedingt einen erfrischenden Salat dazu servieren!

5

HOLLERKÜCHERL MIT KLOSTERLIKÖR-CREME

Die Benediktinerinnen von der Fraueninsel stellen aus Kräutern einen Klosterlikör her, den sie in dreierlei Varianten anbieten: süß, bitter und halbbitter. Den süßen nimmt der Wastl für seine Cremesauce zu den Hollerküchérl. Natürlich kann man ihn zur Not durch einen anderen Kräuterlikör ersetzen.

<u>Für vier Personen:</u>
<u>Küchérl:</u>
8–10 schöne Holunderblütendolden,
110 g Mehl, 2 Eier,
75 g geschmolzene Butter, 1/8 l Bier,
1 Prise Salz, 2 EL Zucker,
Butterschmalz zum Backen
<u>Klosterlikör-Creme:</u>
1 Eigelb, 1 EL Zucker,
30 g weiße Schokolade,
1/10 l Rahm,
4 cl Klosterlikör

Die Holunderblüten gründlich ausschütteln, nicht waschen – dafür sind sie zu empfindlich. Für den Teig Mehl, Eigelb, flüssige Butter, Bier, Salz und Zucker glattquirlen. Den Eischnee steifgeschlagen unterziehen. Die Blüten eintauchen, etwas abtropfen und schließlich im Butterschmalz golden ausbacken. Auf Küchenkrepp abtropfen.
Für die Sauce das Eigelb im Wasserbad dick und heiß schlagen, dabei den Zukker zufügen. Die Schokolade im Rahm schmelzen und langsam unter stetem Schlagen in die Eiermasse mischen. Zum Schluß den Likör zufügen. Die Creme abkühlen lassen, dabei immer wieder durchrühren.
In der »Linde« richtet man die Hollerküchérl auf einem Spiegel von Likör-Creme an, der mit eingekochtem Sauerkirschsirup dekoriert wird.

Tränen für barocke Pracht

Der heilige Kilian mit dem goldenen Schwert, Würzburgs barocker Schutzpatron auf der Mainbrücke, erlitt hier 689 sein Martyrium. Mit ihm begann die lange Reihe von Männern, die im Namen der Kirche die Geschicke der Stadt prägten: Würzburg war bis 1803 Sitz der mächtigen Fürstbischöfe, deren hartem Zugriff sich die Bürger immer wieder zu entziehen suchten. Beim Gressenwirt verbündeten sie sich 1525 mit den aufständischen Bauern. Als Erkennungszeichen wurde eine Stachelkugel – die fürchterliche, Morgenstern genannte Waffe – an einer Kette herausgehängt, weshalb das gemütliche Wirtshaus fortan *Zum Stachel* heißt.

Nach dem vergeblichen Sturm auf die Feste ließ der Fürstbischof Hunderte von Gefangenen köpfen, dem begnadeten Bildhauer Tilman Riemenschneider die Hände brechen, Bauern und Bürgern das letzte Geld wegsteuern. Das erpresserische Regiment hielt bis zum Ende der Bischofsmacht an – schließlich mußte eine kostspielige Bautätigkeit finanziert werden! Denn was uns mit goldenem Glanz entzückt, entstand aus Blut und Tränen: Das Julius-Spital, die eindrucksvollen barocken Festungsanlagen, die Universität, reich geschmückte Kirchen und Klöster, schließlich unter den Schönborns eines der großartigsten Schlösser Deutschlands, die herrliche Residenz des Balthasar Neumann mit ihrer üppigen Ausstattung.

1945 wurde die Stadt durch Bomben praktisch total zerstört. Daß Würzburg heute wieder eindrucksvoll von der früheren Pracht zeugt, mit einer heiteren Atmosphäre aufwartet und in gemütliche Weinstuben lädt, scheint ein Wunder – ein friedliches, ein bürgerliches Wunder. Daß im übrigen auch der in den engen Gassen verblüffend große Marktplatz, auf dem es so froh und genüßlich zugeht, in Tod und Vertreibung seinen Ursprung hat, nämlich in der vollkommenen Vernichtung des Judenviertels 1348, soll Mahnung sein.

Haus zum Falken in reinstem Rokoko

Tor zum Hofgarten: viel Gold und Eisen

Frankoniabrunnen vor der Residenz

Wein und Wohltätigkeit: Julius-Spital

Weinhaus Zum Stachel: *der Innenhof*

Südliche Einkaufsatmosphäre: Markt

BÜRGERSPITAL

Das Bürgerspital zum Heiligen Geist: Wohltätigkeit und guter Wein

Wir gehen heute ganz selbstverständlich davon aus, daß Sozialleistungen von der öffentlichen Hand zu erbringen sind. Früher nahmen diese Funktion wohltätige Stiftungen wahr, bürgerliche und kirchliche. In Würzburg gibt es beides: das von Fürstbischof Julius Echter von Mespelbrunn gegründete, prächtige *Julius-Spital* und das ältere bürgerliche Gegenstück, das *Bürgerspital zum Heiligen Geist*. Die Taube, Symbol des Heiligen Geistes, beschützt ein Multi-Unternehmen: Altenheim, Weingut und Weinstuben – Tauben gibt's überall, im Taubenhaus des Innenhofes, auf den berühmten Bocksbeuteln und im Aushängeschild.

Im Jahre 1319 vom angesehenen Bürger Johannes von Steren gegründeten Spital wurden bereits damals Regeln aufgestellt, die heute noch gelten, etwa die Spitalseelsorge durch die Pfarrei und, daß keine Kranken aufgenommen werden, sondern verarmte und schwache Personen, die dann auf immer im Spital ernährt und verpflegt werden. Insgesamt 280 Personen genießen heute die Gunst der Stiftung (zum alten Spital kam ein modernes Altenwohnheim), wozu als Deputat auch der tägliche Schoppen Wein gehört. Da nun das Durchschnittsalter bei über 85 Jahren liegt, ist dem Wein wohl eine gesundheitsförderliche Wirkung zuzuschreiben . . . Tatsächlich

Mitten in der Stadt liegen die riesigen alten und erst vor kurzem gebauten Keller

hatte der Stifter genau dies vor Augen gehabt, als er bereits 1321 dem Spital Weinberge überließ: Die Stiftler sollten sich mit Wein stärken und auf das unsaubere, seuchenträchtige Wasser der Stadtbrunnen verzichten!

Die Stiftung gewann rasch an Bedeutung in jener Zeit, in der sich Nächstenliebe mit der Auffassung verband, das irdische Gut sei nur eine Leihgabe Gottes. Hinzu kam der Glaube, daß man durch Freigebigkeit das Himmelreich erwerben könne: Die Gebrüder Rüdiger und Wölfflin Teufel schenkten dem Spital 1340 ein ganzes Dorf, Laub im Steigerwald, vor allem kamen Weinberge hinzu. Das Weingut wurde zum die Stiftung tragenden Unternehmen und zum viertgrößten Deutschlands. Heute allerdings finanziert sich das Spital aus seinen Liegenschaften, denn mit Wein ist nicht mehr viel Geld zu machen. Rudolf Frieß, Leiter der Kellerei und seit 30 Jahren dabei, macht eine einfache Rechnung auf: Seit seinem Beginn sind die Löhne um über 1000 % gestiegen, die Weinpreise nur um 300 %! Gewiß konnte man einiges durch Rationalisierung auffangen – etwa durch Flurbereinigung und die dadurch mögliche Mechanisierung vieler Arbeiten im Weinberg; trotzdem braucht man für die Steillagen immer noch 1000 bis 1200 Arbeitsstunden pro Hektar. Und das Weingut verfügt über viele Hang- und Steilla-

gen, rund 95 % – von dort kommen eben die besten Weine! Das wußte schon Goethe, der dem Würzburger Steinwein äußerst zugetan war.
Größten Wert legt das Weingut auf den modernen, sauberen, jedoch stets der Tradition verpflichteten Ausbau der Weine – in ausgewogener Weise kommen Edelstahltanks und Holzfässer zum Einsatz. Besonderer Stolz sind die edelsüßen, wundervoll ausgewogenen Beeren- und Trockenbeerenauslesen, die durch eine frische Säure bestechen. In den Spitzenlagen dominieren Riesling, Weißburgunder – den Frieß hier wieder heimisch und zu einer Perle in der Krone seiner Weine gemacht hat –, Ruländer, Traminer, auch Silvaner und etwas Rotwein, in weniger guten Arealen steht der anspruchslosere Müller-Thurgau. Bürger wie Touristen schätzen die Weinstuben, wo in zehn Räumen über 400 Personen Platz finden. Peter Wiesenegg bietet hier eine geradlinige, auf Qualität der Produkte gegründete Küche, die sich der Region verpflichtet fühlt, sich am Marktangebot und der Jahreszeit ausrichtet.

Rudolf Frieß zitiert gerne Jean Jaurès: Tradition heißt nicht Asche aufheben, sondern eine Flamme am Brennen erhalten. Das Ergebnis sind köstliche edelsüße Weine, doch auch seine trockenen Rieslinge und Weißburgunder zählen unangefochten zu Frankens Spitze

In den Kellern des Bürgerspitals wurde 1718 erstmals Wein in den gesiegelten fränkischen Bocksbeutel gefüllt! Hier alte Flaschen aus dem 18. Jahrhundert, noch bauchiger als die heutigen, die stabiler und stapelbar sein müssen, aber immer noch das Siegel mit der Taube tragen

1

FRÄNKISCHE MOSTSUPPE

Für vier Personen:
1 EL Mehl, 2 EL Butter,
je 1/4 l Gemüsebrühe, Fleischbrühe und Weißwein, Salz, Pfeffer,
200 g saurer Rahm, 4 EL gemischte, blanchierte Gemüsestreifen (gelbe Rüben, Porree, Sellerie)

Mehl in Butter andünsten, mit Brühe und Wein ablöschen. 20 Minuten leise köcheln lassen. Salzen, pfeffern, Rahm einrühren. Mit dem Mixstab aufschlagen. Die Gemüsestreifen darin erwärmen und mit gerösteten Croûtons bestreut servieren.

2

ZÜNGERL NACH WINZERIN ART

Zum spätnachmittäglichen Vesper sind diese Schweinszüngerl besonders zu empfehlen. Dann wurde der Weinsud nämlich schon den ganzen Tag lang benutzt und ist – ganz klar! – erheblich würziger, deutlich konzentrierter als am Morgen . . .

Für vier Personen:
4 große Zwiebeln, 2 gelbe Rüben, 1/4 l Essig, 1/4 l Weißwein, 1/2 l Wasser, je 1 TL Zucker und Salz, 1 EL Pfefferkörner, 2 Lorbeerblätter, 2 Nelken, 4 Schweinezungen

Eine Zwiebel und die gelben Rüben in Ringe beziehungsweise Scheibchen hobeln. Mit Essig, Wein und Wasser in einem Topf aufsetzen, die Gewürze zufügen. Zugedeckt etwa 20 Minuten leise köcheln. Die Schweinezungen in diesem Sud etwa eine Stunde garziehen lassen. Sie sollten sich an ihrer dicksten Stelle leicht mit einer Nadel durchstechen lassen. Die Zungen häuten, von Knorpeln und Sehnen säubern und bis zum Servieren im Sud belassen. Die restlichen Zwiebeln in Ringe hobeln und 10 Minuten lang im Sud köcheln, bis sie gerade eben gar, aber noch nicht zu weich sind.
Das Züngerl schmeckt kalt so gut wie noch einmal aufgewärmt. In jedem Fall gehören reichlich Zwiebeln dazu.

1

2

1

BLAUE ZIPFEL

Im sauren Weinsud gesotten sind Bratwürste viel bekömmlicher und leichter als gebraten. Die Würste sollten natürlich von einem guten Metzger stammen. Man läßt sie im gleichen Sud wie die Schweinszüngerl (Seite 61) zusammen mit den Zwiebelringen, die auch hier unerläßlich sind, etwa 10 Minuten lang unter dem Siedepunkt garziehen.

2

OCHSENFLEISCH MIT MEERRETTICHGEMÜSE

Man mag vielleicht zunächst ein wenig enttäuscht sein, wenn sich das Meerrettichgemüse als Meerrettichsauce entpuppt, aber als eine, die schnell versöhnt: Sie schmeckt wunderbar würzig und intensiv.

Für sechs Personen:
1,5 kg Ochsenbrust, 1 gelbe Rübe, 1 Porree, 1/4 Sellerie, 1 Zwiebel, 2 Lorbeerblätter, je 1 TL Pfeffer- und Pimentkörner, 1 TL Salz
Meerrettichgemüse:
1/4 l kräftige Fleischbrühe, 1 Semmel, 2 EL Butter, Salz, Pfeffer, Muskat, 3 EL frisch geriebener Meerrettich

Das Fleisch sollte unbedingt an der oberen und unteren Seite eine schöne Fettschicht aufweisen, die ihm Geschmack gibt und es saftig hält. Mit dem grob zerkleinerten Wurzelwerk und den Gewürzen in einem Topf aufsetzen und mit Wasser gerade bedecken. Ohne Deckel langsam zum Kochen bringen; den sich bildenden Schaum *nicht* abschöpfen, sondern warten, bis er von allein verschwindet – es handelt sich dabei um Eiweiß, das hilft, die Brühe zu klären.
Das Fleisch etwa zwei bis drei Stunden leise ziehen, jedoch niemals kochen lassen.
Für die Sauce einen Viertel Liter Brühe abnehmen, aufkochen, die zerzupfte Semmel darin auflösen. Mit Salz, Pfeffer und Muskat würzen. Mit dem Mixstab aufschlagen, dabei die Butter untermischen. Erst kurz vor dem Servieren den Meerrettich einrühren.
Tip: Das Fleisch läßt sich am schönsten in exakte Scheiben aufschneiden, wenn man bis zum nächsten Tag wartet. Kalt auf der Aufschnittmaschine aufschneiden, in heißer Brühe erwärmen und mit der Sauce servieren.

3

KÄRRNERBRATEN MIT SEIDENEN KLÖSSEN

Die Kärrner mußten schwer arbeiten, also auch herzhaft und deftig essen. *Seiden* nennt man die Knödel aus gekochten Kartoffeln, im Gegensatz zu den *halbseidenen*, die halb aus gekochten, halb aus rohen Kartoffeln zubereitet werden (Seite 96).

Für acht bis zehn Personen:
2 kg Rinderbrust, 1 Zwiebel,
7 EL Butter, 5 Semmeln, 3 Eier,
1 dicker Bund Petersilie, Salz, Pfeffer,
2 dicke Bund Suppengrün,
3 EL Schmalz
Seidene Kartoffelklöß':
1 kg mehlige, am Vortag gekochte Kartoffeln,
ca. 100 g Stärke, Salz, 1 Ei

Vom Metzger in das Fleischstück eine Tasche schneiden lassen. Für die Füllung die feingehackte Zwiebel in einem Löffel Butter weichdünsten. Die Semmeln würfeln und in 3 Eßlöffeln Butter anrösten. Mit Zwiebeln, Eiern und feingehackter Petersilie mischen, salzen und pfeffern. In die vorbereitete Tasche füllen, diese zunähen; das Fleischstück mit einem Bund Suppengrün in einen ausreichend großen Topf legen, mit Salzwasser bedecken und zwei bis drei Stunden leise ziehen lassen.
Anschließend wird die Rinderbrust geschmort: Sie dafür in einem schweren Bräter im heißen Schmalz anbraten, übriges gehacktes Wurzelwerk drumherumstreuen, soviel von der Siedebrühe angießen, daß der Braten knapp zur Hälfte darinnen liegt. Im 180 Grad heißen Ofen zwei Stunden schmoren.
Zum Servieren in fingerstarke Scheiben schneiden. Für die Sauce den entstandenen Bratenfond mit der restlichen Butter aufmixen.
Für die Kartoffelklöß' die Kartoffeln reiben, nur soviel Stärke darüberstäuben, wie sie beim losen Durchmischen annehmen. Salz und Ei zufügen, rasch zu einem geschmeidigen Teig verarbeiten. Nur, wenn er noch klebt, einen weiteren Hauch Stärke zufügen. Zu Klößen formen, nach Belieben in die Mitte einige geröstete Weißbrotwürfel stekken. Die Knödel in siedendem Salzwasser 15 bis 18 Minuten ziehen lassen.

Peter Wiesenegg mit »Fränkischem Bauernweißen« und »Rotgelegtem«. Die gutseigenen Weine werden in Häckertracht aufgetragen.

1

2

3

Schnatterloch und Fachwerkbauten

Das Städtchen Miltenberg, genau dort in das Mainknie geschmiegt, wo der Fluß sich wieder nordwärts wendet, gibt eine Ahnung davon, wie schön Deutschland einmal gewesen ist, bevor der Krieg das meiste in Schutt und Asche legte. Das *Schnatterloch* im Zentrum ist sicher einer der schönsten und intimsten mittelalterlichen Plätze im ganzen Land; gesäumt von prächtigen, behutsam renovierten Fachwerkbauten, die mit bis zu fünf Geschossen sehr stattlich sind. Auffällig hier, wie bei allen anderen alten Häusern in der Stadt, die Sockel aus dem warmtönigen Buntsandstein vom Odenwald, der von hellen Adern durchzogen ist. Das berühmteste Miltenberger Haus, der *Riesen*, wurde 1590 als Fürstenherberge gebaut und ist auch heute noch Hotel und Gastwirtschaft.

Roter Wein und schöner Keller

»Wie kann ich guten Wein in einem häßlichen Keller machen?« fragt Paul Fürst, wenn ein Besucher über seinen neu gebauten, gradlinig schönen Weinkeller staunt. Und er lacht: »Wenn er die nächsten zehn Jahre weiterhin bei mir seinen Wein bezieht, weil es ihm nicht nur geschmeckt, sondern auch gefallen hat, dann hat sich die Investition auch gelohnt.« Betriebswirtschaftlich rechnen kann er; denn trotz seiner Jugend verfügt er über langjährige Erfahrung. Schon 1975 hatte er den Betrieb nach dem plötzlichen Tod des Vaters übernehmen müssen. Damals hatte er gerade an der Weinbaufachschule Geisenheim sein Studium begonnen. Denn er wußte bereits, daß er den väterlichen, landwirtschaftlichen Mischbetrieb klassischer Prägung, den er übernehmen

würde, mit Getreide- und Tabakanbau, Viehhaltung und lediglich zwei Hektar Reben, lieber ganz auf den Wein spezialisieren wollte. Die geplanten Lehrjahre im Ausland, Frankreich, Kalifornien oder Österreich, fielen nunmehr aus. Statt dessen mußten Fachbücher und Fachartikel, vor allem französische, weiterhelfen. Als Mitte der achtziger Jahre auch in Deutschland das französische *Barrique* in Mode kam, das kleine Faß aus Eichenholz, dessen intensiver Geschmack den Weinen eine neue, völlig andere Dimension verlieh, wurde er neugierig; er experimentierte damit; schaute vor allem, wie man in Frankreich damit arbeitet. Jedes Jahr kaufte er neue Fässer hinzu. Natürlich sind nicht alle Versuche auf Anhieb geglückt. Aber inzwi-

schen ist Paul Fürst sicher: »Wer Spitzenweine machen will, kommt am Ausbau im *Barrique* nicht vorbei.« Vorausgesetzt, alles andere stimmt: »Das A und O für Qualität ist Ertragsbegrenzung.« Also rigoroses Anschneiden, damit der Rebstock tief wurzelt, und Ausdünnen, damit er seine Kraft nicht auf viele Trauben verzettelt, sondern in wenigen konzentriert. Das Weingut Rudolf Fürst in Bürgstadt trägt heute noch den Namen des Vaters, damit es mit anderen Fürsts in der Gegend keine Verwechslung gibt. Durch Tausch und Kauf konnte Paul Fürst das Gut auf 11 Hektar erweitern. Mehr als die Hälfte ist mit roten Reben bepflanzt; auf den schwereren Böden stehen Weißweine. Um die Weinberge kümmert sich Schwager Franz Dumbsky, der auch erstklassige Obst- und Tresterbrände destilliert, von ungewöhnlicher Weichheit und intensivem Duft. Paul, der neben dem Ausbau im Keller auch für die Vermarktung verantwortlich ist, füllt sie in elegante Flaschen, edle Destillate in mundgeblasene Phiolen.

Längst ist das Weingut berühmt für die besten Rotweine Frankens. Auf den kargen, steinigen, skelettreichen Buntsandsteinböden dieses äußersten Zipfels Frankens gedeihen Rotweine besonders gut. Der niedrige pH-Wert des roten Bodens bewirkt eine starke Leuchtkraft im roten Wein, macht ihn schlank und elegant. Bei den höheren Säurewerten von Kalkböden indes können Mikroben, die für weiße Reben völlig problemlos sind, Rotweinen schaden.

Die wunderschönen alten Quader in seinem Weinkeller hat Paul Fürst durch Zufall entdeckt. In einem alten Steinbruch, der eigentlich unter Naturschutz stand. Ein befreundeter Steinmetz hat sie ihm in jahrelanger Kleinarbeit bearbeitet, bis er damit seinen Traumkeller bauen konnte. »Ich habe überhaupt viel dem Zufall zu verdanken«, sagt er nachdenklich, »so oft fiel in meinem Leben zur richtigen Zeit die richtige Entscheidung an der richtigen Stelle!«

Weniger für den Ertrag als für neugierige Besucher hat Paul Fürst vor seinem Haus einen kleinen Rebgarten angelegt. So kann er ihnen bestimmte Dinge anschaulich machen. Sebastian und Phillip warten schon ungeduldig auf das Essen. Sekt gibt's für sie aber nicht

Daß für Monika Fürst Kochen ein Vergnügen ist, schmeckt man. Ein solches Festessen braucht die entsprechende Begleitung: nach dem »normalen« Spätburgunder aus dem typisch fränkischen Bocksbeutel der barriquegereifte Tropfen in der typischen Burgunderflasche.

TRESTER
änkischen Spätburgunder
42% vol., 0,5 l
Weingut Fürst
8768 Bürgstadt
BÜRGSTAD
Weingut
FÜRST
8768 Bürgstadt

1

2

3

1
HUHN IN RIESLING

Monika Fürst nimmt tatsächlich ein Suppenhuhn für dieses wunderbare Ragout, weil es einfach kräftiger schmeckt und kernigeres Fleisch hat als ein Brathähnchen oder eine Poularde. Allerdings kennt sie den Bauern, bei dem es herumspringen und Eierlegen durfte . . .

Zutaten für vier bis sechs Personen:
1 schönes, frisches Suppenhuhn,
1 gelbe Rübe, 1 Porreestange,
$^{1}/_{4}$ Sellerie, 1 Zwiebel, Salz,
2 Lorbeerblätter, 1 TL Pfefferkörner,
1 Flasche Riesling, 1 l Wasser,
1 EL Mehl, 2 EL Butter

Das Huhn zusammen mit dem grob zerkleinerten Suppengemüse und den Gewürzen in einen passenden Topf füllen, Wein und Wasser angießen und langsam ohne Deckel zum Kochen bringen. Erst wenn sich der zunächst an der Oberfläche gebildete Schaum gelegt hat, den Deckel aufsetzen, und das Huhn auf sanftem Feuer etwa eine Stunde ziehen lassen.
Das Fleisch von den Knochen lösen, Haut und Knochen wieder zurück in den Topf geben und weitere zwei bis drei Stunden auskochen.
Für die Sauce Mehl in der Butter golden dünsten, mit einem guten halben Liter Brühe auffüllen und 20 Minuten köcheln. Die Sauce abschmecken, und die Fleischstücke darin erwärmen.
Bei Fürsts gibt es hausgemachte Bandnudeln dazu und, weil er gerade Saison hat, Bürgstädter Stangenspargel mit flüssiger Butter und viel Dill.

2
REHRÜCKEN VOM MAIBOCK MIT WIRSINGGEMÜSE

Für sechs Personen:
1 Rehrücken, 1 Bund Suppengrün,
75 g Butter, 1 Flasche Spätburgunder
(Rotwein), je 1 TL Piment- und
Pfefferkörner, 2 EL Butterschmalz,
3 Thymianzweige, Salz, Pfeffer
Wirsing:
1 kg Wirsing, Salz, 2 EL Butter,
3–4 EL Gemüsebrühe, Pfeffer, Muskat

Die Rückenfilets vom Knochen lösen. Den Knochen in Stücke hacken und mit einem Löffel Butter in einem flachen, breiten Topf kräftig anrösten. Kleingewürfeltes Wurzelwerk zufügen und mitbraten; schließlich mit Wein ablöschen, Piment und Pfeffer zufügen und einkochen, bis kaum mehr Flüssigkeit vorhanden ist. Mit Wasser bedecken und erneut einkochen, bis nur noch etwa ein $^{1}/_{4}$ bis $^{3}/_{8}$ Liter vorhanden sind.
Die Rückenfilets in heißem Butterschmalz rundum anbraten, salzen, pfeffern, die Thymianzweige dazwischenstreuen. Mit etwas Rehfond ablöschen, im 150 Grad heißen Ofen etwa 30 Minuten nachziehen lassen.
Für die Sauce den Bratensatz mit dem restlichen Rehfond loskochen, die Butter mit dem Mixstab untermixen.
Den Wirsing in mundgerechte Stücke schneiden, in Salzwasser 2 bis 3 Minuten blanchieren, eiskalt abschrecken, um die Farbe zu stabilisieren. In heißer Butter schwenken, dabei etwas Brühe angießen. Das Gemüse mit Salz, Pfeffer und Muskat würzen. Außerdem schmecken dazu »seidene« Kartoffelklöß' – das Rezept steht auf Seite 63.

3
RHABARBERKUCHEN

Für eine Springform von 24 cm Durchmesser:
Teig:
100 g Butter, 100 g Zucker, 3 Eigelb,
150 g Mehl, 50 g Stärke,
$1^{1}/_{2}$ EL Backpulver

Belag:
800 g Rhabarber (geputzt gewogen),
5 Eiweiß, 130 g Zucker,
80 g blättrige Mandeln

Butter, Zucker und Eigelb dick und schaumig rühren. Mehl, Stärke und Backpulver zufügen und einen geschmeidigen Teig daraus kneten. Eine gebutterte Form damit auslegen.
Den Rhabarber putzen, fädeln, in zentimeterbreite Stücke schneiden und auf der Teigfläche verteilen.
Eiweiß mit 70 Gramm Zucker steif schlagen, erst jetzt den restlichen Zukker sowie die Mandelblättchen unterheben. Auf dem Rhabarber verteilen. Bei 200 Grad eine gute Stunde backen. Lauwarm schmeckt der Kuchen übrigens am allerbesten!

Eine Familie bittet zu Tisch

Es war ein Glücksfall: Die Gastwirtschaft des Weinguts *Stern* stand zum Verkauf. Und weil es schnell gehen mußte, wurde auch der Preis nicht ausgereizt. Da haben die Geschwister Markert kurzentschlossen all ihre Courage und Barschaft zusammengekratzt und das schmucke Haus mitten im Herzen von Bürgstadt erworben. Mit bescheidenen Mitteln haben sie die vorhandene Substanz ganz einfach, aber geschmackvoll und gemütlich hergerichtet; zwei Gasträume und eine weinbelaubte Terrasse zum Garten hinaus, der im Sommer von einem Kirschbaum beschattet wird, der tiefschwarze, süße Früchte trägt; angenehme Gästezimmer.

Schwester Heidi betreut den Service und kümmert sich um den gut sortierten Weinkeller; sie kennt sich nicht nur in Franken bestens aus! Und Bruder Klaus, der Küchenchef, verblüfft mit einer Speisekarte, die eine unerhörte Bandbreite zeigt.

Zunächst mag man ja gar nicht glauben, daß jemand vom fränkischen Sauerbraten bis zum eleganten, fernöstlich angehauchten Fischgericht die unterschiedlichsten Kochstile beherrschen kann. Wenn er nur eine Hilfe in der Küche hat, zumal.

Der skeptische Gast ist jedoch alsbald überzeugt: Soviel kulinarische Phantasie, soviel Mut und zugleich Harmonie bei der Zusammenstellung, soviel Akkuratesse bei der Auswahl und Liebe bei der Verarbeitung der Zutaten, das findet man selten. Und schon gar nicht zu einem solch erfreulich geringen Preis.

Die Markerts im Garten vom Stern*; mitten in Bürgstadt eine ländliche Idylle*

Die Köche der berühmten *Schweizer Stuben* im nahegelegenen Wertheim-Bettingen übrigens wissen das längst zu schätzen: Wenn sie Lust auf gutes Essen haben, an ihrem freien Tag, fahren sie hierher.

Unterstützt werden die beiden Geschwister durch die Eltern. Mutter Maria gab ihren Job in einem anderen Gasthaus nur zu gerne auf, um an den betriebsamen Wochenenden lieber im eigenen Familienbetrieb mitzuhelfen, wo sie nicht mehr wegzudenken ist.

Vater Helmut kümmert sich derweil um den Garten und ums Haus. Außerdem sind ihm die unübertroffen guten Würste zu verdanken, die man im *Stern* essen kann; denn Vater Markert schlachtet selbst, und zwar nur Schweine, von denen er weiß, daß sie anständig gefüttert wurden und daher gutes Fleisch liefern. Gottlob tut er das regelmäßig genug, so daß seine unübertroffen köstliche Blutwurst, für die allein eine Reise hierher schon lohnt, nie ausgeht.

Roeder

1

2

1

GEBRATENE BLUTWURST AUF KARTOFFELGEMÜSE

Die Blutwurst stammt aus Vater Helmuts eigener Schlachtung. Sie ist herrlich kräftig gewürzt und von fabelhafter Konsistenz.

Für vier Personen:
1 Zwiebel, 2 EL Butter, 1 gehäufter EL Mehl, $^{1}/_{4}$ l Fleischbrühe, $^{1}/_{4}$ l Rahm, 1 Lorbeerblatt, Salz, Pfeffer, Muskat, 800 g festkochende Kartoffeln, frischer Majoran, 4 dicke Scheiben Blutwurst, 1 EL Butter- oder Schweineschmalz

Die feingehackte Zwiebel in der Butter andünsten, Mehl darüberstäuben und mitdünsten. Mit Brühe und Rahm ablöschen. Gewürze zufügen und etwa 20 Minuten sanft köcheln, bis die Sauce schön cremig ist.

Die Kartoffeln in der Schale weich kochen. Etwas auskühlen lassen, pellen, in Würfel schneiden und zusammen mit dem feingehackten Majoran in die Sauce rühren.

Die Blutwurstscheiben auf beiden Seiten im Schmalz kroß braten und auf dem Kartoffelgemüse anrichten.

2

REHBRATWÜRSTCHEN MIT KARTOFFELBREZELN

Für sechs Personen:
400 g schieres Rehfleisch, 200 g Schweinerückenspeck, Salz, Pfeffer, je 2 EL Cognac und Weißwein, Schweinedärme zum Füllen (beim Metzger erbitten)

Kartoffelbrezeln:
500 g mehlige Kartoffeln, 1 Eigelb, 3 EL Butter, Salz, Pfeffer, Muskat, Mohn zum Bestreuen

Rehfleisch und Speck durch die feine Scheibe des Fleischwolfs drehen, mit Salz, Pfeffer, Cognac und Weißwein würzen. Die Masse gut durcharbeiten und in ausgewaschene Därme füllen. Würstchen abbinden. In Salzwasser bei 72 Grad 10 Minuten sanft pochieren. In kaltem Wasser abkühlen.

Für die Brezeln die Kartoffeln gar kochen, pellen, durch die Presse drükken und gut ausdampfen lassen. Mit Eigelb und einem Löffel Butter mischen, mit Salz, Pfeffer und Muskat würzen. Brezeln daraus formen, sie auf ein eingeöltes Dämpfsieb setzen und über Dampf garen.

Zum Servieren die Würstchen in der Pfanne in etwas Schmalz braten und auf einem Bett von Wirsinggemüse anrichten (Rezept Seite 69). Die gedämpften Brezeln ebenfalls in Butter bräunen und mit Mohn bestreuen.

Klaus Markert garniert den Teller mit Scheiben von »schwarzen Nüssen«, das sind grüne Nüsse, die er selbst in Zuckersirup eingelegt hat.

3

WALLER IN WEISSWEINSAUCE

Für vier Personen:
4 schöne Stücke vom Wallerfilet (mit Haut), Suppengrün, $^{1}/_{4}$ l Weißwein, $^{1}/_{4}$ l Fischfond, 1 Lorbeerblatt, $^{1}/_{2}$ TL Pfefferkörner, Salz

Weißweinsauce:
je 4 EL feingewürfelte gelbe Rüben, Porree, Sellerie und Zwiebel, 75 g Butter, 3 EL Noilly Prat (trockener Wermut), $^{1}/_{4}$ l Fischsud, 1 Lorbeerblatt, $^{1}/_{8}$ l Rahm, Salz

Die Fischstücke erst unmittelbar vor dem Servieren in einem Sud garziehen lassen, den man schon lange vorher zubereiten kann: zerkleinertes Suppengrün, Wein, Fischfond und Gewürze eine halbe Stunde köcheln. Die Fischstücke möglichst nebeneinander einlegen und je nach Dicke 8 bis 12 Minuten pochieren, erst dann salzen.

Für die Sauce das gewürfelte Wurzelwerk in einem Löffel Butter anschwitzen, mit Wermut und Fischsud ablöschen. Das Lorbeerblatt und den Rahm zufügen. Eine halbe Stunde köcheln, bis die Sauce cremig wird. Durch ein Sieb streichen, mit Butter aufmixen und abschmecken.

Klaus Markert richtet die Wallerstücke auf einem Bett von gedünsteten Wurzelwerkstreifchen an, umgießt sie mit Sauce und dekoriert mit Meerrettichspänen, die er mit einem scharfen Messer von einer Stange schabt. Das geht übrigens ganz einfach: die geschälte Stange senkrecht stellen und mit dem Messer von oben nach unten schaben.

4
GEFÜLLTER SPANFERKELFUSS

Für vier Personen:
4 Spanferkelfüßchen, Suppengrün, Salz, 1 TL Pfefferkörner, 1/2 l Weißwein, 2 EL Schweineschmalz

Füllung:
1 Zwiebel, 4 EL Schmalz, 1/2 Semmel, Petersilie, 300 g Schweinehackfleisch, Salz, Pfeffer, 1 Schweinenetz (beim Metzger bestellen)

Kartoffelsalat:
400 g festkochende Kartoffeln, 1–2 gelbe Rüben, 1/4 l Brühe, 1 weiße Zwiebel, 1 Knoblauchzehe, 3 EL Essig, 3 EL Sonnenblumenöl, Salz, Pfeffer

Die Füßchen mit kochendem Wasser überbrühen und gut abbürsten, damit sie weiß werden. Mit grob gehacktem Suppengrün, Salz, Pfeffer und Wein aufsetzen, mit Wasser bedecken. In eineinhalb Stunden gar kochen.

Vorsichtig die Haut abtrennen, möglichst an einem Stück. Das Fleisch von den Knochen lösen und feingehackt unter die Füllung mischen: dafür zunächst die gehackte Zwiebel in einem Löffel Schmalz weichdünsten. In einem zweiten Löffel Schmalz die gewürfelte Semmel anrösten. Mit Petersilie und Schweinehack zu einer Farce verarbeiten. Mit Salz und Pfeffer abschmecken.
Das Schweinenetz ausbreiten, Stücke ausschneiden, die groß genug sind, um die Füßchen einzuhüllen. Jeweils die Haut, Außenseite nach unten, darauf legen, die Füllung darüber verteilen, das Netz darüberschlagen, zusammenwickeln, dabei wieder die ursprüngliche Füßchenform herstellen.
Die Füßchen in eine Bratenreine setzen, mit heißem Schmalz übergießen. Im 250 Grad heißen Ofen braten, bis sie goldbraun geworden sind.
Für den Kartoffelsalat die Kartoffeln gar kochen. Die geschälten Möhren in Brühe ebenfalls gar kochen. Beides etwas ausgekühlt in Scheiben schneiden. Mit feingehackter Zwiebel, Knoblauch, einem guten Schuß Brühe, Essig, Öl, Salz und Pfeffer anmachen. Durchziehen lassen und abschmecken.

5
GRIESSKRUSPELN MIT WEISSEM SCHOKOLADENEIS UND SAUERKIRSCHKOMPOTT

Für sechs Personen:
0,2 l Milch, 0,2 l Rahm, 70 g Zucker, 1 EL Butter, 1 Vanillestange, 100 g Grieß, 2 Eigelb, 1/8 l Weißwein, 50 g Mehl, Butterschmalz zum Backen, Zimtzucker

Schokoladeneis:
1/4 l Milch, 1/4 l Rahm, 70 g Zucker, 6 Eigelb, 130 g weiße Schokolade, 1–2 EL weißer Kakaolikör

Sauerkirschkompott:
500 g Sauerkirschen, 3 EL Zucker, 1/8 l Sauerkirschsaft, 1 EL Stärke, 2 EL Kirschwasser

Milch, Rahm, Zucker und Butter vermischen und aufkochen, die Vanillestange darin 10 Minuten ziehen lassen. Sie aufschlitzen, das Mark herauskratzen und in die Milch rühren. Erneut aufkochen, den Grieß zufügen; etwas abkühlen lassen und die Eigelb einarbeiten.
Wein und Mehl glatt quirlen. Vom Grießteig Nocken abstechen, durch den Weinteig ziehen und schwimmend im heißen Schmalz golden ausbacken.
Für das Eis Milch, Rahm, Zucker und Eigelb unter ständigem Rühren heiß und dicklich werden, nicht kochen lassen. Die Schokolade darin schmelzen. Mit Kakaolikör parfümieren. Abkühlen und in der Eismaschine gefrieren.
Die Sauerkirschen entsteinen, mit Zukker und Saft aufkochen. Die Kirschen herausheben, die Flüssigkeit einkochen und mit Stärke binden. Die Kirschen einige Minuten darin köcheln, mit Kirschwasser parfümieren. Abgekühlt zu den mit Zimtzucker bestreuten Grießkruspeln und dem Eis servieren.

SOMMER

Goldgelbe Felder, flirrender Dunst –
Ferien- und Festspielzeit:
deftiges Bauernessen und feine Speisen

Von oben gesehen: Königssee

Enzianbrand

Stattlicher Fang

Eine Kuh macht muh; viele Kühe ...

Im Sonntagsstaat beim Mittagessen

Betörender Duft: Rosenblüte

Bayreuth: Elegante Festspielgäste

Fein: Köstliche Sommersülze

Fronleichnam: Fest für Seele und Leib

Am ersten Donnerstag nach der fünfzigtägigen Osterzeit ist Fronleichnam: Das Fest des Abendmahls. Das merkwürdige, inbrünstig-schauerlich klingende Wort entstand aus dem Althochdeutschen *fron lichnam*, was so viel wie *Herrenleib* bedeutet. In Bayern sagt man oft, noch deutlicher, *Blutstag* und meint damit den Tag, an dem sich Leib und Blut Christi in Brot und Wein verwandelte, den Tag der Eucharistie. Nun ist dies eigentlich der Gründonnerstag, doch hat man im 13. Jahrhundert die Feier des Abendmahlgedächtnisses einfach verschoben, weil man es nicht vereinbar fand, an diesem Tag – in der Fastenzeit und einen Tag vor Karfreitag – ein frohes Fest freudig und prächtig zu begehen. Die Verlegung des Festes ins späte Frühjahr ist ihm glänzend bekommen: Wenn die Natur in voller Blüte steht, feiert es sich leichter und schöner. Bald entstand die Sitte, das Fest mit einem Flurgang, schließlich einer glanzvollen Prozession zu feiern. Am prunkvollsten, mit aufwendigen Blumenteppichen und reich geschmückten Altären, feiert man in Süddeutschland: Die Gegenreformation entwickelte diese prächtigen Darstellungen, die den Glanz der katholischen Kirche auf Straßen, Plätze und in die Fluren hinaustragen soll, als Demonstration gegenüber den Andersgläubigen, sozusagen als Triumph der Wahrheit über die Ketzer. Wie schön das ist, wissen längst auch die ungläubigen Städter, Preußen und andere Touristen. So wurde in manchen Orten der Fronleichnamszug zu einer touristischen Attraktion – die Bootsprozession auf dem Chiemsee etwa hat so unter dem Ansturm von Schaulustigen gelitten, daß die Einwohner sie abgeschafft haben. Es ist aber keineswegs so, daß überall die Zuschauer überwiegen. In den kleineren Gemeinden Oberbayerns sind die Gläubigen noch immer die Darsteller ihrer eigenen Gläubigkeit, so auch in Törwang am Samerberg (Bild), wo der Zug hinauf zur Kapelle geht, von wo aus man einen weiten Blick hinaus ins Land hat (nächste Seite). Wenn sich die Kirche in ihren vollen Ornat wirft, der Pfarrer unter einem goldenen Baldachin einherschreitet, den güldenen Kelch mit der Hostie lobpreisend hochhält, reich bestickte Fahnen getragen und eine feierliche Musik gespielt wird, dann putzen sich auch die Menschen heraus: Es ist der Tag der Festtracht. Vor allem die Frauen legen ihr *G'wand* an, ein aufwendig gefertigtes, schwarzes Kleid, das man sich nur einmal im

Leben machen läßt, reich bestickt und mit Schmucknadeln befestigt. Dazu gehören ein seidenes Schultertuch, Hut oder Spitzenhaube sowie kostbarer Haarschmuck. Die Männer tragen schwarze Kniebundhosen, eine graue Lodenjacke und heften an ihren Hut den berühmten Gamsbart. Im Leitzachtal schmücken die Frauen den hochgeschnürten Busen mit Blumen, wodurch er in angenehm-auffälliger Weise gerahmt und betont wird. Von weltabgewandter Askese ist da nichts zu bemerken!

Freilich begnügen sich die barocken Bayern an Fronleichnam auch nicht mit der kirchlichen Feier, sondern kehren zur weltlichen ins Wirtshaus ein – wie auf den folgenden Seiten im *Sonnenkaiser* in Elbach bei Fischbachau im Leitzachtal.

Da wird Musik gemacht und üppig aufgetischt, ein ordentlicher Braten gehört doch dazu! Und es wird ausgiebig gezecht. Wer wüßte es nicht: Essen und Trinken hält Leib und Seele zusammen . . .

1

SURBRATEN MIT BAYRISCH KRAUT UND BREZNKNÖDEL

Steht »Bayrisch« Kraut auf der Speisekarte, ist klar, daß kein Sauerkraut, sondern das frische Gemüse serviert wird. Und zwar mit etwas Speck in Schmalz gedünstet, mit Zucker und einem kleinen Schuß Essig gewürzt.

Für sechs Personen:
1 gesurter (gepökelter) Schweinehals von ca. 1,8 kg, 2 Zwiebeln, 2 gelbe Rüben, 2 Lorbeerblätter, 2 Nelken, je 1 TL Pfeffer- und Pimentkörner

Bayrisch Kraut:
1 kg junges Weißkraut, 1 Zwiebel, 2 EL Schmalz, 100 g geräuchertes Wammerl (Bauchspeck), 1/2 TL Zucker, 1 EL Essig, 1/4 l Fleischbrühe, 1/2 TL Kümmel, Salz, Pfeffer

Breznknödel:
6 altbackene Brezn, 1/8 l Milch, 1 große Zwiebel, 2 EL Butter, 1 Bund Petersilie, 4 Eier, Salz, Pfeffer

Das Fleisch mit dem zerkleinerten Gemüse und den Gewürzen in einen Topf legen, mit Wasser knapp bedekken. Auf kleinem Feuer schließlich eine gute Stunde garziehen, auf keinen Fall aber richtig kochen lassen.
Das Weißkraut halbieren, dicke Strünke heraus- oder flachschneiden. Das Kraut quer in feine Streifen hobeln. Die Zwiebel in dünne Ringe schneiden und im heißen Schmalz andünsten. Das in schmale Streifen geschnittene Wammerl mitschmurgeln, aber nicht bräunen. Mit Zucker karamelisieren, bevor er jedoch zu dunkel zu werden beginnt, mit Essig ablöschen.
Das Kraut untermischen und mit Brühe benetzen und mit Kümmel würzen. Zugedeckt etwa 20 bis 30 Minuten dünsten. Mit Salz und Pfeffer abschmecken.
Die Brezn mit einem Sägemesser in Würfel schneiden, mit heißer Milch beträufeln. Die feingewürfelte, in Butter gedünstete Zwiebel sowie die gehackte Petersilie und die Eier untermengen. Mit Salz und Pfeffer würzen. Eine Viertelstunde ziehen lassen, bis auch die harten Breznstücke aufgeweicht sind.
Zu zwei Rollen formen, Durchmesser etwa 5 cm, in Alufolie wickeln, an den Seiten zudrücken, damit kein Wasser eindringen kann. In heißem Wasser liegend 30 Minuten garziehen lassen.
Zum Servieren Scheiben davon abschneiden und in Butter auf beiden Seiten hellbraun braten.

2

KALBSROLLBRATEN

In Bayern kann man ihn beim Metzger fertig gerollt kaufen. Es handelt sich um das Kalbsnierenstück, entbeint, mit der gehäuteten, geputzten Kalbsniere belegt und aufgerollt. Wer seinen Braten selber wickelt, kann noch Salbeiblätter und Speckscheiben einarbeiten. Ein Kalbsnierenbraten gilt als etwas Besonderes und gehört auf die Feiertagstafel.

Für sechs Personen:
1,5 kg Kalbsnierenbraten, Salz, Pfeffer, 50 g Kalbsnierenfett, 500 g Kalbsrückenknochen, 1 Zwiebel, 1-2 Bund Suppengrün, 1 Scheibe altbackenes Sauerteigbrot, 100 g Crème fraîche

Den Braten mit Salz und Pfeffer einreiben und mit seiner schönen Seite nach unten in die Bratenreine setzen, in der bereits das Fett ausgelassen wurde. Mit etwas flüssigem Fett beschöpfen. Knochen, gehackte Zwiebel und Suppengrün drumherumstreuen, im 220 Grad heißen Backofen zunächst 20 Minuten kräftig anbraten. Erst dann rechts und links je eine Suppenkelle Wasser angießen. Erneut für 45 Minuten in den Ofen schieben. Den Braten wenden, eine weitere Stunde bei nunmehr 160 Grad braten, dabei immer wieder mit Bratenflüssigkeit beschöpfen. Für die letzten zehn Minuten die Oberfläche mit Crème fraîche einstreichen. Den Braten in fingerdicke Scheiben schneiden, mit Semmelknödel und Salat servieren. Bratensatz loskochen, durch ein Sieb passieren und als Sauce reichen.

Einkaufen auf dem Bauernhof

Das Bauernleben entbehrt heute jeglicher Romantik. Ein landwirtschaftlicher Mischbetrieb mit Feldern, Gemüsebau, etwas Vieh, wie er früher üblich war, bedeutet harte Arbeit rund ums Jahr, keinen Urlaub, kaum einen freien Tag, geringen Verdienst, der von Jahr zu Jahr statt besser immer schlechter wird. Wer auf einen grünen Zweig kommen will, muß sich etwas einfallen lassen.

Bei Clara Haslbeck vom Unterharthof bei Parkstetten in Niederbayern hat alles damit angefangen, daß auf den Erdbeerfeldern, die Ehemann Josef zahlendem Publikum zum Selberpflücken geöffnet hatte, die Früchte einmal zu verderben drohten. So verarbeitete Mutter Haslbeck sie einfach selbst. Marmelade hat sie immer gern gekocht, ihre Erzeugnisse waren bei den Freunden hoch geschätzt. Und ehe sie sich richtig versah, war aus einem Hobby ein Betrieb geworden. Die Küche wurde alsbald für ihre Unternehmungen zu klein. Längst mußte Obst zugekauft werden, um die Nachfrage zu befriedigen. Ehemann Josef, ein Mann der Tat, beschloß, nach dem Motto »wenn schon, dann gleich richtig«, das Vieh abzuschaffen, um den Stallraum sinnvoller auszunutzen. Er wurde weiß gefliest und zur Marmeladenküche umgebaut. Clara Haslbeck indessen dachte sich immer neue Geschmacksrichtungen aus, tüftelte an Rezepten herum.

Inzwischen ist Tochter Erika ins Geschäft eingestiegen, das Angebot im eigenen Lädchen ausgebaut: Sauer Eingelegtes gibt's, Kräuteressig, Säfte, von Kollegen Dosenwurst und hausgemachte Nudeln.

Vater Haslbeck kümmert sich um Haus, Hof und Felder, (seine *Radi* sind die besten!), betreut Bienen und die anderen Tiere. Und freitags fährt die Familie in aller Früh mit einem Verkaufswagen zum Markt. Früher zum herrlichen Bauernmarkt im nahen Straubing, heute lieber nach Bad Füssing, wo Kurgäste für interessantere Umsätze sorgen.

Voller Ideen für ihren Hof: Clara und Josef Haslbeck

Die Helferinnen beim Vermehren der Erdbeerpflanzen

Radi schräg von der einen, dann von …

… der anderen Seite einschneiden

Gleichmäßig rundum großzügig salzen

So muß er aussehen: eine Zieharmonika

Wenn er sich ausgeweint hat, schmeckt er wunderbar mild zu Butterbrot und Speck

1

KIRSCHKUCHEN

Nach diesem Grundrezept lassen sich auch andere Obstkuchen backen: mit Apfel, Birnen, Aprikosen.

Für 1 tiefes Backblech:
200 g Butter, 200 g Zucker, 6 Eier,
Saft und Schale einer Zitrone,
1 Prise Salz, 500 g Mehl,
2 Päckchen Backpulver,
Butter und Mehl fürs Blech,
ca. 1 kg Kirschen

Die Butter mit dem Handrührer oder in der Küchenmaschine dick, hell und schaumig rühren. Nach und nach die ganzen Eier sowie den Zucker zufügen. Die Masse mit Zitronensaft, -schale und Salz würzen. Zum Schluß Mehl und Backpulver hinzuschütten und rasch mit den Knethaken einarbeiten.
Den ziemlich zähen Teig auf einem gebutterten, bemehlten Blech verstreichen. Die entsteinten Kirschen darauf verteilen. Im zunächst 180 Grad heißen Ofen eine halbe Stunde, schließlich bei 200 Grad verstärken, den Kuchen so weitere 45 Minuten backen. Der Kuchen ist gar, wenn ein Holzstäbchen, das man an der dicksten Stelle hineinsticht, sich überall gleichmäßig warm anfühlt.

1

Liebevoll gedeckt: die Kaffeetafel

Neuer Betriebszweig: Damwildzucht

Mehr zum Herzen da: junges Zicklein

Diese Nußtorte, ein Gedicht aus knusprigen Böden mit duftiger Creme dazwischen, ist bereits seit mehr als 50 Jahren Hausspezialität. Sie verdankt ihren Namen der unglücklichen Agnes Bernauer. Sie war Gemahlin des Wittelsbacher Herzogs Albrecht, dessen Vater Herzog Ernst sie als angebliche Hexe verurteilen und umbringen ließ, weil er sie für nicht standesgemäß hielt. Im Café Krönner wird zum Kaffee übrigens, wie es sich für ein anständiges Kaffeehaus gehört, ein Glas Wasser serviert. Aus dem hauseigenen, 700 Jahre alten Brunnen

Das Café Krönner liegt um die Ecke vom großen Marktplatz mit seinen teils wiederaufgebauten, teils renovierten, hochgiebeligen Patrizierhäusern. Jeden Freitag wird dort ein großer, farbenprächtiger Bauernmarkt abgehalten

Von Lebzeltern und Wachsziehern

Wer das *Café Krönner* in Straubing betritt, gleich beim Stadtturm, dem Wahrzeichen der Stadt, mag sich über das reichhaltige Angebot von kunstvollen Kerzen und Wachsbildern im Laden wundern. Dabei hat das durchaus nichts mit Diversifizierung zu tun. Die Krönners sind nicht nur Konditoren, sondern auch *Lebzelter*; inzwischen in der achten Generation.

Die Lebzelter stellen Lebkuchen her (von lateinisch *libum*, der Fladen, und *Zeidler* für Imker). Daß die Lebzelter des Mittelalters zugleich die Wachszieher waren, leuchtet ein: Zum Bakken brauchte man Honig, Zucker gab es ja noch kaum. Und wer Honig hat, verfügt auch über Bienenwachs – damals eine Kostbarkeit. Natürlich lag es nahe, auch dieses Material zu verarbeiten. Die Model fürs Gebäck ließen sich ebenso für die Wachsbilder verwenden – und mit Farbe wußten die Lebzelter auch umzugehen. Und wenn sie dann von Jahrmarkt zu Jahrmarkt zogen, um ihre Lebkuchen anzubieten, war die Kundschaft für die Bildchen dankbar. Kerzen konnte sich dagegen kaum einer leisten, sie waren der Kirche vorbehalten.

Konditor *Josef-Erich Krönner voll Stolz auf seine* Agnes-Bernauer-Torte

Bei den Domspatzen zu Gast

In der Brauerei vom *Bischofshof* zu Regensburg wurde bereits 1230 für die Dombauleute Bier gebraut. Mitte des 19. Jahrhunderts erwarb die Kirche das durch die Säkularisation verloren gegangene Unternehmen zurück, als Sicherheit für ihre Knabenseminarstiftung. Das ist der *Bischofshof* heute noch: Inhaber von Hotel, Restaurant und Brauerei ist die Kirche, Nutznießer sind die Regensburger Domspatzen und das Priesterseminar.
Pächter des Hotelbetriebs seit fast zehn Jahren, Seele und Motor, ist das Wirtsleuteehepaar Monika und Herbert Schmalhofer. Davor war Schmalhofer übrigens vierzehn Jahre lang Küchenchef beim Fürsten Johannes Thurn und Taxis gewesen. Und das kam so: Als die beiden heirateten, befürchtete ihr Vater, das junge Paar würde in der Ferne sein Glück suchen; da hätte dem rührigen Bäckermeister, der unter anderem auch das Fürstenhaus mit Brot belieferte, die Tochter als Hilfe im Laden arg gefehlt. Seine Kontakte erwiesen sich als nützlich, der junge Koch wurde eingestellt. »Mei«, erinnert der sich heute, »der Fürst hatte mehr Ahnung vom Essen als ich vom Kochen!« Aber er war ja viel unterwegs, oft monatelang. Und während dieser Zeit schickte er Schmalhofer zu den berühmten Kollegen zur Fortbildung, in den *Erbprinz*, zu *Maxim's*, ins *Tantris* zu Witzigmann und zu den *Haeberlins*.
War er jedoch mit der Yacht unterwegs, mußte Schmalhofer mit. In der winzigen Kombüse wurden große Diners gekocht. Und das Einkaufen auf den exotischen Märkten – herrlich! Aber er kam oft monatelang nicht heim. Und so waren er und seine Frau irgendwann über den etwas ruhigeren Job im *Bischofshof* froh. Immerhin ist das riesige Haus mit seinen verschiedenen schönen, alten Stuben und Bankettträumen, dem Biergarten und den Gästezimmern und als Stadtküche kulinarisches wie gesellschaftliches Zentrum der Stadt und damit durchaus Herausforderung genug.

Im Biergarten ein Brunnen von Pepperl Neustifter

Mittagspause mit einer zünftigen Maß und Schweinebraten

HOTEL

1
REGENSBURGER WURSTSALAT

Für vier Personen:
4–6 Regensburger Stadtwürste, 2 große Zwiebeln, 2 Schalotten, 3 EL Essig, 3 EL Öl, Salz, Pfeffer, 2 EL Wasser, Radieschen, Schnittlauch, Gürkchen

Die Würste häuten und in dünne Scheiben schneiden. Auf einer großen Platte anrichten. Die Zwiebeln in Ringe hobeln und darüber verteilen. Feingewürfelte Schalotten, Essig, Öl, Salz, Pfeffer und Wasser verquirlen und über die Wurstscheiben gießen. Mit Radieschenscheiben, Schnittlauchröllchen und Gürkchen garnieren.

2
GEDÜNSTETE PFIFFERLINGE

Für vier Personen:
2–3 Schalotten (je nach Größe), 2 EL Butter, 750 g Pfifferlinge, 4 EL Kalbsfond, Salz, Pfeffer, glatte Petersilie

Die feingewürfelten Schalotten in der heißen Butter andünsten. Die sorgfältig geputzten Pilze, wenn nötig, vierteln oder in Scheiben schneiden und zufügen. Auf mildem Feuer einige Minuten dünsten, bis die Pilze ihren Saft abgegeben haben. Diesen mit etwas Kalbsfond verlängern. Die Pilze salzen, pfeffern, gehackte Petersilie untermischen. Dazu kleine Pellkartöffelchen reichen.

3
SPANFERKEL MIT KRAUTSALAT

Für vier Personen:
1 Spanferkelkeule (ca. 2 kg), Salz, Pfeffer, Paprika, Kümmel, 2 EL Schweineschmalz, 1 Zwiebel, 1 Knoblauchzehe, Wurzelwerk, 1/4–1/2 l dunkles Bier
Krautsalat:
1 kg Weißkraut, 1 EL Salz, 100 g Wammerl (durchwachsener Speck) in Scheiben, 1 EL Öl, 3 EL Essig, Kümmel

Die Haut der Keule mit einem scharfen Messer rautenförmig einritzen. Das Bratenstück rundum mit einer Mischung aus Salz, Pfeffer, Paprika und gemahlenem oder zerstoßenem Kümmel einmassieren. In einer Bratenreine mit heißem Schmalz übergießen. Im zunächst 250 Grad heißen Ofen eine halbe Stunde braten.
Dann die mittlerweile gewürfelte Zwiebel, Knoblauch und Wurzelwerk drumherumstreuen. Etwas Bier angießen. Die Keule bei nunmehr 180 Grad weitere eineinhalb bis zwei Stunden braten. Dabei immer wieder mit einem Schuß Bier oder mit Bratensaft beschöpfen.
Für den Krautsalat bereits am Vortag den von welken Blättern befreiten Kohlkopf vierteln und in dünne Streifen hobeln. Mit Salz bestreuen, gründlich durchkneten und nun zugedeckt, mit einem Gewicht beschwert, über Nacht ziehen lassen. Den Saft weggießen, das Kraut gut ausdrücken. Wammerl in schmale Streifen schneiden und im Öl sanft ausbraten, über das Kraut gießen, Essig und Kümmel zufügen. Gut mischen und noch etwas durchziehen lassen.
Die Keule tranchieren, mit rohem Kartoffelkloß und Krautsalat servieren. Den Bratensatz durch ein Sieb passieren und getrennt dazu reichen.

1

2

3

4

5

4

KALBSHAXE IN NATURSAUCE

Für vier bis sechs Personen:
2 Kalbshaxen (à ca. 800 g), Salz, Pfeffer, Delikateßpaprika, 2 EL Butter- oder Schweineschmalz, 1 Zwiebel, 1 Knoblauchzehe, 1 Karotte, 1 Porreestange, 1/4 Sellerie, ca. 1/4–1/2 l Brühe

Die Haxen rundum mit einer Mischung aus Salz, Pfeffer und Paprika einreiben. In einen Bräter setzen und mit dem heißen Schmalz übergießen. Im zunächst 250 Grad heißen Ofen 20 Minuten anbraten.

Inzwischen Zwiebeln, Knoblauch und Wurzelwerk würfeln, um das Fleisch in den Bräter streuen und schließlich mit etwas Brühe angießen. Jeweils nur so wenig, daß die Haxen höchstens zentimeterhoch in Flüssigkeit liegen. Den Ofen auf 180 Grad herunterschalten, die Haxen umdrehen und weitere 70 bis 80 Minuten braten, dabei immer wieder mit etwas Brühe begießen.

Entweder die Haxen im ganzen zu Tisch bringen oder das Fleisch von den Knochen lösen und in Scheiben geschnitten auf einer Platte anrichten. Den Bratenfond durch ein Sieb passieren und getrennt als Sauce reichen.

5

KIRSCHENMICHEL

Für vier bis sechs Personen:
6 altbackene Semmeln, ca. 1/2 l Milch, 1 Prise Salz, Zitronenschale, 1 Vanillestange, 1 Stück Zimt, 60 g Zucker, 2 Eier, 1 kg Kirschen, 2 EL Butter, Puderzucker

Die Semmeln in dünne Scheiben schneiden. Milch mit Gewürzen und Zucker aufkochen, zehn Minuten ziehen lassen; das Vanillemark herauskratzen und in die Milch rühren. Mit den Eiern verquirlen. Portionsförmchen oder eine große Auflaufform mit Semmelscheiben auslegen, darauf entsteinte Kirschen verteilen, mit Semmelscheiben abdecken und so weiter, bis alles aufgebraucht ist – oberste Schicht Semmeln. Vorsichtig mit der durch ein Sieb gefilterten Eiermilch auffüllen, so daß alles gut durchtränkt wird. Eine halbe Stunde einweichen. Im 220 Grad heißen Ofen eine halbe bis dreiviertel Stunde (je nach Form) backen.

Hausmachersenf aus der Fabrik

Weißwurstfans in München und anderswo sind sich einig: Der einzige Senf, der zu den delikaten Würsten paßt, ist der zartsüße, würzige Senf von Händlmaier. Zur Münchner Spezialität ein Produkt aus Regensburg? Die Geschichte der *»Senffabrikation Luise Händlmaier GmbH & Co. KG«* klingt wie ein Märchen: Noch im Jahre 1965 wandte Luise Händlmaier in ihrer Metzgerei in der Gesandtenstraße ganze zwei Stunden pro Woche auf, um nach dem Rezept ihrer Mutter den Senf zu kochen, den die Kunden im Geschäft zu den heißen Würstchen aßen. Heute verlassen über 20 000 Gläser pro Tag die Produktion. Erst wurde zugunsten des Senfs die Metzgerei aufgegeben, dann übernahm die Tochter von Luise Händlmaier – Christa, verheiratete Aumer – das Geschäft. Und weil es in der Altstadt zu eng wurde, baute man 1992 im Industriegebiet eine neue Produktionsstätte. Das klingt relativ einfach – aber der Senf sollte ja nicht anders schmecken als früher. »Das Rezept ist eigentlich simpel«, sagt Christa Aumer, betont *eigentlich*: »Eine Mischung aus schwarzem und weißem Senfmehl – das schwarze sorgt für Pikanz, das weiße für Aroma – wird mit Wasser, Zucker, Branntweinessig und Gewürzen (die werden freilich nicht verraten!) aufgekocht, abgekühlt, abgefüllt – fertig!« Und wo liegt das Händlmaier-Geheimnis? »Der Senf wird in der Fabrik genau so hergestellt wie im Haushalt, nur eben in größeren Chargen.« Wichtig ist, daß der frisch gekochte Senf einen Tag an der Luft auskühlen kann, wobei er Aroma und Schärfe entwickelt – genau wie früher im Bottich. Er wird nicht, wie anderswo über Plattenaustauscher heruntergekühlt, bis zur Abfüllung in einem geschlossenen Kreislauf, sondern kühlt unter Umrühren in Edelstahlwannen ab, die große Oberflächen bieten – ein Verfahren, das hohe Ansprüche an die Hygiene stellt und nicht leicht zu realisieren war. »Aber es ist gelungen«, stellt Christa Aumer fest.

Die Zutaten werden computergesteuert abgewogen, vermischt und erhitzt

Lange Wannen: viel Luftkontakt

Christa Aumer, geborene Händlmaier, leitet den Betrieb bestimmt und dynamisch

Der heiße Senf: noch ist er recht flüssig

Senfmehl: kommt gemahlen aus Ungarn

Kühlen: Aroma und Bindung entstehen

Oberstes Gebot: Peinliche Sauberkeit!

Ein Gasthof, wie man ihn sich wünscht

Das Dörfchen Illschwang duckt sich als Häufchen roter Dächer in die sanft gewellte Landschaft der Oberpfalz bei Sulzbach; die trutzige Kirche erhebt sich darüber geradezu herrisch. Fast auf derselben Höhe, auffällig in der Silhouette, rosa leuchtend und behäbig, der Gasthof *Weißes Roß*. Links führt die Tür ins Gasthaus, rechts in die Metzgerei. Eine vertrauenerweckende Verbindung.
Von Äußerlichkeiten darf man sich nicht abschrecken lassen: daß in den siebziger Jahren renoviert und erweitert wurde, geriet leider für den eigentlich sehr eindrucksvollen Bau nicht nur zum Vorteil. Aber sobald dem Gast Christa oder Barbara, eine der Töchter der Wirtsfamilie Nägerl, entgegentritt und ihn fröhlich willkommen heißt, mit einer weißen Rüschenschürze angetan, womöglich eine riesige Platte balancierend, auf der gewaltige Knödel und Haxen dampfen – spätestens dann weiß der Besucher: hier kann er sich's wohlsein lassen. In der Küche seit fast fünf Jahren neben Vater Herbert Sohn Hans-Jürgen; der eine steht mehr für Tradition, der andere für eine moderne Richtung. Der Vater hatte noch, wie es zu seiner Zeit unabdingbar war, mehrere Berufe lernen müssen: Landwirt, Metzger, Koch und Hotelkaufmann. Im Gasthof mit Fremdenzimmern, Metzgerei und Landwirtschaft sind alle diese Fähigkeiten nötig. Die Landwirtschaft wird auch heute noch betrieben, allerdings mehr als eine Art von für den Gasthof nützliche Liebhaberei. Die Nägerls finden, daß sie die nötigen Produkte für Küche und Metzgerei in besserer Qualität erzeugen, als sie sie kaufen können. Majoran für die Kartoffelsuppe oder Basilikum für das Fischfilet ist aus dem Kräutergarten hinterm Haus nicht nur frischer als vom Lieferanten, sondern auch billiger. Bei den Knödeln können sie auf aufhellendes Schwefeln verzichten, weil ihre Kartoffeln nicht überdüngt sind.
Hans-Jürgen hat während seiner Lehrzeit in Frankfurt und Nürnberg eine mediterran ausgerichtete Küche schätzen gelernt. Diese Ideen wendet er nun auch auf die mehr bodenständigen, regionalen Rezepte an und kommt so zu einer neuen fränkisch-oberpfälzischen Küche, die vorzüglich schmeckt und überraschend leicht ist.

Im Herzen der Ortschaft Illschwang . . .

. . . sind die meisten Häuser mit Liebe . . .

. . . und sehr viel Sorgfalt renoviert

Hopfen wurde in Illschwang angebaut, bis es 1939 verboten wurde. Vermutlich zum Schutz der anderen, größeren und daher wichtigeren Anbaugebiete. Heute hat man zur Erinnerung vor den Toren der Ortschaft diesen Hopfengarten eingerichtet. Interessant die alte Art des Anbaus: Bevor man die Möglichkeit der Drahtsysteme kannte, die heute in den Anbaugebieten üblich sind (wie auf Seite 13/14 zu sehen), ließ man die Hopfenpflanzen sich an sechs bis acht Meter hohen Stangen emporranken. Im Herbst zog man die Pfähle aus dem Boden und konnte dann die Hopfenpflanze abstreifen, sie mitsamt ihren Dolden zum Trocknen in den Hopfenspeicher hängen, der deshalb ungewöhnlich hoch war (ein solcher Hopfenspeicher mit seinem für den Trockenboden nötigen typisch hohen Dach ist ebenfalls auf Seite 14 zu sehen). Im Frühjahr wurden die Stangen wieder neu gesteckt. Die Ernte dieser an 105 Pfählen inmitten eines üppig blühenden Bauerngartens gezogenen Pflanzen reicht für etwa 500 Hektoliter Bier

Ein Sonntagsbraten, gleich welcher Art, ist hier ohne Kartoffelklöß' nicht denkbar. Das können »Seidene« sein, also aus gekochten Kartoffeln, lieber aber noch »Halbseidene«, nämlich halb aus gekochten und halb aus roh geriebenen. Hans-Jürgen Nägerl zeigt hier Schritt für Schritt, wieviel Mühe und Arbeit gerade letztere machen. Zudem bedarf es gewaltiger Kraft. Denn über die Zartheit und Lockerkeit entscheidet vor allem, wie gründlich die roh geriebenen Kartoffeln ausgedrückt worden sind. Zunächst einmal werden rohe Kartoffeln fein gerieben. Natürlich kann man diese Aufgabe der Küchenmaschine mit dem Schnitzelwerk übertragen. Wichtig ist, daß direkt in kaltes Wasser gerieben wird, damit sich die Kartoffeln an der Luft nicht braun färben. Schließlich füllt man die Kartoffelmasse in einen Sack aus stabilem Material und drückt mit aller Kraft jegliche enthaltene Flüssigkeit heraus. Staubtrocken müssen die Kartoffelschnipsel nunmehr sein. Mit Stärke überpudern und mit den Händen durchmischen, bis alles bröselt. Nun etwas Salz und kochendes Wasser hinzufügen, dabei rasch mit einem Kochlöffel rühren, bis ein zäher Brei entsteht. Jetzt die gekochten geriebenen Kartoffeln zufügen und alles zu einem glatten Teig verrühren. Auch das erfordert Kraft. Damit die Schüssel nicht davonrutscht, sollte jemand sie festhalten. Aus dem Teig tennisballgroße Knödel formen, in die Mitte ein paar knusprig gebratene Weißbrotwürfel stecken. In reichlich siedendes Salzwasser legen, einmal aufwallen lassen, dann auf kleinem Feuer etwa 20 Minuten garziehen. Und dann noch ein Tip: Nie die Klöß' zu lange schwimmen lassen, sonst werden sie schwammig; und nie in Wasser aufwärmen, das macht sie zäh

1

OBERPFÄLZER KARTOFFELSUPP’

Für vier bis sechs Personen:
1 Zwiebel, 500 g mehlige Kartoffeln, 2 gelbe Rüben, 2 EL Schmalz, 1 l Fleischbrühe, 3–4 Scheiben zwei Tage altes Graubrot, Salz, Pfeffer, frischer Majoran

Zwiebel, Kartoffeln und Möhren schälen und würfeln oder in Scheiben schneiden. Im heißen Schmalz in einem großen Topf andünsten. Mit Brühe bedecken und langsam weich köcheln. Das Brot in Stücke reißen und in der Suppe einweichen. Mit einem Kartoffelstampfer teilweise zermusen – es sollen aber noch Gemüse- und Brotstücke sichtbar bleiben. Die Suppe mit Salz und Pfeffer abschmecken. Mit reichlich Majoran würzen.

1

2

SCHWEINSKNÖCHERL MIT »HALBSEIDENE«

Unter dem liebevoll verkleinernden Diminutiv verbirgt sich eine stattliche Vorderhaxe, die man im »Roß« ganz einfach brät, in einer Reine gewaltiger Größe (siehe Photo rechts), zusammen mit sämtlichen Bratenstücken, die im Laufe des Mittags verspeist werden sollen. (Man bereitet sie nach dem Rezept für Kalbshaxe auf Seite 91 zu.)

Für vier bis sechs Personen:
1 kg mehlige Kartoffeln, ca. 1–3 EL Stärke, Salz, 3 Brotscheiben, 2–3 EL Schweineschmalz

Die Hälfte der Kartoffeln bereits am Vortag kochen, damit sie abbinden können. Die andere Hälfte auf einer feinen Reibe in eine mit Wasser gefüllte Schüssel reiben. In einem Tuch gut ausdrücken. Diese staubtrockene Masse mit Stärke überpudern und durchmischen, bis sie bröselig wirkt. Schußweise kochendheißes Wasser einarbeiten, bis ein zäher Brei entsteht. Die gekochten Kartoffeln dazureiben. Gut miteinander mischen.
Aus diesem Teig große Klöße formen, jeweils einige in Schmalz geröstete Brotwürfel in die Mitte stecken. In reichlich Salzwasser etwa 20 Minuten garziehen, nicht kochen lassen.

3

TOPFENMAULTASCHEN

Für vier bis sechs Personen:
Topfenteig:
150 g Topfen (oder Schichtkäse),
150 g Mehl, 1 Prise Salz, 100 g Zucker,
2 Päckchen Vanillezucker
Topfenfüllung:
2 Eier, 50 g Zucker, 100 g Topfen,
Schale und Saft einer halben Zitrone

Aus Topfen, Mehl, Salz, Zucker und Vanillezucker einen Mürbteig kneten. In Folie gehüllt eine halbe Stunde kalt stellen.

Für die Füllung Eigelb mit Zucker schaumig rühren, Topfen, Zitronenschale und -saft zufügen.

Den Teig auf bemehlter Fläche messerrückendünn ausrollen. In regelmäßigen Abständen auf einer Hälfte jeweils einen gehäuften Löffel Füllung setzen. Den Teig rund um die Füllung sowie die leere Hälfte mit Eiweiß einpinseln. Die leere Teigplatte über die andere klappen und überall gut festdrücken. Mit einem Teigrädchen Ravioli ausschneiden, auf ein mit Backpapier belegtes Blech setzen und bei 150 bis 160 Grad im Heißluftofen zehn Minuten goldbraun backen.

Die Topfenmaultaschen noch warm, mit Puderzucker bestäubt, servieren. Dazu schmeckt eine Fruchtsauce oder Kompott.

In der großen Reine haben alle Braten Platz, serviert von Schwester Christa

Venusberg und Posthotel

Als die vier Brüder Pflaum noch Kinder waren, verfügte der *Gasthof zur Post* in Pegnitz über fünf Zimmer. Die ehemalige Thurn-und-Taxis-Poststation lag ebenso günstig als Etappe auf der Nord-Süd-Verbindung zwischen Berlin über Regensburg nach Wien wie auf der West-Ost-Strecke von Paris nach Prag. In der Küche herrschte die Mutter; es gab deftige Kost, Würste, Klöße, herzhaften Schweinebraten und knusprige Täubchen. Die Zutaten dafür, Fleisch und Würste, Kartoffeln und Gemüse, stammten aus der eigenen Landwirtschaft; Vater Pflaum braute auch Bier und brannte Schnaps. Es war ein Gasthaus, wie es damals viele gab. Und wie sie heute leider kaum mehr existieren.

Die Pflaums haben einen Weg gefunden, die 300 Jahre alte Tradition in nunmehr zehnter Generation als Wirtsfamilie weiterzuführen. Zuerst einmal hat man die Aufgaben auf mehrere Schultern verteilt: Der älteste Bruder ist Metzger geworden und liefert gutes Fleisch und herrliche Würste; der zweite wurde Koch, der dritte Hotelier und der vierte schließlich sorgte als Architekt dafür, daß auch das Gebäude seinen Fähigkeiten entsprechend wuchs.

Hermann, der Koch, und Andreas, der Hotelier, wußten von Anfang an, daß sie sich etwas einfallen lassen mußten, um Gäste in diese Region zu locken. »Wir sind Wirte in einer unwirtlichen Gegend«, lacht Andreas. Schließlich ist damals Richard Wagner mit seinem Festspielhaus absichtlich ins entlegene Bayreuth gezogen, 28 Kilometer nur von Pegnitz entfernt, um in der Abgeschiedenheit die Konzentration auf das Wesentliche, sein Werk, zu lenken. Und seine Jünger ließen es über viele Jahrzehnte hinweg durchaus nicht zu, die geistigen mit den leiblichen Genüssen zu verbinden. »Kulinarisch anspruchslos und ausschließlich von ihrer Musik besoffen«, so hat Andreas Pflaum die Wagnerianer seiner Kindheit in Erinnerung. Das hat sich gottlob geändert. Internationale Sänger,

Vom Festspielhausbalkon melden Posaunen das Pausenende

Und die Bayreuther stehen Spalier, applaudieren den Roben

Regisseure und Dirigenten, für die Kultur nicht an der Schwelle des Opernhauses endet, haben geschafft, daß allmählich auch strenge Opernwallfahrer die Verbindung zwischen Bauch und Geist entdecken und immer mehr sogar genießen.
Das hat viel mit Hermanns Küche zu tun, die auch zu später Stunde noch bekömmlich ist und nach einem sechsstündigen Opernmarathon wieder zu neuen Kräften verhilft: leicht, mit frischen Produkten aus gesundem, ökologischem Anbau, wenig, aber artgerecht produziertes Fleisch, Fisch, viel Gemüse, auch Körnern und Getreide. Eine Art Vollwertküche also; ein Begriff allerdings, den damals, als Hermann Pflaum auf diesem Gebiet noch ein einsamer Rufer in der Gourmetszene war, noch kaum einer kannte, und wenn, dann belächelte. Vollwertküche auf höchstem Niveau und mit größtem Anspruch; »das Einfache gut« ist die Maxime.
Andreas kümmert sich indessen um das Haus: Von 50 Gästezimmern des PPP (Pflaums Posthotel, Pegnitz) sind mittlerweile die Hälfte zu sehr unterschiedlichen Suiten ausgebaut. Von altfränkisch-gemütlich über klassisch-elegant bis ultra-progressiv; letztere sogar von einem amerikanischen Reisemagazin als der Welt schönste Hotelsuiten preisgekrönt. Sie bieten tatsächlich eine neue Dimension des Wohnens: Witzig, verblüffend, High Tech. Die Farbe Blau taucht immer wieder auf, weil die Suche nach der blauen Blume der Romantik auch für Andreas Motor ist. »Ein Aufenthalt bei uns soll Festspiel für alle Sinne sein.«
Auch außerhalb der Bayreuther Festspielzeit ist Richard Wagner hier allgegenwärtig. In der Halle laufen auf der Riesenleinwand rund um die Uhr seine Opern vom Videoband. Und: Andreas organisiert in der übrigen Jahreszeit seine eigenen regelmäßigen Opernfestspiele. Zusammen mit Regisseur PPP (Peter Paul Pachl) hat er die sogenannte *Gourmet-Oper* entwickelt, nach einer Idee, wie sie im letzten Jahrhundert auch in der Mailänder Scala gepflegt wurde: Zwischen den einzelnen Akten wird gespeist. Im PPP wechselt man anschließend auch die Räumlichkeit und zieht, das Champagnerglas in der Hand, im Laufe des Abends durchs ganze Haus. Zur Aufführung gelangen Werke rund um Wagner, insgesamt jedoch eher augenzwinkernd angelegt.

Im Restaurant sind Hermann und Ehefrau Sieglinde verantwortlich: sie an der Kasse, Hermann als Küchenchef. Sein Motto: Diätetisch vernünftig, kulinarisch anspruchsvoll

Das Hotel wird von Herlinde und Andreas geführt. Mit Designern und Künstlern gestalten sie immer neue Räume: der Speisesaal wird zum »Pflaumengarten«, aus zwei normalen Zimmern eine preisgekrönte Suite. »Klingsor's Zaubergarten«, zum Beispiel, oder »Venus in Blau«. Während der Festspielzeit in Bayreuth herrscht hier Hochbetrieb. Mit Gästen aus aller Herren Länder

1

WAGNERS GEDICHT AN DIE GÄNSELEBER

Ein Gericht, das man lieber in Pflaums Posthotel genießen sollte als sich selbst an seiner Zubereitung zu versuchen. Die schmelzend zarte Gänsestopfleber ist dort tatsächlich ein Gedicht. Wagner hätte seine Freude daran gehabt! Das Gelee aus Frankenwein wurde mit Pfirsichlikör parfümiert, wirkt jedoch überhaupt nicht süß. Grob geschroteter Pfeffer setzt einen pikanten Akzent.

2

PFIFFERLINGE MIT BAMBERGER HÖRNDL

Bamberger Hörndl sind die feinsten Salatkartoffeln, leider auch die teuersten, denn sie sind anspruchsvoll in der Pflege, und ihr Ertrag ist klein.

Für vier Personen:
300 g Bamberger Hörndl,
300 g Pfifferlinge, 2 EL neutrales Öl,
Salz, Pfeffer, glattblättrige Petersilie,
1 rote Zwiebel, 2 EL Essig,
2 EL Olivenöl

Die Kartoffeln in der gebürsteten Schale gar kochen. Abkühlen lassen, schließlich pellen und in Scheiben schneiden. Inzwischen die Pfifferlinge putzen – wenn nötig, halbieren oder vierteln – und im heißen Öl andünsten. Salzen und pfeffern, zusammen mit abgezupften Petersilienblättern, der in Ringe gehobelten Zwiebel und den in Scheiben geschnittenen Kartoffeln in einer Schüssel mischen. Mit einer Marinade aus Salz, Pfeffer, Essig und Öl anmachen.

3

GEMÜSESÜLZE MIT HÜHNERFLEISCH

Davon nur eine kleine Portion herzustellen lohnt sich einfach nicht. Man sollte als Basis schon ein ganzes Hähnchen nehmen. Aber man kann die Sülze im Kühlschrank bis zu einer Woche aufheben. Und im übrigen: Sie schmeckt nicht nur, wie hier, als elegante Vorspeise, sondern ist mit knusprigen Bratkartoffeln eine ganze Mahlzeit.

Für acht bis zehn Personen:
1 Brathähnchen (ca. 1 kg), 2 Karotten,
2 Petersilienwurzeln, 2 Porreestangen,
1 Zwiebel, 2 Knoblauchzehen, Salz,
je $^{1}/_{2}$ TL Pfeffer- und Pimentkörner,
$^{1}/_{4}$ l Weißwein, 4 Cornichons,
1 rote Chilischote, 3–4 Blatt Gelatine,
2–3 EL Weißweinessig

Das Hähnchen mit dem geputzten Wurzelgemüse aufsetzen: je eine Karotte, Petersilienwurzel und Porreestange unzerteilt lassen, den Rest wie die Zwiebel und Knoblauchzehen hacken. Salz, Würzkörner und Wein zufügen, mit Wasser knapp bedecken und sanft köcheln lassen. Die unzerteilten Gemüse nach einer halben Stunde herausfischen.
Das Huhn nach 45 Minuten herausholen, die Brüste auslösen, den Rest weiterköcheln. Die Keulen nach 75 Minuten auslösen, das Fleisch abtrennen, Knochen und Haut zurück in den Topf füllen. Die Karkasse weitere zwei Stunden kochen; dabei darf ruhig Flüssigkeit verdampfen.
Inzwischen das Fleisch und Gemüse, auch Cornichons und entkernte Chilischote halbzentimeterklein würfeln.
Alles in einer Schüssel mischen. Die gefilterte Brühe auf einen halben Liter einkochen, die eingeweichte Gelatine darin auflösen, mit Salz und Essig kräftig abschmecken. Mit den kleingeschnittenen Zutaten mischen. In eine Kastenform füllen, mit Klarsichtfolie zugedeckt bis zum nächsten Tag im Kühlschrank fest werden lassen.
Zum Servieren in Scheiben schneiden, mit einem bunten Salat anrichten.

4

FORELLENFILET AUS DEM DILLDAMPF

Für vier Personen:
2 große Forellen à 500 g, 1 EL Öl
Sud:
je 1 Karotte, Porreestange,
Petersilienwurzel, $^{1}/_{4}$ Sellerie,
$^{1}/_{4}$ l Weißwein, $^{1}/_{4}$ l Wasser,
2–3 Dilldolden, Salz, Pfeffer,
2–3 EL Butter, 1 Zitrone

Die Forellen filieren, sorgfältig entgräten. Mit der Hautseite nach oben auf ein eingeöltes Dämpfsieb betten.
Vom Wurzelwerk jeweils ein Händchen voll streichholzfeiner Streifen schneiden, den Rest hacken und mit Wein und Wasser aufkochen, Dill, Salz und Pfeffer zufügen. Die Gemüsestreifen in einem Sieb darin kurz knackig garen. Die Filets über diesen Sud hängen und drei bis vier Minuten dämpfen. Auf vorgewärmten Tellern anrichten, die Gemüsestreifen daneben setzen. $^{1}/_{8}$ Liter Sud mit der Butter aufmixen, mit Zitronensaft würzen und über die Fischfilets verteilen.

5

FRÄNKISCHE TÄUBCHEN

Für vier Personen:
4 bratfertige Täubchen, Salz, Pfeffer,
5 gehäufte EL winzigkleine Weißbrotwürfel, Salz, Pfeffer, Petersilie,
2 Eier, 80 g Butter, 4 Rosmarinzweige,
$^{1}/_{4}$ l Brühe

Die Täubchen innen und außen salzen und pfeffern. Die Innereien putzen und fein hacken, mit Weißbrotwürfeln mischen. Salzen, pfeffern, gehackte Petersilie und Eier unterrühren. In die Täubchen füllen, sie mit Zahnstochern zustecken. Nebeneinander in eine Bratenreine setzen. Mit Butterflöckchen besetzen, Rosmarin danebenlegen. Im 220 Grad heißen Ofen insgesamt 20 bis 30 Minuten braten. Nach zehn Minuten die Brühe angießen, die Täubchen mit Bratenbutter beschöpfen. Den Ofen schließlich ausschalten, bei leicht geöffneter Tür die Täubchen noch weitere 20 Minuten ziehen lassen. Den Bratensatz inzwischen abgießen, etwas einkochen und mit viel Pfeffer würzen.
Dazu gehören natürlich – wir sind in Franken! – zarte, duftig-lockere Kartoffelklöß' (Rezept Seite 96/97).

1

2

3

4

5

6

6

BAISERSCHWAN AUF EIS

Für vier Personen:
Schwan:
4 Eiweiß, 200 g Zucker, 1 Prise Salz
Vanille-Eis:
$^{1}/_{4}$ l Rahm, $^{1}/_{4}$ l Milch, 1 Vanillestange, 4 Eigelb, 100 g Zucker

Die Eiweiß schlagen, nach und nach den Zucker und die Salzprise hinzurieseln lassen. Der Schnee sollte cremig-dicht sein, nicht flockig-steif. Mit einer Spritztülle Schwäne auf ein mit Backpapier belegtes Blech spritzen. Bei 80 Grad im Backofen langsam trocknen.
Für das Eis Rahm und Milch aufkochen, die Vanillestange darin zehn Minuten ziehen lassen, das Mark herauskratzen und in die Sahnemilch rühren. Eigelb und Zucker in einem zweiten Topf im Wasserbad heiß schlagen, die erneut aufgekochte Sahnemilch zufügen und nun auf mittlerem Feuer unter ständigem Rühren so lange erhitzen, bis die Masse heiß wird. Einmal aufwallen, aber auf keinen Fall richtig kochen lassen, weil sonst die Eigelb gerinnen. In der Eismaschine gefrieren. Baiserschwan und Vanille-Eis mit Himbeeren und Himbeermark servieren.

Dunkles Bier und heiße Öfen

Das *Kathi-Bräu* in Heckenhof, einem winzigen Weiler auf der Hochebene über dem idyllischen Aufseßtal in der Fränkischen Schweiz, ist kein Geheimtip mehr. Die kleinste Brauerei Frankens, in der eine Frau Braumeister ist, und dazu noch in diesem hohen Alter, das alles hat die kleine Wirtschaft weithin bekannt gemacht.
Die Kathi ist nämlich 1908 geboren; sie hat das Bierbrauen und Schnapsbrennen von ihrer Muttter gelernt, mit der zusammen sie nach Vaters frühem Tod schon mit 18 das Gasthaus übernahm. Und nachdem 1952 die Mutter starb, hat sie halt alleine weitergemacht. Bis vor wenigen Jahren stand sie noch selbst am Braukessel, jetzt hat sie diese Arbeit einem Jüngeren überlassen. Ihr »braunes« Bier schmeckt heute noch ganz genauso süffig wie eh und je. Und die Brotzeiten mit Speck, Schinken und fränkischen Würsten sind gut und reichlich. Ihre Wirtschaft mit dem Biergarten wird sie jedenfalls nie aufgeben!
Wer sie beobachtet, versteht auch warum: Die Gäste halten sie jung. Der Biergarten, beschattet von stattlichen Kastanien, einem gewaltigen Nuß- und einem Birnbaum, ist nur ein Teil der Fläche, die ihren Gästen zur Verfügung steht. Vor dem Haus, rund um die riesige Scheune, in der die Braukessel stehen, ist genügend Raum, um an schönen Sommerwochenenden bis zu 400 Besuchern Platz zu bieten. Samt überdimensioniertem Parkplatz. Und dann kommen sie, die Besucher von überall her; eine wunderbare Mischung, vom intellektuellen Verleger aus Frankfurt und dem Arzt aus Nürnberg bis zu den Bauern aus der Nähe. Allen voran Kathis größte Fans, die Jungs von der Motorradgang, in ihrem schwarzen Lederzeug recht martialisch wirkend. Auf Kathis Bitten hin, der in zunehmendem Alter der aufheulende Lärm der heißen Maschinen auf die Nerven ging, rollen sie jetzt nur noch im Leerlauf leise heran und dröhnen erst außer Hörweite wieder mächtig auf . . .

Kathi·Bräu
Brauerei K·Meyer

Das Ausflugsland: Fränkische Schweiz

Die Fränkische Alb zwischen Lichtenfels, Bayreuth, Pegnitz und Forchheim trägt ihren Namen zu recht: Herausgeputzt wie in der Schweiz ist alles! Dörfer und Städtchen mit Liebe und Stolz gepflegt, die Häuser frisch geweißelt, überall bunte Bauerngärten; durch die grün leuchtenden Talgründe winden sich fischreiche Bäche; und allenthalben Felsen – freilich nicht alpenländisch-heroisch, sondern altfränkisch-gemütlich. Spektakulär ist hier nichts, aber von ruhiger, gelassener Gediegenheit und Freundlichkeit: Balsam für die gehetzten Seelen der Städter!

Die Häuser und Schlösser liegen dort, wo die Flußtäler sich noch nicht so tief in die Hochfläche des Jura eingeschnitten haben, oft sehr malerisch auf einer der wildromantischen Felsenkanten

Das Städtchen Thurnau besitzt noch voll den Charme der guten alten Zeit, die hier stehengeblieben scheint (unten). Schloß und Kirche verbindet ein witziger hölzerner Straßenübergang (rechts)

Die Flüsse haben ein geringes Gefälle, fließen sanft und gemächlich; hier blühen Seerosen, dort wedeln Schlingpflanzen in der Strömung. Wehre oder Dämme stauen kleine Seen auf – zum Baden gerade recht

Gegenüber von Kleinziegenfeld blickt ein etwas rostiger Radler von den typischen Jurafelsen. Dort oben ist die Vegetation spärlich, die Hochfläche trocken und teilweise verkarstet, die Landwirtschaft auf Getreide und Hackfrüchte beschränkt

Ein Kleinod des fränkischen Rokoko, die Wallfahrtskirche von Vierzehnheiligen am Abhang der Fränkischen Schweiz zum Main. Balthasar Neumann hat hier eine Wallfahrtskirche geschaffen, in der die Wallfahrer um den Altar der vierzehn Nothelfer ziehen können. Ein kompliziert aus elliptischen Formen zusammengewobenes Raumwunder, erfüllt von Licht, in dessen Mitte der Gnadenaltar wie ein Ornament erscheint, unabhängig von irdischer Schwerkraft – ein Meisterwerk von J. M. Feichtmayr und J. G. Üblhör

Vom kargen Leben im Wald

Früher nannte man das ganze Waldgebirge zwischen Eger und Donau *Böhmerwald*, und nur der darin enthaltene *Vordere Wald*, zwischen Regen und Donau, hieß der *Bayerische*. Inzwischen wurde der Begriff ausgeweitet bis zur tschechischen Grenze – und tatsächlich dehnen sich Wälder, Bergrücken und Wiesentäler für das Wahrnehmungsvermögen des Reisenden über all diese Grenzen hinweg . . .
Die hier lebenden Menschen bezeichneten sich selbst schon immer allgemein als Waldler (nicht *Wäldler*, das wäre ein Schimpfname). Und sie alle teilten das gleiche Schicksal: In einer armen Gegend zu wohnen, in der es kaum etwas zu essen gab, weil das Klima so rauh ist. Wie arm, das können wir uns heute kaum mehr vorstellen – einen Begriff mag man bekommen, wenn man das Freilichtmuseum Finsterau besucht oder die Bücher des ehemaligen Postboten und leidenschaftlichen Chronisten des Waldlerlebens, Otto Kerscher, liest. Heute, so muß man sich mit den Waldlern freuen, haben sie es besser als in früheren Zeiten, in denen die Männer sich nach auswärts verdingen mußten: Nach Niederbayern zur Ernte, in den letzten Jahrzehnten in die Städte, bis nach München – in der Nacht von Sonntag auf Montag fuhr in den 60er Jahren ein Drittel der Bevölkerung aus dem Wald! Inzwischen kommen die Menschen hierher, hat sich ein reger Tourismus entwickelt. Dadurch geht es auch dem seit altersher ansässigen Gewerbe wieder besser, den Glasbläsern, Köhlern und Schnitzern, Schnupftabakreibern, Beeren- und Pilzsammlern. Und es gibt allemal mehr zu beißen als früher, wo der Knecht die Tauben züchtete für ein Festessen, nur einmal im Jahr geschlachtet werden konnte und ansonsten Schmalhans Küchenmeister war: dreimal am Tag die saure, mehlgebundene Milch mit Kartoffeln, die *Herbstmilch*.
Doch selbst heute ist, Gott sei's geklagt, das Essen in den meisten Gasthöfen zwar billig, aber auch nicht gut.

1

Alte Bäuerin: Hof wie früher (großes Bild)

Kirschenernte: viel später als unten

Allgegenwärtig: Zeugen der Frömmigkeit

Gesunde Mischung: Blüten und Kräuter

Blumen: üppige Pracht in allen Gärten

Unter einem Dach: Gasthof und Kirche

Tauben: ein irres Flattern in der Luft

Holzvorrat: der Winter kommt bestimmt

Krautköpfe: fürs eigene Sauerkraut

BLAUBEER-PFANNKUCHEN

Für vier Personen:
3 Eigelb, 100 g Mehl, 2 EL Zucker
1/4 l Milch, 3 Eiweiß, Prise Salz,
Butter zum Backen, 500 g Blaubeeren,
Puderzucker zum Bestäuben

Eigelb, Mehl, etwas Zucker und Milch glattquirlen. Eine halbe Stunde quellen lassen; das mit dem restlichen Zucker und der Salzprise steifgeschlagene Eiweiß behutsam unterziehen.
In einer beschichteten Pfanne in Butter vier Pfannkuchen backen. Auf Tellern anrichten, die gewaschenen Blaubeeren darauf verteilen, die Pfannkuchen halb zusammenklappen und mit Puderzucker bestäubt servieren.

Seltene und seltsame Berufe

In Bruck in der Oberpfalz, nicht weit vom weidlich bekannten Wackersdorf, lebt, hochbetagt, ein Bader. Einer der letzten seiner Zunft; heute weiß kaum mehr jemand, was ein Bader ist! Josef Grimm, 1903 geboren, erzählt, was er und sein Vater, der sich 1898 hier als Bader niedergelassen hatte, alles zu tun hatten: »Zähne ziehen, Schröpfköpfe setzen, zur Ader lassen, ausgekugelte Gelenke einrenken, Knochenbrüche ausrichten und schienen, Wunden verbinden – halt alles, wofür man nicht unbedingt einen Arzt braucht . . . Es gab ja«, sagt er, »im ganzen Bezirksamt Roding nur drei Ärzte! Heute sind's wahrscheinlich dreihundert!« Und nach bedeutsamer Pause fährt er fort: »Und Friseure waren wir natürlich – 10 Pfennig rasieren, 20 Pfennig fürs Haarschneiden. Viel verdient war da nicht . . . Aber dafür hatten wir ja auch noch das Wirtshaus!« lacht er.
Tatsächlich ist über der Tür des schlichten Gründerzeithauses ein kleines, wunderschönes Schild angebracht: »Gastwirtschaft von Josef Grimm«; noch von seinem Vater, der genauso hieß wie er, das brauchte er also nicht zu ändern. Tritt man in den mit einer Bank ausgerüsteten Hausflur, geht es links in die Gaststube, nach rechts in den Badersalon. Der ist inzwischen ein kleines Museum, aber die Gaststube wird bewirtschaftet, von ihm und seiner Frau, die Tochter hilft mit – sie kochen noch immer auf dem Holzherd, aber nicht mehr regelmäßig und nur auf Bestellung. Es kommen eher alte Leute, trinken ihr Bier, essen eine Brotzeit oder was es gerade gibt. Die jungen Leute hingegen sind dem Grimm Josef zu laut.
Selten findet man ein solches Kleinod, wo alles noch stimmt. Aber ausgefallene, fast ausgestorbene Berufe trifft man in Bayern immer wieder: Etwa den Köhler Häusler in Zwieselau, einen Schnupftabakreiber in St. Engelmar, den Ofenmacher Lang in Eggenfelden, einen Böllermacher in Maria Gern oder einen Kugelmüller in Marktschellenberg – bitte umblättern.

Alles zeugt von der Vergangenheit in der Gastwirtschaft von Josef Grimm. Warum auch sollte ersetzt werden, was noch lange gute Dienste tut, wie der schöne Küchenherd?

Friseursalon und Baderpraxis – ein richtiges Museum, mit fast hundert Jahre alten Geräten sowie Kosmetika, Seifen und Medikamenten in ihren originalen Verpackungen

Die Figuren zeigen, wozu die martialischen Zangen dienten. Schmerzlindernde Mittel gab es noch nicht, höchstens ein Schnäpschen von nebenan konnte Linderung bringen

Franz Pfnür in Maria Gern bei Berchtesgaden ist Holzschnitzer und Böllermacher. Ein wichtiger Beruf im Alpenland, denn das Böllerschießen gehört zu jeder größeren Festlichkeit. Gerade hier im Berchtesgadener Land, das 700 Jahre reichsunmittelbare Propstei war, ehe es 1816 an Bayern fiel: Was unbeteiligten Zuschauern als wilde Knallerei erscheinen mag, ist für die Einwohner Eigenständigkeit beweisendes Zeremoniell. Die Männer widmen sich dem Schießen mit einem Ernst, der an spielende Kinder erinnert – dabei darf nicht jeder einfach böllern wie er will, sondern es gibt Zucht und Ordnung wie beim Militär und richtiggehende Inszenierungen mit Schußfolgen und Echo-Effekten. Was natürlich geübt werden muß und mancherlei Besprechung nötig macht, wozu sich das Wirtshaus als zweckmäßig erweist. Jeder, der auf sich hält, ist dabei, und jeder besitzt eigene Böller. Ererbte Stücke sind hochverehrte Schätze, aber auch ein neuer Böller von Franz Pfnür ist nicht billig: Kleine Handböller gibt es ab etwa 600 Mark, aber ein ordentlicher Schaftböller kommt, selbst wenn er nicht verziert ist, über 2000 Mark

Johann Meisl, letzter Kugelmüller Deutschlands, arbeitet im Gasthaus »Zur Kugelmühle« an der Almbachklamm zwischen Marktschellenberg und Berchtesgaden. Früher gab es hier 40 Kugelmühlen, in denen die von Kindern beliebten Marmorkugeln gemahlen wurden. Heute sind große, dekorative Kugeln mehr gefragt. Die nur grob behauenen Brocken werden in den unteren, feststehenden Schleifstein aus hartem Obersalzberger Sandstein gelegt. Darauf kommt eine Drehscheibe aus Buchenholz, auf die ein Wasserrad aus Lärchenholz gezapft ist. Ein Wasserstrahl treibt dieses an: Nach ein paar Tagen sind die Marmorbrocken in den Rillen zu perfekten Kugeln geschliffen, die nur noch poliert werden müssen

In zwei Tagen sind diese Steine Kugeln!

Vollwertkost am Busen der Natur

Wer zufällig an einem schönen Sommertag an der kleinen Lichtung neben dem Frechenbach unterhalb des Unterjettenbergs vorbeiwandert, nicht weit von Bischofswiesen, mag seinen Augen nicht trauen: Mitten in der Landschaft stehen Tische, mit weißem Damast, feinem Porzellan, Gläsern und funkelndem Besteck festlich gedeckt. Und dann hört man sie wahrscheinlich schon näher kommen, die Gäste des »Biologischen Kurhotels« von Christl und Gabi Kurz. Sie sind die wenigen Kilometer gemütlich durch den Wald hierherspaziert, unter der kundigen Leitung von Wanderführer Diepenbrock, der sich in der Gegend zwischen Bad Reichenhall und Berchtesgaden wie kaum ein zweiter auskennt. Dann sitzen sie, schwatzend und vergnügt, werden umsorgt und bedient, als sei dies ein elegantes Luxusrestaurant. Die Damen Kurz haben mit ihren Helfern und Helferinnen alles Nötige herbeigeschafft: Vorspeisenhäppchen zum Aperitif, Getränke, ein mehrgängiges Menü wird aufgetischt... Natürlich kriechen Spinnen und Ameisen übers Bein, Schmetterlinge setzen sich auf die Nase; überall leuchten pinkfarben wilde Alpenveilchen, »Bitte nicht pflücken«, mahnt Herr Diepenbrock, »sie stehen unter Naturschutz«; der Bach rauscht kraftvoll und munter, hält die Getränke herrlich kühl und macht wundgelaufene Füße wieder frisch.

Vielleicht fällt dem Beobachter dieser Szenerie die zweite Besonderheit an diesem Picknick gar nicht auf: das Menü, das diese Herrschaften genießen, ist komplett fleischlos, es handelt sich um sogenannte Vollwertkost. (Die Gerichte auf der nächsten Seite.)

Nun läßt ja bereits das Wort jeden Genießer sich schütteln. Vor allem der Begriff Kost klingt eher nach Körnersortieren auf Ökoart und freudlosen Kasteiungen, als nach kulinarischen Höhenflügen. Mutter und Tochter Kurz haben das nie so recht verstanden. Warum, so fragten sie sich, soll es

Fortsetzung Seite 120

Damit die verschiedenen Gänge der Menüfolge in perfekter Form auf die elegant gedeckte Tafel gelangen, bedarf es einer ausgeklügelten Logistik der Transportwege

Blütenweiße Tischtücher und Servietten, Gläser, Besteck, Porzellangeschirr auf passenden weidengeflochtenen Platztellern – und das mitten im Wald. Ein Picknick der Sonderklasse! Auftakt bildet eine riesige Schüssel mit kunterbunt gemischtem Salat. Die Salatmarinade wird erst unmittelbar vor dem Essen aus einer Flasche darübergegeben

1

VOLLKORNTALER SCHWARZ-WEISS

Ebenso dekorative, wie schmackhafte Häppchen zum Aperitif: gebutterte Vollkorntaler, belegt mit Rettichjulienne, die einfach mit Salz und Pfeffer gewürzt wurden. Oder bestrichen mit

Falscher Leberwurst:
100 g Linsen, 2 Knoblauchzehen, 1 Zwiebel, Salz, Pfeffer, Muskat, frischer Majoran, 50 g Butter

Die Linsen zusammen mit den geschälten Knoblauchzehen und der grob gehackten Zwiebel in Salzwasser weichkochen. Durch ein Sieb gießen, die Brühe jedoch auffangen. Die Linsen mitsamt Knoblauch und Zwiebel im Mixer pürieren, dabei mit Salz, Pfeffer, Muskat und Majoran würzen und die Butter zufügen. Die Masse schließlich mit soviel Kochsud verdünnen, daß eine streichfähige Paste daraus wird.

2

SAUERAMPFERCREME

Für vier Personen:
4 mittelgroße Kartoffeln, 1 Zwiebel, 1 dünner Porree, $^1/_4$ Sellerie, 3 EL Öl, 1 dicker Strauß Sauerampfer, $^3/_4$ l Gemüsebrühe, Kräutersalz, Pfeffer, 4 EL Rahm

Kartoffeln, Zwiebel, das Weiße vom Porree und Sellerie putzen, würfeln und in der Hälfte des Öls andünsten. Mit zwei Dritteln Brühe auffüllen, salzen, pfeffern und zugedeckt weich kochen.
Den Sauerampfer verlesen, entstielen und im restlichen Öl andünsten. Mit der übrigen Brühe auffüllen und einige Minuten köcheln. Die Hälfte der Kartoffelsuppe zufügen, alles mit dem Mixstab pürieren und durch ein Sieb streichen.
Die restliche Kartoffelsuppe zuerst durch ein Sieb streichen, den Rahm hinzufügen, schließlich ebenfalls mit dem Mixstab aufschlagen.
Die weiße und die grüne Suppe abschmecken und so in Suppentellern anrichten, daß beide Farben ineinanderlaufen. Mit Sauerampferblättchen, Kartoffelschnitzen und Eivierteln dekorieren. Die Suppe schmeckt übrigens kalt ebensogut wie warm.

3

KRÄUTERDAMPFNUDELN

Für vier Personen:
400 g Weizen, 1 TL Salz, 25 g Hefe, 1 TL Honig, $^1/_2$ l lauwarmes Wasser, 75 g Butter, $^1/_4$ l Milch, Rosmarin- und Thymianzweige

Den Weizen zu feinstem Mehl mahlen. Indessen einen halben Teelöffel Salz, Hefe und Honig im Wasser auflösen, das Mehl zufügen (eine Tasse voll zunächst beiseite stellen, nur wenn nötig später zufügen). Alles etwa zehn Minuten lang gründlich kneten und so einen weichen, geschmeidigen Teig daraus herstellen. Zugedeckt zehn Minuten gehen lassen. Erst jetzt die Hälfte der Butter schmelzen und einarbeiten. Nocheinmal durchwalken, tennisballgroße Kugeln formen, auf einer bemehlten Fläche zugedeckt eine halbe Stunde gehen lassen.
In einem breiten Topf die restliche Butter mit der Milch erwärmen, Kräuter zufügen, die Teigkugeln nebeneinander hineinsetzen. Zugedeckt aufkochen und auf zunächst starker Hitze zehn Minuten, dann auf kleinerem Feuer weitere 20 Minuten garen. Sobald es im Topf »singt«, also ein zartes Knacken zu hören ist, ihn beiseitestellen, die Dampfnudeln noch zehn Minuten durchziehen lassen. Auf keinen Fall den Deckel vorher lüften!
Mit dem knusprigen »Rammerl«, der Kruste an der Unterseite (die übrigens das Beste ist) nach oben anrichten. Dazu ein sahniges Pilzragout reichen.

4

QUARKMOUSSE

Für sechs Personen:
500 g Magerquark, 4 EL Kleehonig, 1 Zitrone (Saft und abgeriebene Schale), $^1/_4$ l Rahm

Den Quark in einem mit einem Tuch ausgelegten Sieb über Nacht im Kühlschrank (oder Keller) abtropfen lassen. Schließlich mit Honig, Zitronensaft und -Schale aufmixen. Den steifgeschlagenen Rahm unterziehen, die Masse erneut in ein Sieb geben und nochmals zwölf Stunden abtropfen.
Dazu gemischte Beeren der Saison und Himbeermark servieren.

nicht möglich sein, auch für Genießer gesund zu kochen? Vollwertigkeit bedeutet doch schließlich nichts anderes, als daß die verwendeten Lebensmittel, so natürlich und artgerecht wie nur möglich produziert und so naturbelassen, wie es irgend geht, zubereitet werden; also industriell gefertigte, denaturierte Produkte oder gar Surrogate vermieden werden. Etwas anderes tun die »normalen« Feinschmeckerköche schließlich auch nicht. Mit dem Unterschied, daß sie hier, weil sie auf Fleisch und Fisch völlig verzichten, noch mehr Phantasie entwickeln müssen, um genügend Abwechslung auf den Tisch zu bringen.
Natürlich kommt Rübenzucker nicht in Frage, nicht einmal für die Wespenfalle, statt dessen wird Honig verwendet. Klar, daß alles Mehl frisch gemahlen wird, aus dem vollen Korn. Trotzdem geraten die Frühstücksbrötchen, sogar Biskuits, zart und elegant. Und alle vierzehn Tage wird im Backhaus das Feuer entfacht und kerniges, wunderbar saftiges Vollkornbrot gebacken, das mit frischer Butter und jungen Radieschen aus den Garten einfach ein Vergnügen ist.
Gut zehn Jahre arbeiten die beiden schon an ihrer ganz persönlichen, delikaten »Gesundheitsküche«. Längst sind sie zu gefragten Expertinnen geworden. Zumal sie nicht mit dem Tunnelblick des Sektierers auf Ideensuche gehen, sondern mit allem tüfteln und probieren, was schmecken könnte. Ihre Gäste wissen es zu schätzen. Zwei Bücher haben Christl und Gabi mittlerweile geschrieben; sie geben ihr Wissen in Kochkursen weiter, nicht nur Privatleuten, auch Profis. Denn immer mehr Menschen werden neugierig auf eine andere, bekömmliche Art zu kochen; viele Hotels und Restaurants reagieren entsprechend auf die größere Nachfrage und erweitern ihr Angebot.
Das »Biologische« am kleinen Kurhotel der Damen Kurz reicht noch weiter: die 15 Gästezimmer sind mit natürlichen Materialien hell, freundlich und geschmackvoll eingerichtet. Wer mag, unterwirft sich während seines Aufenthalts einem Kurprogramm, das rundum für Wohlbefinden sorgt, mit Yoga, autogenem Training, Massagen und kosmetischen Behandlungen. Und nach ein paar Tagen ohne Telefon (und Fernseher nur auf Anfrage) spürt man, wie man in großen Zügen neue Kräfte tankt.

Schon drei bis vier Tage vor dem Backtag geht es los: Zunächst wird der Sauerteig angesetzt (das genaue Rezept mit Mengenangaben steht auf Seite 118). Der fertige Teig wird schließlich geformt, zum Gehen in weidengeflochtene Brotkörbe gebettet und am besten in die Sonne gestellt. Dabei trocknet die Oberfläche etwas an, sie bricht schließlich auf und zeigt, daß man nunmehr mit dem Backen beginnen kann. Inzwischen wurde der Ofen angefeuert; ob er heiß genug ist, stellt man fest, indem man etwas Mehl auf die Schamottsteine streut. Färbt es sich rasch braun, kann man das Holz herausräumen und den Ofenraum mit einem feuchten Tuch auswischen. Die Brote werden aus dem Körbchen auf die Backschaufel gestürzt und möglichst tief in den Ofen geschoben. Der wird verschlossen, und nach einer guten Stunde wieder geöffnet. Und jetzt muß man warten, bis das Brot abgekühlt ist . . .

Der wahre Enzianbrand von der Alm

Im Brunnen vor der Branntweinhütte am Priesberg stehen zwei Flaschen Enzian, daneben ein paar Stamperl. Ein Schild fordert die Wanderer auf, sich selbst zu bedienen, beim Brennmeister in der Hütte zu bezahlen, und mahnt: »Oh Mensch, sei ehrlich!«

Der Brennmeister heißt Gebhard Drossbach, nimmt lachend ein Trinkgeld und haut seinen Hüttenstempel ins Wanderbuch. Keiner ahnt, daß er der Besitzer der Enzianbrennerei Grassl in Unterau bei Berchtesgaden ist. Er war mit der letzten Trägerin des Namens Grassl verheiratet – seit sie verstorben ist, geht er gerne für die zwei Monate lange Brennzeit auf die Hütte, genießt die Ruhe und die bodenständige Brennerei – wie vor über 40 Jahre, als er hier anfing.

Unten, »beim Grassl«, spucken Omnibusse ihre Menschenmassen aus. Die Touristen wollen den Brand offenbar in möglichst kitschigen Flaschen kaufen – man mag gar nicht so recht an die Qualität des Inhalts glauben. Aber das Äußere täuscht: Zwar wird heute der größte Teil des Enzians hier in einer modernen Brennerei produziert, aber das Prinzip ist das gleiche wie auf den seit fast 400 Jahren betriebenen Brennhütten auf den Almen.

Kaum zu glauben, daß es sich heute

Holz vor der Hütt'n: alles zum Brennen

Ein Enzian zur Stärkung: paßt immer!

Schindeln: alle vier Jahre umgedeckt

noch lohnt, oben auf den Bergen zu brennen. Doch der Geschäftsführer, Josef Baierl, ein gestandener Berchtesgadener und über 30 Jahre bei der Firma, widerspricht: Es handelt sich um ein niedrig besteuertes Abfindungsbrennrecht und der Staat muß gemäß alten Verträgen das Brennholz bereitstellen. Da lohnt es sich doch!

Zum Brennen braucht man nicht die blauen oder violetten Blüten, sondern die zuckerhaltigen Wurzeln des Gelben, Roten und des häufigen Pannonischen Enzians. Sie werden nur alle sechs Jahre aus den Almen gegraben.

Mit der Einrichtung des Alpen-Nationalparks gerieten diese alten Nutzungen in Gefahr und es gab einen jahrelangen Streit, ehe man sich einigen konnte. Nur aus München kommen gehässige Anwürfe, der Grassl dürfe den unter Naturschutz stehenden Enzian »wildern«. Solcher Unverstand bringt Gebhard Drossbach stets von neuem auf: »Wir haben vor fast 400 Jahren die Aufgabe übernommen, die Almen vom Enzian frei zu halten, weil den das Vieh nicht frißt, und dafür das Brennrecht bekommen. Jetzt betrachten die Städter unsere in 1000 Jahren unter unsäglichen Mühen angelegte Kulturlandschaft als ihren Park – und wir soll'n schaun, wo wir bleiben. Ja glauben die denn, wir graben so viele Wurzeln aus, daß wir unsere Existenz gefährden?«

Auf der Hütte hat sich seit dem 17. Jahrhundert nicht viel geändert: Die Brennblase wird wie eh und je mit Holz befeuert, das Kühlwasser dient zum Duschen, Heizen und Einmaischen – modern anmutende Methoden der Energierückführung. »Die Alten waren doch nicht blöd!« meint Gebhard Drossbach, der es allerdings genießt, daß eine moderne Solaranlage ihm heute besseres Leselicht spendet als einst Kerzen.

Der Schmuck des Mannes: Hirschlederne

Nur fürs Auge: der Rauhe Enzian

Kühe auf der Alm: hassen Enzianblätter

Schwerstarbeit: Viel Holz muß Gebhard Drossbach spalten, um die Brennblase anzufeuern. Es ist dennoch eine vergleichsweise billige, stets zur Verfügung stehende Energie

Enzianwurzeln: Hier oben im Juli und August täglich herangeschafft von den »Grabern«. Im Tal verwendet man Wurzeln aus speziell entwickeltem Anbau im Voralpenland

Stückwerk: Mühevoll müssen die Wurzeln zerhackt werden, damit sie, in warmem Quellwasser eingemaischt, in 10 Tagen bei 30 Grad ihren Zucker vergären

Der Brand: Erst kommt der Rohbrand, um den Alkohol überhaupt zu erhalten. Dann folgt der Feinbrand – klar und aromatisch läuft er aus der traditionellen Brennblase

Die Kühlung: Gut gekühlt schmeckt der Gebirgsenzian am besten! Farbe, Reife und einen vollen, runden Geschmack erhält er durch jahrelange Lagerung in Eschenholzfässern

Freude: Josef Baierl und Gebhard Drossbach lieben ihre Arbeit, sind stolz auf ihr Produkt. Lieben den blauen, unter Naturschutz stehenden Schwalbenwurzenenzian (links)

Einkehr im Berg-Gasthof

Zwischen Jenner, Hohem Göll und Königssee liegt, 1070 Meter hoch auf einer malerischen Alm, ein Gasthaus, wie man es hier nicht erwartet: Im »Alpen-Gasthof Vorderbrand« kocht Andreas Hofmann deftige, aber stets tadellose und immer frische Gerichte! In Berggasthöfen und Hütten ist die Erbswurst zwar nicht mehr allgegenwärtig (es kann ein Vergnügen sein, hungrig eine ordentliche Portion zu löffeln) – aber wo andere sich mit Dosenware und fertiger Tiefkühlkost begnügen, kommt hier nur Selbstgekochtes auf den Tisch. Auf die Qualität der Zutaten achtet der Chef geradezu pedantisch – nicht nur bei Fleisch und Würsten, sondern ganz besonders bei Gemüse und Salat. Andreas Hofmann stammt von hier und hat Koch gelernt, ist dann aber ins Hotel-Management übergewechselt und hat in Amerika gearbeitet. Bis die große Liebe kam, die ihn wieder heimisch machte: »Glück hab' ich halt gehabt, daß der Vorderbrand grad frei war«, sagt er bescheiden. »Und erst war's gar nicht einfach – jetzt hat es sich herumgesprochen, daß man hier was bekommt für sein Geld, und die Leut' kommen extra herauf.« Da hilft die seit einigen Jahren gut ausgebaute Straße, denn

Wirt Andreas Hofmann

Kellnerin Andrea

Es gibt 10 Zimmer und Matratzenlager

Der Abend: jetzt wird's ruhig und schön

Ums Haus ein wahres Kinderparadies

Wegwarte: blaue Blume der Romantik?

früher kehrten hier nur Ausflügler und Wanderer ein. Die kommen weiterhin – das ist auch gut so, um die 160 Plätze in den gemütlichen Gaststuben und 100 draußen zu füllen. »Wenn alles voll ist, geht's rund«, lacht Andrea, Kellnerin aus Norddeutschland, »da muß er extragroße Portionen machen, damit niemand reklamiert. Weil, dafür wär dann keine Zeit . . .«

1
ALMSCHMAUS

Für vier Personen:
500 g gekochte Kartoffeln,
2 Zwiebeln, 50 g Butter, Salz, Pfeffer,
4 Eier, 2–3 Scheiben Schweinebraten
(ein Rest vom Sonntagsbraten)

Die Kartoffeln pellen und in Scheiben schneiden. Die Zwiebeln fein würfeln. In einer großen Pfanne, in der die Kartoffeln möglichst nebeneinander und nicht aufeinander liegen, langsam braten, dabei immer wieder die Pfanne rütteln und schütteln, um die Scheiben zu wenden. Salzen und pfeffern. Erst kurz bevor die Kartoffeln braun genug sind, die verquirlten, gewürzten Eier darübergießen und stocken lassen. Den Schweinebraten schließlich würfeln und zum Schluß im Almschmaus erwärmen. Dazu paßt Sauerkraut.

2
APFELSCHMARRN

Eine Variante zum allseits geliebten Kaiserschmarrn: im Prinzip dasselbe, nur mit Äpfeln bereits drin, statt das Kompott dazu.

Für vier Personen:
4 Eier, 100 g Mehl, 1 Prise Salz,
1/4 l Milch, 2 EL Zucker,
2 EL Butter, 2 EL Butterschmalz,
4 mittelgroße Jakob-Klar-Äpfel,
4 TL Zimtzucker,
Puderzucker zum Bestäuben

Eigelb, Mehl, Salzprise, Milch, einen Eßlöffel Zucker und die geschmolzene Butter mit dem Schneebesen glattquirlen. Eine halbe Stunde quellen lassen, bevor der mit dem restlichen Zucker steifgeschlagene Eischnee behutsam untergehoben wird.
In einer beschichteten Pfanne einen Löffel Schmalz erhitzen, eine kleine Kelle Teig darin zerlaufen lassen und auf einer Seite golden backen. Den Pfannkuchen umdrehen, jeweils einen in Scheibchen geschnittenen Apfel darauf verteilen und mit Zimtzucker bestreuen. Sobald auch die Unterseite gebräunt ist, mitsamt den Apfelstücken in Stücke zerreißen. Mit Puderzucker bestäubt sofort servieren.

Alfons Schuhbeck: der kulinarische Tausendsassa aus Waging

Ein bißchen muß man bei ihm immer an das Märchen vom Hasen und dem Igel denken: Alfons Schuhbeck ist stets schon vor allen anderen da. Unbegreiflich, wie er das macht. Von den Litfaßsäulen lacht er als Biertrinker, im Werbefernsehen tritt er mit Fabrikwurst auf, er talkt sich durch die Talkshows der Nation, nimmt als Juror an gastronomischen Wettbewerben teil, organisiert gesellschaftliche Evenements oder läßt sich wenigstens dabei feiern. Als Selbstdarsteller ist dieser Mann unschlagbar.

Aber auch als Restaurateur! Ein Abend beim Schuhbeck ist eine Reise wert, auch wenn er nicht da sein sollte. Das liegt nicht nur an seinen fabelhaften Statthaltern, Küchenchef Jürgen Langenbacher und Helmut Valentin, Boß in Keller und Saal, die die Schuhbecksche Idee von Gastlichkeit kongenial in die Tat umsetzen. Es liegt mehr noch am Konzept. Das »Kurhausstüberl« am Waginger See ist, obwohl es zu den zehn besten Restaurants Deutschlands zählt, kein weihevoller Gourmettempel, in den die Menschen auf Knien hereinzurutschen haben, sondern eine gemütliche, holzgetäfelte Stube, in der sich jedermann auf Anhieb wohl fühlt. Die etwa 30 bis 40 Gäste, die dort allabendlich Platz finden, werden von einer jungen Mannschaft umsorgt, die, das spürt man gleich, ihre Arbeit gerne tut.

Das ist das beste und einfachste Rezept, den Gast auf einen schönen Abend einzustimmen. Und dieser wird hier selbst dann Spaß haben, wenn er gastronomisch unerfahren ist, weil er nicht furchteinflößende, fremdartige Menübeschreibungen entziffern muß, sondern sich vielmehr das meiste auf der Speisenkarte auf Anhieb vorstellen

Fischeridylle: Anlegesteg vom Fischer Kneidl am Waginger See

Das sanft gewellte, hügelige Voralpenland: ideales Feriengebiet

und sich darauf freuen kann: Waller mit Wurzelg'müs oder Kalbsbackerl mit glasierten Schalotten, da versteht jeder, was gemeint ist. Manche mögen die *kracherten* Begriffe (für Norddeutsche: *aufgesetzt bayrisch wirkend*) auf der Karte vielleicht als penetrant empfinden: die Ente ist hier stets eine »Bauernanten«, das kleine Zwischengericht heißt »Gangerl«, und das Häppchen vorneweg »Magendratzer« – aber schließlich hat jeder seinen Tick. Alfons Schuhbeck ist Bayer mit Leib und Seele. Liebe zu seinem Land heißt für ihn auch, die Produkte zu verwenden, die es in vorzüglicher Weise hervorbringt. Warum sollte er eine weitgereiste Seezunge verarbeiten, wenn er den Zander oder Barsch frisch aus dem See vor seiner Haustür haben kann? Bei erstklassigen Zutaten bedarf es keiner Verkünstelungen, die lägen ihm auch fern. Da wird ganz einfach bayerisch gekocht; allerdings mit demselben Aufwand und derselben Sorgfalt wie anderswo luxuriöse Kreationen einer komplizierten Küche. Das ist seine Art von Luxus!

Wer einen Blick in die Küche wirft, traut seinen Augen kaum: Sie hat die Ausmaße eines mittleren Ballsaals. Denn das einfache »Stüberl« ist nur die Kür fürs Schuhbecksche Unternehmen, die Pflicht sind bis zu 2000 Mahlzeiten pro Tag für die Besucher des gigantischen Campingplatzes, der sich hinter dem Haus am Ufer des Waginger Sees erstreckt.

Die 1000 Snacks, die zur selben Zeit am Kiosk ausgegeben werden, sein Party-Service und die Produktion einiger Spezialitäten für andere Restaurants gar nicht gerechnet. Und er beweist damit Tag für Tag: Masse muß für Klasse nicht hinderlich sein.

Hat mit seinem Erfolg Grund zum Lachen: Alfons Schuhbeck

Von gleich zwei bayerischen Löwen bewacht: das Kurhausstüberl

Drinnen: unprätenziös, gemütlich, alpenländisch eingerichtet

Helmut Valentin leitet den Service, ein Oberkellner, wie man ihn als Gast sich wünscht: immer guter Laune und strahlend, bestens über Küche und Keller informiert, einer, dem seine Arbeit einfach Spaß macht. Das kann er offenbar auch seinen Mitarbeitern vermitteln und steckt sogar die Gäste an. Eine hübsche Idee: statt Blumen das Gemüse der Woche auf dem Tisch, das man auch in allerlei Variationen serviert bekommt

Robert Kneidl, der junge Fischer vom Waginger See, hat es nicht leicht. Der ungewöhnlich flache See ist stark eutrophiert, deshalb vermehren sich die weniger begehrten, grätenreichen Brachsen; Zander, Renken, Hechte, Schleien und sogar die robusteren Karpfen werden immer weniger. Und wegen der Aale gibt es nur wenige Krebse. Für den Verkauf fährt er die letzten drei Tage in der Woche auf die verschiedenen Märkte der Region

1

WALLERFILET MIT KAROTTENGEMÜSE

Alfons Schuhbeck legt das rasch angebratene Wallerfilet zum Garen kurz in heißen Buchenrauch. Natürlich kann man es auch ganz einfach auf beiden Seiten braten.

Für vier Personen:
4 Portionsstücke aus dem Wallerfilet à 200 g, Salz, Pfeffer, 3 EL Butter
Karottengemüse:
500 g Karotten, 2 EL Butter, Salz, Pfeffer, Zucker, ca. 1/8 l Brühe, Petersilie

Die Fischfilets salzen und pfeffern, auf der Hautseite zuerst in heißer Butter braten, auf der zweiten Seite nur kurz ziehen lassen.
Die Karotten schälen, in dünne Scheiben hobeln. In heißer Butter andünsten, salzen, pfeffern, mit einer Prise Zucker würzen. Brühe angießen. Zugedeckt zehn Minuten dünsten. Zum Schluß gehackte Petersilie untermischen.

2

KALBSHAXE MIT WURZELVINAIGRETTE

Für vier bis sechs Personen:
1 Kalbshaxe, Wurzelwerk, Salz, je 1/2 TL Pfeffer-, Piment- und Senfkörner
Wurzelvinaigrette:
je 2 EL winzigfeine Würfel von Karotte, Sellerie, Porree, Zucchini, Salz, Pfeffer, 2 EL Essig, 4 EL Öl, 1 Kartoffel

Die Haxe mit kleingeschnittenem Wurzelwerk und den Gewürzen mit Wasser bedeckt aufkochen, etwa zwei Stunden lang sanft garziehen lassen. Bis zum nächsten Tag kaltstellen, damit das Fleisch Festigkeit bekommt. Erst dann auslösen, auf der Aufschnittmaschine in hauchdünne Scheiben schneiden und anrichten.
Für die Vinaigrette die Gemüsewürfel eine Minute in kochendes Wasser geben, eiskalt abschrecken. Mit Salz und Pfeffer, Essig, sowie drei Löffeln Öl verrühren und über die Fleischscheiben verteilen.
Die Kartoffel zentimetergroß würfeln, im restlichen Öl knusprig braten, dabei salzen und pfeffern. Zum Schluß über das Fleisch streuen.

3

SCHNELLES LAMMRAGOUT MIT BLUMENKOHL

Für vier Personen:
500 g ausgelöster Lammrücken,
2-3 EL Öl, Salz, Pfeffer, Thymian,
300 g Blumenkohlröschen,
200 g Zucchini, 150 g Pfifferlinge,
50 g Butter, 1/4 l kräftiger Lammfond

Das Fleisch in dreizentimetergroße Würfel schneiden und im heißen Öl auf starker Hitze kräftig anbraten. Salzen, pfeffern, mit Thymian würzen. Neben dem Feuer zugedeckt nachziehen lassen.
Inzwischen Blumenkohl in Salzwasser blanchieren. Die in Scheiben geschnittenen Zucchini und Pilze in heißer Butter andünsten, den Blumenkohl schließlich untermischen.
Den Bratensatz mit dem Lammfond loskochen, um die Hälfte reduzieren und mit Butter zu einer cremigen Sauce aufmixen. Die Lammwürfel darin erwärmen, zusammen mit den Gemüsen hübsch anrichten.

4

GEFÜLLTE APRIKOSEN-KRAPFEN

Für vier Personen:
Bierteig:
1 Ei, 110 g Mehl, 1/16 l Bier,
1 Prise Salz, 30 g Butter, 1 EL Zucker
Außerdem:
12 makellos schöne Aprikosen,
50 g Marzipanrohmasse,
50 g gemahlene Haselnüsse,
2-3 EL Aprikosenlikör,
Butterschmalz zum Ausbacken

Eigelb, Mehl, Bier, Salzprise und flüssige Butter mit dem Schneebesen glatt quirlen. Zugedeckt eine halbe Stunde quellen lassen, damit sich der Kleber entwickeln kann. Das mit dem Zucker steifgeschlagene Eiweiß unterziehen.
Die Aprikosen entsteinen. Marzipan, Haselnüsse und Likör zu einer weichen Paste rühren. Die Aprikosen damit füllen, wieder zusammendrücken und durch den Bierteig ziehen. Im heißen Schmalz schwimmend goldbraun ausbacken. Auf Küchenpapier gut abtropfen lassen. Auf Dessertteller anrichten, zum Beispiel, wie bei Alfons Schuhbeck, mit Vanilleschaum, in den man mit Johannisbeermark Farbtupfer setzen kann.

HERBST

Wildküche, Karpfen, Bergkäse und junger Wein. Und ein richtiges Schlachtfest

Leonardi-Ritt: Festlicher Umzug

Oktoberfest: Blasmusik

Frisch gebacken: Kiachä

Erntezeit: Äpfel

Zwiebelkuchen und Federweißer

Stolzgeschwellt: das Suppenhuhn

Stilleben: Kürbis und Wildgeflügel

Ohne Touristen: Schloß Linderhof

Kallmünz: die Perle des Naabtals

Ein malerisches Fleckchen ist das Örtchen Kallmünz, wie ein Hufeisen um den schroff hochragenden Schloßberg geschmiegt, genau dort, wo die beiden romantischen Flüßchen Naab und Vils ineinanderfließen. Aus jedem Blickwinkel ein Bildmotiv. Zu Beginn dieses Jahrhunderts hatte der Landschaftsmaler Charles Palmié diese, wie er sie nannte, »Perle des Naabtals« entdeckt und bald eine Schar von Künstlern hierhergelockt. Darunter Gabriele Münter und Wassily Kandinsky, die sich 1903 in Kallmünz verlobten.

Idyllisch ist Kallmünz immer noch. Die Häuserreihe unterhalb des Burgfelsen leuchtet bunt. Die steinerne Brücke buckelt sich kopfsteingepflastert über die Naab. Die alten Gebäude im Ort werden liebevoll, mit Gefühl und Verstand renoviert.

Zum Beispiel das Gasthaus »Zum goldenen Löwen« an der alten Regensburger Straße: Die Sprossen in den kleinen Fenstern sind tatsächlich wie früher im goldenen Schnitt angeordnet, die Laibung ist grau gefaßt, rote Geranien setzen Farbtupfer in die weißgekalkte Wand, von der ein stattlicher Ausleger prangt, mit einem stolzen, aufrechten Löwen und einem goldblitzenden Davidstern. »Nein, das ist kein Judenstern«, verrät die Löwenwirtin Waldtraud Luber, »sondern der sogenannte Zeuglstern, das Zunftzeichen der Bierbrauer und Brenner«. Früher taten sich in der Oberpfalz die Bauern eines Orts zusammen, um in Hausbrauereien ihre Gerste gemeinsam zu verarbeiten; die Mühe hätte sich für einen alleine nicht gelohnt. Der Zeuglstern kennzeichnete jeweils das Haus, in dem die Brauerei gerade arbeitete. So wußte jedermann im Ort, wohin er seine Gerste zum Brauen tragen konnte. Die letzte der einst 24 Hausbrauereien in Kallmünz ist 1954 abgebrannt. Aber der Löwenwirt Richard Luber verfügt seit fast zehn Jahren wieder über eine Brenn- und Brauerlaubnis. Und seither darf er mit Fug und Recht den prächtigen Ausleger an seinem Haus anbringen.

Eine lauschige Idylle: Naab und Vils fließen hier so langsam ineinander, daß das Wasser wie ein beschaulicher See wirkt, in dem sich die Bäume vom Ufer spiegeln. Und hochoben vom schroff ansteigenden Schloßberg grüßt eine trutzige Burgruine

Das ist auch gut so, denn sonst weist nichts darauf hin, daß hier ein Gasthaus ist! Ein kleines, schmales Holztörchen in der Mauer wirkt eher abweisend. Dahinter allerdings öffnet sich ein entzückender Hof, in dem man unter weißen Sonnenschirmen gemütlich sitzen kann, mit bunten Blumenbeeten, blauen und silbernen Rosenkugeln. Und drinnen in der Gaststube schließlich glaubt man sich in der authentisch und detailgenau ausgestatteten Kulisse für einen ungewöhnlich geschmackvollen bayrischen Heimatfilm: die Wände weiß gekalkt, Stühle und ringsum verlaufende Sitzbank dunkelbraun lackiert, Vorhänge, Sitzkissen und Tischdecken blauweißrot gewürfelt. An den Wänden sparsam ein wenig bäuerlicher Trödel, Bilder von Vorfahren, ein Kreuz, eine Uhr, etwas Gehörn – alles schön, ländlich, oberpfälzisch, nichts aufdringlich, nichts tümelnd, sondern einfach echt. Daß man ein solch intaktes Ensemble noch bei uns finden kann, wer hätte das gedacht? Die Löwenwirtin kennt das schon, das ungläubige Staunen derer, die zum erstenmal hierher kommen. »Die Eltern haben halt kein Geld zum Renovieren g'habt – Gottseidank.«

Eigentlich hätte ja ihr Bruder die Wirtschaft übernehmen sollen. Sie hat in München studiert, wollte Kunsterzieherin werden. Aber dann ist der Bruder gestorben; die Wirtschaft aufgeben wollte sie schon aus Anhänglichkeit an Kallmünz nicht. Und so hat sie sich zusammen mit ihrem Mann Richard Luber, einem gelernten Kindergärtner, entschlossen, die Sache anzupakken. Zuerst gab's nur Brotzeit und Bier. Aber davon konnten die beiden nicht leben. Deshalb stellte sie sich in die Küche und begann zu kochen, so wie sie es bei ihrer Mutter gesehen hatte und wie es ihr schmeckte. Und bald kamen die Gäste sogar von weither. Inzwischen hat Richard das Kochen übernommen, damit Waldtraud mehr Zeit für die Kinder hat. Und seine Mischung von oberpfälzischen Spezialitäten mit Münchner Studenten- und Bistroküche trifft den Geschmack der Kundschaft, die von Amberg, Nürnberg, Regensburg und München kommt, ganz genau.

Waltraud Luber hat Glück gehabt, daß die Wirtschaft ihrer Eltern noch nicht kaputtrenoviert war, als sie sie übernahm

Richard Luber hat viel Sinn für skurrile Antiquitäten. Hier zeigt er eine Mausefalle, in der die Maus am Leben bleibt

1
BAUCHSTECHERLA

Ein richtiges Armeleute-Essen – mehr als Mehl, Wasser, wenig Ei und ein bißchen Salz braucht man für den Teig nicht. Er wird zwischen den Handflächen zu kleinen Würstchen gerollt; sie müssen einen Bauch haben und oben wie unten spitz auslaufen. Daher der Name. Zunächst gesotten, dann mit etwas Speck goldbraun gebraten, schmecken *Bauchstecherla* unglaublich gut! Man ißt dazu übrigens Sauerkraut und einen grünen Salat.

Für vier bis sechs Personen:
500 g Mehl, 1 Ei, Salz, ca. 3/8 l Wasser, 100 g Speck, 1 EL Butter

Aus Mehl, Ei, Salz und soviel Wasser, wie nötig, einen nicht zu weichen Teig rühren. Eßlöffelkleine Portionen abzupfen, Würstchen formen, wie oben beschrieben. In leise siedendem Salzwasser einige Minuten garen, bis sie oben schwimmen.
Abtropfen lassen. Zum Servieren den Speck fein würfeln, in Butter sanft ausbraten und die Bauchstecherla darin goldbraun braten.

Moderne Kunst zeugt hier von Tradition

Kein David-, sondern ein Zeuglstern

1

GEBACKENER PARASOL MIT ESTRAGONRAHM

Für vier Personen:
4-6 schöne Parasolhüte,
Mehl zum Wenden, 1 Ei, Salz, Pfeffer,
Semmelbrösel, Fett zum Ausbacken
(Butter oder Schweineschmalz)
Estragonrahm:
150 g Crème fraîche,
100 g saurer Rahm, Salz, Pfeffer,
Zitronensaft, frischer Estragon

Die Pilze nicht waschen, damit sie trokken bleiben und sich nicht mit Wasser vollsaugen, nur mit Küchenpapier sauberwischen. In Mehl wenden, durch verquirltes Ei ziehen, das mit Salz und Pfeffer gewürzt ist, schließlich in Semmelbröseln wenden. Die Panierung gut festdrücken. Die Pilze in heißem Fett goldbraun ausbacken. Auf Küchenpapier gut abtropfen.
Crème fraîche und sauren Rahm mit dem Schneebesen luftig aufschlagen. Salzen, pfeffern, mit Zitrone und feingeschnittenem Estragon würzen.

2

FINGERNUDELN

Andernorts nennt man sie *Schupfnudeln*, *Baunzen* oder auch anzüglich *Bubespitzle*. In jedem Fall wird ein Kartoffelteig *mit den Fingern* genauso zu Nudeln geformt wie die *Bauchstecherla* und, anders als diese, sofort in Schmalz goldbraun gebraten. Während der Pilzzeit gibt's im »*Goldenen Löwen*« kleine Steinpilze dazu, die einfach in etwas Butter gebraten und mit Petersilie gewürzt werden.

Für vier bis sechs Personen:
800 g am Vortag gekochte Kartoffeln,
Salz, Pfeffer, Muskat,
Mehl zum Bestäuben, 2 EL Butter-,
Schweine-, Gänse- oder Entenschmalz

Die Kartoffeln reiben, mit Salz, Pfeffer und Muskat würzen. So viel Mehl darüberstäuben, daß sich ein formbarer Teig kneten läßt. Wie *Bauchstecherla* formen. In reichlich heißem Schmalz langsam rundum schön braun braten.

1

2

3

GESCHMORTES LAMMHAXL MIT KARTOFFELLAIBERLN

Für vier Personen:
4 Lammhaxen, 4 EL grober Senf,
4 EL Olivenöl, Pfeffer,
250 g Joghurt, Salz
Kartoffellaiberl:
1/2 Portion Fingernudelteig,
Butterschmalz zum Ausbacken

Die Haxen mit einer Mischung aus Senf, Öl und geschrotetem Pfeffer einreiben. Zugedeckt zwei Tage im Kühlschrank marinieren.
In einem Bräter in den 250 Grad heißen Ofen schieben, nach 15 bis 20 Minuten den Joghurt zufügen, salzen, die Temperatur auf 150 Grad herunterschalten. Die Haxen nunmehr eineinhalb Stunden lang schmoren.
Für die *Kartoffellaiberl* ein kleines Händchenvoll Fingernudelteig zwischen den Handflächen flach formen, mit der Faust Spuren hineindrücken, die *Laiberl* in heißem Schmalz schwimmend golden ausbacken.

4

GEBACKENE ROSETTEN

Ein duftiges, knuspriges Schmalzgebäck, für das man ein spezielles, sogenanntes Rosetteneisen benötigt: Man erhitzt die an einem langen Stiel befestigte Rosette zunächst im heißen Ausbackfett, taucht sie in den Teig und senkt sie erneut ins heiße Fett. Dort läßt sich die Teig-Rosette leicht vom Eisen lösen und wird schwimmend blaßgolden ausgebacken. Lauwarm, mit Puderzucker bestäubt, schmeckt dieses Gebäck wunderbar zum Kaffee.

Für sechs Personen:
150 g Mehl, 40 g Speisestärke,
2 EL Zucker, 1 Prise Salz,
1/4 l Rahm, 2 Eier, 1 EL Rum
Butterschmalz zum Ausbacken

Mehl, Stärke, Zucker, Salzprise, Rahm, Eigelb und Rum mit dem Schneebesen glattquirlen. Eine halbe Stunde ruhen lassen, damit sich der Kleber im Teig gut ausbilden kann. Erst dann den Eischnee steifgeschlagen behutsam, aber gleichmäßig unterziehen.
Wie oben beschrieben mit dem Rosetteneisen im heißen Schmalz Teigrosetten ausbacken und mit Puderzucker bestäubt noch warm servieren.

Josef Bergler und sein Paradies für

Abseits der großen Straßen liegt, in der sanften Landschaft der Oberpfalz, hineingebettet in eine beruhigende Einsamkeit, über einem aufgestauten Weiher voller Gänse und Enten der unscheinbare Hof von Josef Bergler. Auf dem First des Stallgebäudes ein Habicht und ein Hahn aus Ton – zwar neu, aber seit Jahrhunderten in dieser Gegend übliche Zierde. Sie sollen den Hof vor Schaden bewahren, haben hier jedoch eigene Bedeutung: Josef Bergler hat die kümmerliche Feldwirtschaft seiner Vorfahren aufgegeben und sich auf Geflügelmast spezialisiert. Ein Freund, der viel nach Frankreich kam und die Qualität der dortigen Produkte hierzulande vermißte, hat ihm vor 20 Jahren dazu geraten.

Wie man Tauben mästet, wußte Bergler, denn das taten schon seine Großeltern – man muß aufpassen, daß man die im Nest hockenden Jungtauben erwischt, die vier bis fünf Wochen lang von den Eltern geatzt wurden. Sobald sie nämlich das Nest verlassen, haben sie die als Fett und Fleisch im Körper gespeicherte Energie für die Ausbildung der Federn verbraucht, sind leicht und dünnbrüstig geworden. Auch mit Gänsen kannte er sich aus. Früher hatte hier jeder seine eigene Weihnachtsgans, zog noch ein paar Tiere für Freunde mit groß: Er wußte, daß Gänse im Herbst viel Bewegung und viel Futter brauchen, um Fett und ein gut marmoriertes Fleisch herauszubilden. Einst trieb ja die Gänseliesel die Tiere auf die abgeernteten Felder, wo sie sich an den heruntergefallenen Körnern fett fressen konnten, ohne daß es den Bauern etwas extra kostete. Heute füttert Bergler Körner aller Art, Weizen, Gerste, Hafer und Mais. Außerdem suchen sich die Tiere kleine Steinchen, die im Magen nötig sind, um die im ganzen geschluckten Körner zu zermahlen; weshalb auch die Muskulatur dieses Kaumagens so außerordentlich kräftig entwickelt ist.

Lernen mußte er hingegen, wie man mit den ungewohnt anspruchsvollen französischen Enten, den in Gefangenschaft aggressiven Fasanen, den nässe- und kälteempfindlichen Puten, den sich mit den Fleischhühnern nicht vertragenden Perlhühnern umgeht. Lehrgeld mußte er bezahlen, aber jetzt kennt er das einfache Geheimnis guten Geflügels: »Nur von Tieren, die glücklich aufwachsen, die in idealen, ihren natürlichen Ansprüchen gerechten Bedingungen leben, kann man

Enten, Gänse, Hühner und Tauben

gutes Fleisch erwarten! Wie soll denn ein Hähnchen schmecken, das keinerlei Auslauf hat und mit zehn Wochen geschlachtet wird?« fragt Josef Bergler. »Wie soll eine Gans Fett ansetzen, wenn sie 14 Wochen lang nur Mastfutter vorgesetzt bekommt, ohne sich zu bewegen? Ohne sich ihre Lieblingsspeisen, Grünzeug und Würmer, auf der Wiese und im See suchen zu können?« Und fährt gleich fort: »Bei mir wird ein Brathähnchen 70 bis 80 Tage alt und entwickelt so ein schön dunkles Fleisch. Ein Mistkratzer, also ein Fleischhahn, braucht ein halbes Jahr, wiegt dann mehr als zwei Kilo und schmeckt ganz kernig! Meine Enten schlachte ich mit 14 bis 16 Wochen, die Gänse werden gar 24 bis zu 36 Wochen alt!« begeistert er sich. »Die müssen natürlich mehr kosten als üblich.« Er macht eine Pause, um fortzufahren: »Aber so richtig schätzen das nur wenige. Ich kann gar nicht so viel verlangen, wie ich müßte.« Gleich jedoch lacht er wieder: »Dafür kann ich mir leisten, Tauben zu essen. Am liebsten zwei auf einmal – und verzichte dafür auf die Füllung ...«

Frei laufen die Gänse und Enten auf dem 18 Hektar großen Areal von Josef Bergler herum, überall schnattert und quakt es. Alles ist eingezäunt, aber manchmal kommt doch der Fuchs – einmal hat er in einer Nacht 20 Gänse gerissen, ehe er mit einer abzog. Das Lämmchen Moritz ist gerade sechs Wochen alt

Über hundert Tauben in allen Farben umflattern das Haus

Die Mutter verweigert sich, Max bekommt das Fläschchen

Josef Bergler ist für seine Gänse eine Art von Übermutter – sie folgen ihm brav. In der Herde bewegen sie sich überraschend gleichförmig, orientieren sich stets in dieselbe Richtung

Seine Entenküken bezieht Bergler von einem Züchter

Die Wildentchen dürfen nicht raus, dort holt sie der Habicht

Nürnberg: Bürger, Bauern und Patrizier

In goldenem Glanze ragt der Schöne Brunnen auf dem Hauptmarkt zu Nürnberg in filigraner Gotik in den Himmel. Im Hintergrund das nach dem Krieg entstandene Neue Rathaus und die wiederaufgebaute Sebalduskirche. Nürnberg, die Perle des Mittelalters – wobei man lange Zeit die in der Renaissance errichteten Gebäude einfach dem Mittelalter zuordnete –, hatte seine ursprüngliche Gestalt bis 1944/45 halten können, weil es an den Rand des weltpolitischen Geschehens geraten war. Mit dem Untergang des Dritten Reichs – das hier seine Reichsparteitage abhielt, um an die Tradition der Reichstage der deutschen Könige anzuknüpfen –, wurde nicht nur die »teutscheste aller deutschen Städte«, sondern auch die schönste zerstört . . . Vieles hat man in bewundernswerter Leistung wieder aufgebaut, aber es sind doch nur einzelne Gebäude – der Gesamteindruck ging verloren.

Seit 1250 hatte sich ein Patriziat von 43 Familien herausgebildet, also eine Art von städtischem Adel, der die Geschicke der Stadt lenkte. In ständiger Auseinandersetzung mit den Handwerkern war ein vorbildliches Gewerbe- und Stadtrecht entwickelt worden. Da die Stadt über keine natürlichen Reichtümer verfügte, hatte man sich ganz auf Handel und veredelndes Handwerk verlegt. Nürnberger Plattnerarbeiten (wehrhafte Eisenharnische), Zinn, Kupfer und Messing waren im ganzen Reich begehrt. Peter Henlein erfand die Taschenuhr, Martin Behaim schuf den ersten Globus. Hier entstanden das beste wissenschaftliche Gerät, die ersten Puppenstuben und Spielzeuge (Nürnberger Tand). Schließlich blühten die Künste und auch Geisteswissenschaften – der Steinmetz Adam Krafft, der Holzschnitzer Veit Stoß, der Gießer Peter Vischer, der Goldschmied Wenzel Jamnitzer, der Maler Albrecht Dürer, der Humanist Willibald Pirkheimer und der Dichter Hans Sachs illustrieren Niveau und Breite des Spektrums.

Bereits früh hatte Nürnberg in der Umgebung Ländereien erworben und durch Bodenkultur (Knoblauchland) und strenge Forstaufsicht (bereits seit 1368 Waldbesamung) eine Grundlage auch für bäuerlichen Reichtum gelegt. Nürnberger Honig: Nirgendwo verstand man sich besser als hier auf Gebäck und Lebkuchen. Zu Weihnachten griff man auf die Vorräte von Nüssen, Spezereien, frischem Mehl und Honig zurück. Überhaupt waren gesüßte Gerichte und Eierspeisen von größerer Bedeutung als das Fleisch. Man intensivierte die Fischzucht und förderte, da auf dem kargen Sandboden nur wenig Weidemöglichkeit für Rinder bestand, die Haltung von Geflügel und Schweinen – Nürnberger Bratwürste genossen schon vor 500 Jahren hervorragenden Ruf.

Mit dem Reichtum entwickelte sich in der Stadt auch eine neue Art des Kochens. Die bäuerliche Küche war geprägt von Mus und Brei, Suppen und Eintöpfen, die über der Feuerstelle vor sich hin köchelten. Jetzt richteten sich die Bürger aufwendige Küchen ein, wo man nicht nur im Topf kochen, sondern am Spieß grillen, in einer Pfanne auf einem Gestell braten und im gemauerten Ofen backen konnte. Das hatte ganz neue Rezepte zur Folge: bürgerliche Küche im Gegensatz zur bäuerlichen – mit Pasteten, Ragouts, Kuchen und Gebäck, raffinierten Menüfolgen an Stelle eines sättigenden Breis.

In Nürnberg entstand städtische Küchenkultur – in keiner anderen Stadt erschienen so viele Anweisungen für gutes Kochen (als erstes gedrucktes deutsches Kochbuch die »Kuchenmaistrey«, 1485; 1691 wurde eine Rezeptsammlung von Hausfrauen, das »Nürnbergische Kochbuch«, Vorbild für Ähnliches in anderen Städten), das ordentliche Benehmen bei Tisch (Hans Sachs) und das richtige Tranchieren (Georg Philipp Harsdörffer).

Auch das war typisch für Nürnberg: Die Prang- oder Prunkküche, nicht zum Kochen, sondern um den Reichtum an schönem Küchen- und Tafelgerät zur Schau zu stellen. Die Patrizier luden ihre Gäste, wie in E.T.A. Hoffmanns *Meister Martin, der Küfner* zu lesen, zum zierlichen Umtrunk mit vom Küfer geholtem Wein.

In den Zunftstuben dagegen ging's richtig zünftig zu: Man trank sein Bier aus großen, zinnernen Krügen.

Prächtige Fassade: die Frauenkirche

Türknauf: Zierde eines Bürgerhauses

Das Heiliggeistspital: an der Pegnitz

Reicher Markt: für Bauern und Händler

Allgegenwärtig: Nürnberger Lebkuchen

Gasthaus »Rottner«: Sieh' das Gute liegt so nah...

Tatsächlich könnte das Konrad Rottners Wahlspruch sein: Warum denn in die Ferne schweifen und, wie heute üblich, die Zutaten für große Küche vom Großmarkt in Paris herbeischleppen, den dabei unvermeidlichen Qualitätsverlust hinnehmend, wo doch unmittelbar vor der Haustür die besten Dinge zu haben sind! Natürlich denkt der leidenschaftliche Jäger, Angler und Sammler vorwiegend an das, was

Vater Konrad Rottner und Sohn Stefan

er von seinen Streifzügen heimbringt. Dort, in der Küche macht sich dann Sohn Stefan an die Zubereitung; er kocht jung und modern, stellt das gute Produkt ganz in den Mittelpunkt. Zusammen mit Ehefrau Claudia führt er das Gasthaus »Rottner« nunmehr in der dritten Generation. Die Eltern allerdings sind noch tatkräftig dabei. »Mein Vater geht zur Jagd«, lacht Stefan, »ich spiel' lieber Fußball.«

Des Vaters Hobby indes ist zum Vorteil der Gäste. Alles, auch Wildenten, Fasanen und Rebhühner (siehe nächste Seite) stammt aus eigener oder der Jagd von Freunden; Forellen, Saiblinge oder Karpfen kommen von befreundeten Teichwirten, die Rottner zuliebe sogar wieder Krebse züchten. Und im Frühjahr, grad richtig zur Spargelzeit, darf Konrad Rottner an den wenigen Fischteichen, die noch schilfumstanden sind, auf Möweneiersuche gehen. Natürlich mit Erlaubnis der Besitzer; und daß er da nicht raubmäßig wildert, versteht sich von selbst. Stammgästen werden diese köstlichsten aller Eier dann aufgetischt, im Laufe eines jener Frühlingsfestessen, von dem die Teilnehmer ein Jahr lang schwärmen. Das beginnt beispielsweise mit Krebsen im Sud, gefolgt von einer Brunnenkressesuppe; danach Morcheln (natürlich selbst gesammelt) mit grünem Spargel (aus der Region), als Hauptgericht Zickleinrücken und zum Dessert schließlich Hollerstäuwele, wie die Kücherl aus Holunderblüten hier heißen. Wenn das kein denkwürdiges Menü ist!

Das Gasthaus »Rottner« liegt vor den Türen Nürnbergs, dort, wo sich die

Krebse, Forellen und prächtiger Saibling

Ausläufer Stadt ins Ländliche verlieren. Im Sommer lockt der Landgasthof mit einem herrlichen Biergarten, in der weinumrankten Laube lassen sich linde Sommerabende genießen. »Als sturen Hund ham's mich verschrien«, schmunzelt Vater Rottner, »weil ich nach dem Krieg alles wieder so aufgebaut und gerichtet hab', wie's vorher war.« Heute haben die anderen das Nachsehen, die mit dem ersten Geld die alten Holztäfeleien resopalisiert und die schönen, aber arbeitsintensiven, weil zu scheuernden Ahorntische ausgetauscht haben.

Ursprünglich hatte Konrad Rottner Chemie studiert. Aber nach dem Krieg ist er doch lieber in den väterlichen Betrieb eingestiegen. Und er hat sich mit wissenschaftlicher Akribie in die Materie eingearbeitet; unterstützt von seiner Frau Irma, die als Bauerntochter ihm in der Praxis durchaus voraus war. Es genügte ihm zum Beispiel nicht, zu lernen, *wie* man Würste macht, es interessierten ihn vielmehr die Zusammenhänge, was *warum* wie wichtig ist, damit Qualität entsteht. Sohn Stefan hat es gut: Er kann auf dieser Vorarbeit aufbauen. Und seine Gäste wissen es zu schätzen!

Zum jungen Wein, Bremser oder Federweißer, gibt's Zwiebelkuchen: auf dünn ausgerolltem Hefeteig gedünstete Zwiebeln, mit Speck und Eierrahm. Großes Bild: Für den Blumenschmuck im Haus brauchen die Rottners keinen Gärtner; die schönsten Sträuße macht der Vater!

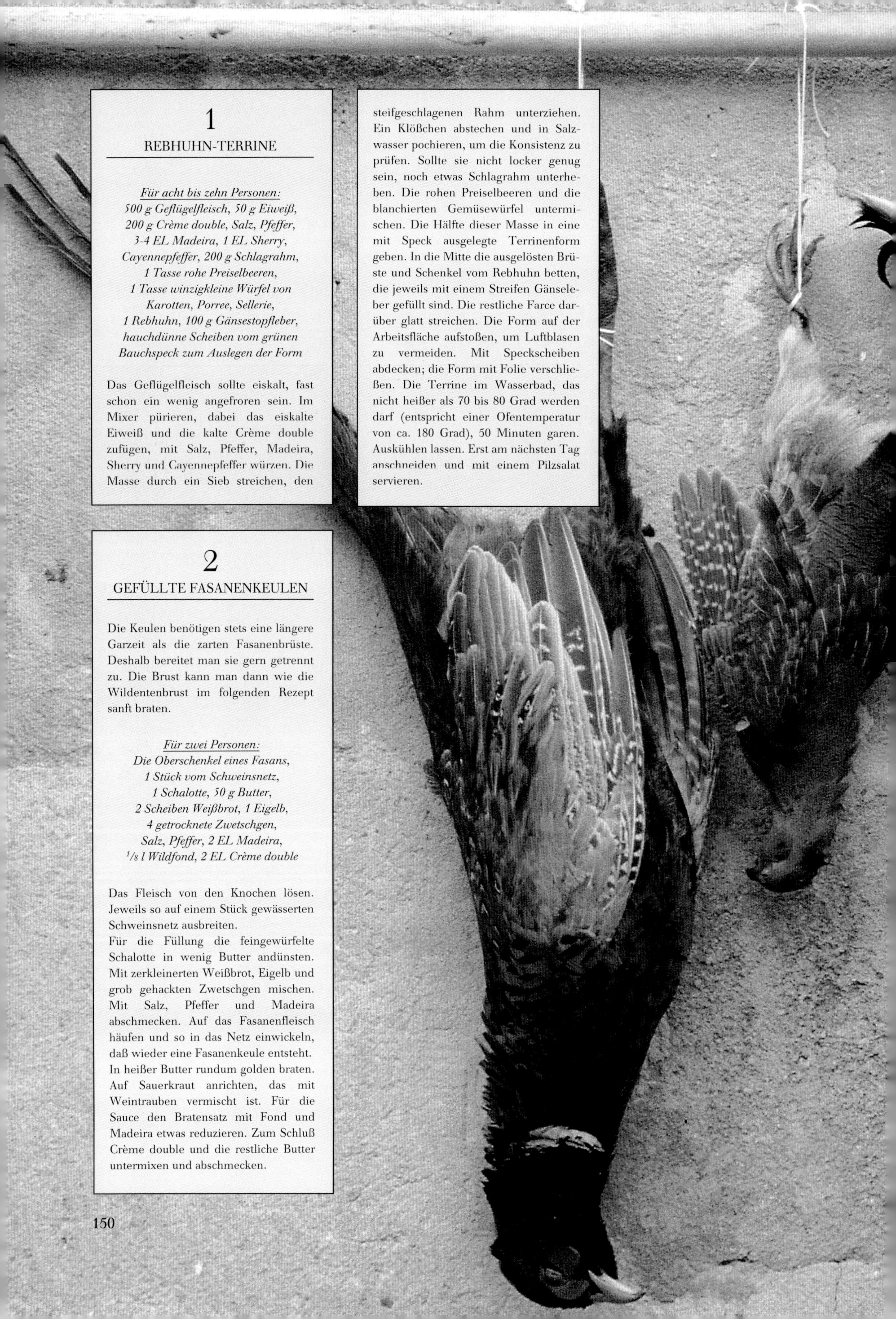

1

REBHUHN-TERRINE

Für acht bis zehn Personen:
500 g Geflügelfleisch, 50 g Eiweiß,
200 g Crème double, Salz, Pfeffer,
3-4 EL Madeira, 1 EL Sherry,
Cayennepfeffer, 200 g Schlagrahm,
1 Tasse rohe Preiselbeeren,
1 Tasse winzigkleine Würfel von
Karotten, Porree, Sellerie,
1 Rebhuhn, 100 g Gänsestopfleber,
hauchdünne Scheiben vom grünen
Bauchspeck zum Auslegen der Form

Das Geflügelfleisch sollte eiskalt, fast schon ein wenig angefroren sein. Im Mixer pürieren, dabei das eiskalte Eiweiß und die kalte Crème double zufügen, mit Salz, Pfeffer, Madeira, Sherry und Cayennepfeffer würzen. Die Masse durch ein Sieb streichen, den steifgeschlagenen Rahm unterziehen. Ein Klößchen abstechen und in Salzwasser pochieren, um die Konsistenz zu prüfen. Sollte sie nicht locker genug sein, noch etwas Schlagrahm unterheben. Die rohen Preiselbeeren und die blanchierten Gemüsewürfel untermischen. Die Hälfte dieser Masse in eine mit Speck ausgelegte Terrinenform geben. In die Mitte die ausgelösten Brüste und Schenkel vom Rebhuhn betten, die jeweils mit einem Streifen Gänseleber gefüllt sind. Die restliche Farce darüber glatt streichen. Die Form auf der Arbeitsfläche aufstoßen, um Luftblasen zu vermeiden. Mit Speckscheiben abdecken; die Form mit Folie verschließen. Die Terrine im Wasserbad, das nicht heißer als 70 bis 80 Grad werden darf (entspricht einer Ofentemperatur von ca. 180 Grad), 50 Minuten garen. Auskühlen lassen. Erst am nächsten Tag anschneiden und mit einem Pilzsalat servieren.

2

GEFÜLLTE FASANENKEULEN

Die Keulen benötigen stets eine längere Garzeit als die zarten Fasanenbrüste. Deshalb bereitet man sie gern getrennt zu. Die Brust kann man dann wie die Wildentenbrust im folgenden Rezept sanft braten.

Für zwei Personen:
Die Oberschenkel eines Fasans,
1 Stück vom Schweinsnetz,
1 Schalotte, 50 g Butter,
2 Scheiben Weißbrot, 1 Eigelb,
4 getrocknete Zwetschgen,
Salz, Pfeffer, 2 EL Madeira,
1/8 l Wildfond, 2 EL Crème double

Das Fleisch von den Knochen lösen. Jeweils so auf einem Stück gewässerten Schweinsnetz ausbreiten.

Für die Füllung die feingewürfelte Schalotte in wenig Butter andünsten. Mit zerkleinerten Weißbrot, Eigelb und grob gehackten Zwetschgen mischen. Mit Salz, Pfeffer und Madeira abschmecken. Auf das Fasanenfleisch häufen und so in das Netz einwickeln, daß wieder eine Fasanenkeule entsteht. In heißer Butter rundum golden braten. Auf Sauerkraut anrichten, das mit Weintrauben vermischt ist. Für die Sauce den Bratensatz mit Fond und Madeira etwas reduzieren. Zum Schluß Crème double und die restliche Butter untermixen und abschmecken.

1

2

3

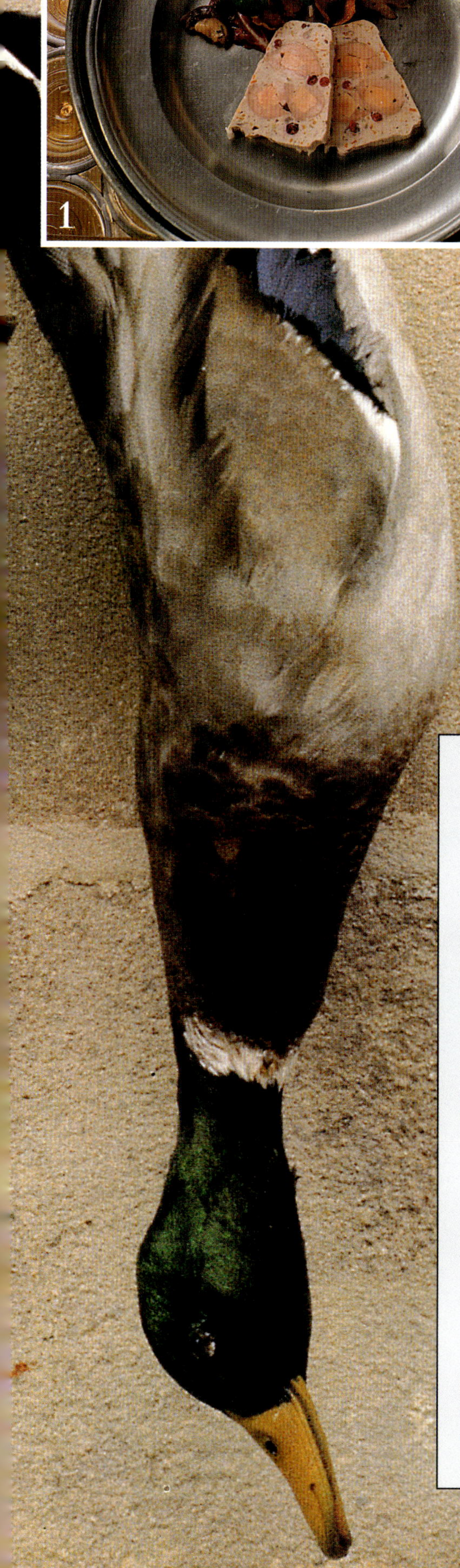

3

WILDENTENBRUST IN HOLLERSAUCE

Holler heißt in Bayern der Holunder, der überall, sogar in den Parks der Großstädte, üppig wächst und im Herbst reiche Früchte trägt. Stefan Rottner macht aus dem Saft einen milden, fruchtigen Essig, indem er die Beeren in mildem Weinessig einige Wochen »auszieht«, also mazeriert. Der Essig wird dann durch ein Tuch gefiltert und in Flaschen abgefüllt.

Für zwei Personen:
2 Wildentenbrüste, Salz, Pfeffer,
2 EL Butterschmalz, 2-3 EL Butter,
2 EL Holleressig, 1/8 l konzentrierter Wildfond, 1 TL Hollergelee,
Kürbisgemüse:
300 g Kürbisfleisch, 2-3 EL Butter,
Salz, Pfeffer, Nelke, Zimt,
1/8 l Geflügelfond

Die Bruststücke häuten, mit Salz und Pfeffer würzen, in heißem Butterschmalz auf beiden Seiten kräftig anbraten. Bei 120 Grad im Ofen 20 Minuten nachziehen lassen, dabei ein Butterstück auf dem Fleisch schmelzen lassen.
Inzwischen für die Sauce den Bratensatz mit Holleressig ablöschen, mit Fond loskochen, etwas reduzieren, das Hollergelee einrühren, mit Butter aufmixen.
Das Kürbisfleisch in kleine Würfel oder dünne Rauten schneiden. In Butter andünsten, mit Salz, Pfeffer, Nelke und Zimt würzen. Hühnerfond angießen und einige Minuten dünsten.
Stefan Rottner serviert dazu Kartoffeltaschen aus Fingernudelteig (siehe das Rezept auf Seite 140), die jedoch hauchdünn ausgerollt sind und mit einer rohen Preiselbeermarmelade gefüllt. Die Preiselbeermarmelade bereitet er natürlich auch selber zu: Und dafür läßt er Preiselbeeren und Zucker (6 kg Früchte auf 2 kg Zucker) in der Küchenmaschine so lange rühren, bis aller Zucker aufgelöst ist. Das muß allerdings auf langsamer Stufe geschehen, nicht im schnellen Mixer, weil sonst nur eine schaumige Masse daraus wird, keine Marmelade. Richtig und geduldig gerührt schmeckt die Marmelade jedoch wunderbar fruchtig und behält außerdem ihre leuchtend rote Farbe.

Ein Herr, der Käse reifen läßt

Maître Affineur steht auf Gerhard Waltmanns Visitenkarte. Ein Fall fürs heitere Beruferaten. Der gestandene Franke aus Erlangen ist als Spezialist für Rohmilchkäse bei den Gastronomen weit über Bayerns Grenzen hinaus berühmt. Die Idee stammt aus Frankreich: die besten Käse werden nicht beim Produzenten bis zu ihrem Höhepunkt gereift; die diffizile Aufgabe der Verfeinerung überläßt man dem Fachmann. Natürlich lohnt nur Käse aus Rohmilch solche Mühe; denn nur der lebt. »Aber«, so Waltmann,

Gerhard Waltmann in einer seiner Reifekammern voller Käse, nichts als Käse!

»sogar in Frankreich ist nur ein Prozent aller Käse aus Rohmilch«.
Seit gut zehn Jahren betreibt Gerhard Waltmann seinen Käseladen im Herzen von Erlangen. Als er der Gesundheit zuliebe sein großes Lebensmittelgeschäft aufgeben mußte, verlegte er sich auf dieses überschaubare, handlichere Spezialgebiet. Die jungen Käse kauft er bei handwerklich arbeitenden Betrieben in Frankreich, Italien und zunehmend sogar in Deutschland, seit man auch hier erstklassige Rohmilchkäse produziert. Die Reifekammern, in denen die richtige Temperatur (8 bis 10°) und Luftfeuchtigkeit (95%) herrschen, hat der mit Leidenschaft nach Qualität strebende Waltmann selbst konstruiert. Hier müssen die Käse monatelang, bestimmte sogar jahrelang reifen. Dabei werden sie immer wieder gewendet und mit Salzwasser gewaschen, manche auch mit Wein, Cidre, Grappa oder Bier, damit sie ihr spezifisches Aroma entwickeln.

EXTRA
DOUX
MOULIN CAREL

Der Fachwerkbau des »Schlenkerla«, Bambergs berühmtester Gaststätte; Blick aus dem gotischen Innenhof der Alten Hofhaltung durch das Tor der Ratsstube, einem herrlichen Renaissancebau, auf die barocke Neue Residenz; die Hl. Kunigunde auf der Unteren Rathausbrücke vor einem prachtvollem Bürgerhaus

Bamberger Impressionen

Aus der Turmhaube des Schlosses Geyerswörth schweift der Blick über das alte Rathaus auf der Insel zwischen zwei Brücken hinüber zum Michaelsberg, der ehemaligen Benediktinerabtei. Von hier oben aus kann man in alle Richtungen schauen und hat einen guten Überblick über die historische Situation der Stadt (Schlüssel gibt's unten): Bamberg setzt sich nämlich aus früher hoheitlich getrennten Bereichen zusammen, die man noch immer deutlich erkennen kann: Die geistliche Stadt mit Dom, Residenz, Klöstern und Stiften auf den Buntsandsteinhöhen; der Sand, ein schmaler Streifen darunter am linken Regnitzarm; die eigentliche Bürgerstadt auf der Regnitzinsel; und jenseits der Regnitz, die inzwischen zum Main-Donau-Kanal geworden ist, die einst ganz vom Gartenbau geprägte Theuerstadt. Von hier kommen, neben anderem köstlichen Gemüse, die berühmten, länglichen, festkochenden Kartoffeln, Hörndl genannt. Im 18. Jahrhundert war Bamberg sogar für grünen Spargel und Ananas berühmt!

Da die Stadt durch Bomben kaum zerstört wurde, verfügte Bamberg nach dem Krieg über die wohl am wenigsten beschädigte Bausubstanz aller deutschen Städte. Allerdings war vieles in beklagenswertem Zustand – doch wurde die gesamte Altstadt rechtzeitig unter Denkmalschutz gestellt. Heute sind auch Gebäude renoviert, für die man das vor 20 Jahren nicht zu hoffen gewagt hätte.

Bamberg blüht wieder, ist eine herrliche Stadt und zieht eine große Zahl von Touristen an. Diese freuen sich nun nicht nur an den vielen eindrucksvollen Antiquitätengeschäften, sondern wollen auch preisgünstig essen. So kommt es, daß in den meisten Gasthäusern eher Allerweltskost, wenn auch stets mit dem Hinweis fränkisch versehen, geboten wird. Ausnahmen bestätigen die Regel.

Berühmteste Bamberger Spezialität ist das Rauchbier, gebraut aus geräuchertem Malz – man kann es in vielen Wirtshäusern versuchen, am besten schmeckt es im Stammhaus, dem »Schlenkerla« unterhalb des Doms.

Krebse aus Bayern!

Es hatte ganz zufällig begonnen, weil ein Onkel seiner Frau an der Allgäuer Mindel ein Fischwasser hatte: Als sie 1968 als letzter bayerischer Fluß begradigt wurde, entdeckte Max Keller im von der Frischwasserzufuhr abgeschnittenen, langsam austrocknenden Altwasser Tausende von toten Krebsen. Niemand hatte den Flußlauf vorher untersucht, alle waren überrascht, daß es hier Krebse gab – man war der festen Meinung, daß die Krebspest, eine im 19. Jahrhundert mit amerikanischen Krebsen eingeschleppte Pilzkrankheit, alle heimischen Krebse vollständig hinweggerafft hatte.

Max Keller fand in einem Gumpen noch ein paar lebende Tiere. Die eine Hälfte setzte er in ein Flüßchen, die andere in den 600 Quadratmeter großen Folienteich seines Vaters. Letztere haben überlebt, die anderen waren nach einem Jahr einfach weg.

Nun begann die Sache Max Keller zu interessieren. Welchen Fachmann er aber auch immer befragte, alle schüttelten den Kopf und meinten, man könne Krebse weder in einem Teich halten, noch in signifikanter Weise vermehren. Er gab nicht auf: Zunächst setzte er ein eiertragendes Weibchen in einen Maßkrug und stellte diesen in seine Sauna; nach drei Wochen schlüpften kleinere Krebschen. Was sollte er mit ihnen machen? Frisches Wasser hatte er auf seinem Grundstück genug, als Nahrung nahm er handelsübliches Fischfutter, als Unterschlupf legte er gelochte Ziegelsteine in große Bassins. Alles ging gut, er hatte Glück.

Jetzt wollte er professionell an die Krebszucht gehen, denn sein Studium ihrer Lebensweise hatte ihm gezeigt, daß die Krebse eine wichtige ökologische Funktion haben: Sie fressen alles Aas, Wasserschnecken, Insektenlarven und überschüssige Wasserpflanzen. Er kaufte eine Fischzucht mit großem Weiher. Doch die Behörden verweigerten ihm, weil er kein gelernter Teichwirt ist, die Genehmigung. Die erlangte er erst, als ein Professor der Münchner Universität dem Ministerium bestätigte, daß er längst *die* Kapazität in allen Krebsfragen ist.

Heute verkauft Max Keller sowohl Satz- wie Speisekrebse, die mit Reusen gefangen und in nasse Holzwolle verpackt versandt werden; sie können im Wasser wie auch in feuchter Luft atmen. Freilich sind Kellers Edel- oder Solokrebse, die mindestens 80 bis 130 Gramm wiegen, nicht billig, denn es steckt viel Arbeit in der Zucht. Außerdem hängt sein Ertrag von der Witterung ab: In warmen Sommern wachsen sie schneller und häuten sich öfter – sie sind voll und ganz abhängig von der Wassertemperatur.

Als Speisekrebse werden, häufig mit Krebspest verseucht, amerikanische Sumpf-, Kamber- und Signalkrebse importiert. Man darf sie auf keinen Fall aussetzen, findet sie dennoch ab und zu auch in unseren Gewässern.

Was unsere Fische umbringt, nämlich Verunreinigungen mit Gülle, macht Krebsen dagegen nichts aus, tödlich wirken allerdings Insektizide. Hauptfeind, neben der Krebspest, sind jedoch die Aale, die überall eingesetzt werden und eine Wiederbevölkerung unserer Gewässer mit den ebenso possierlichen wie wohlschmeckenden Tieren schwierig machen.

Münchens kulinarische Institutionen

»Griaß God, der Herr, brauch'ma no wos?« bellt die Kräuterfrau. »Geht no wos ab, die Dame?« schmeichelt die Gemüsehändlerin. Wo? Auf dem Viktualienmarkt in München, mit scharf gesprochenem V, Deutschlands schönstem Markt für Lebensmittel.
Was in anderen Städten nur ein, zwei Mal die Woche abgehalten wird, findet hier täglich statt. Bereits in aller Herrgottsfrühe herrscht reges Leben: Die Händler kommen vom Großmarkt und richten ihre Auslagen, Schlag sechs Uhr stehen erste Kunden an, begierig, sich die schönste Ware zu sichern. Es gibt schlichtweg alles, was Hausfrauen und Gourmets begehren: Obst, Kräuter, Schwammerl (Pilze) und Gemüse; Fisch, Wild, Geflügel und Fleisch; Brot und Molkereiprodukte, Blumen und Pflanzen; aus heimischer Produktion wie aus der ganzen Welt; hier zu moderaten, dort zu ziemlich stolzen Preisen…
Spätestens um neun machen rundum die Lokale auf. Man hat jetzt kräftigen Hunger: auf frische Weißwürste, Kesselfleisch oder gesottenes Ochsenkron, auf Briesmilzwurst gebacken oder aus dem Sud, auf warmen Leberkäs' und Schmalzgebäck – deftige Kost für schwer arbeitende Menschen. Merke: Wo Marktleute und Möbelpacker einkehren, ist's in München immer gut!
Später am Vormittag beginnen sich die Kunden dann auch in den traditionellen Feinkostläden und Confiserien der Innenstadt zu drängeln. Je nachdem, zu welchen gesellschaftlichen Kreisen man sich zählt, geht man zu »Dallmayr« oder »Käfer«, zu »Rottenhöfer« (den Nachfahren des weiland Hofkochs, siehe Seite 205; in der Residenzstraße) oder »Elly Seidl« (Am Kosttor). Mittags ißt man bürgerlich (Tips nächste Seite) oder fröhnt, bei schönem Wetter, einem urmünchner Vergnügen und geht in den Biergarten

Feinkost Käfer, *in der Nähe des Friedensengels (Bild rechts), gehört zu den internationalen Top-Adressen. Hier kann man nicht nur hervorragend einkaufen, sondern auch ausgezeichnet speisen. Entweder im stets gut gefüllten Restaurant (Reservierung unbedingt erforderlich) mitten unter stets präsenter Prominenz, oder in einem der reich ausgestatteten Salons (Bild links). Die Münchner Gesell-*

schaft kauft hier teuer und wahrhaft standesgemäß ein: Graumelierte Herren mit hübschen Mädels am Arm und brillantenfunkelnde Damen im Pelz, gefolgt vom hauseigenen Diener mit Einkaufskorb und dem Glas Champagner für Madame. »Jawohl, Herr Konsul«, »gewiß, gnädige Frau« erklingt es hier nicht in weichem Wiener Schmäh, sondern in millionendörflichem Charme

Alois Dallmayr – *das traditionsreiche Feinkosthaus in der Dienerstraße. Hier gibt es edle Tees und Kaffees, eine große Auswahl von Weinen, Würsten und Schinken, Hummer, Krebse und Caviar, ausgesuchtes Obst und Gemüse, exotische Produkte, allerlei fertige Saucen, Chutneys und Pasten, die köstlichsten Schnittchen und Salate. Dazu nobles Geschirr und ein Restaurant mit klassischen Spezialitäten: Alles für eine gediegene Klientel*

Boettner: *Seit 1905 gibt es das elegante Restaurant mit Laden in der Theatinerstraße. Roland Hartung, Sohn einer Tochter des Gründers, begrüßt heute die Enkel jener Gäste, denen sein Großvater schon den berühmten Hummereintopf servierte. Küchenchef ist seit 20 Jahren Ernst Soldan; im Laden verkauft Frau Knöpfle seit 44 Jahren ausgewählte Brände und Caviar in Porzellandosen, die Roland Hartung eigens anfertigen läßt*

1

FLUSSKREBSE IN DILLRAHM

Bei »Boettner« bereitet man Krebse nach dem klassischen Rezept vom großen Alfred Walterspiel zu. Sie sind ein erlesenes Vergnügen!

Für vier Personen:
2 kg Flußkrebse, 1 l Wasser,
Salz, 2 Bund Dill,
1 EL Kümmel, einige Pfefferbeeren,
75 g Butter, 1 EL Mehl,
150 g Crème double,
Cayennepfeffer, Zitronensaft

Die Krebse gründlich sauber bürsten. Kopfüber in einen Sud werfen, der aus Wasser mit Salz, den Stielen der Dillzweige, Kümmel und Pfeffer einige Minuten gekocht wurde. Auf gelindem Feuer fest zugedeckt 15 Minuten lang sanft ziehen lassen.

Sobald die Krebse genügend abgekühlt sind, ihr Fleisch ausbrechen. Für die Sauce die Hälfte der Butter erhitzen, das Mehl darin anschwitzen und mit einem Viertelliter eingekochtem Krebssud und Rahm auffüllen. Etwa 20 bis 30 Minuten leise köcheln, bis die Sauce cremig-sanft ist. Die restliche, kühlschrankkalte Butter in Flöckchen mit dem Schneebesen einarbeiten und die Sauce mit Salz, Cayennepfeffer und Zitrone abschmecken. Den feingeschnittenen Dill einrühren und das Krebsfleisch darin behutsam erwärmen.

Dazu paßt Reis, eventuell mit wildem Reis vermischt. Bei Boettner gibt's dazu Champagner oder Meursault.

oder auf den Bierkeller: Wegen des hohen Grundwasserspiegels konnten die Brauereien ihre Keller nicht unterirdisch anlegen, mußten sie halb herausschauen lassen. Damit sie dennoch im Sommer kühl bleiben, bepflanzte man sie mit Kastanien – so entstanden die schattigsten und lauschigsten Plätze für ein durchaus bürgerliches Vergnügen, geboren nach den Kriegswirren der napoleonischen Zeit, als im romantisierenden Biedermeier der sonntägliche Familienausflug Höhepunkt der Woche war.
Heute hat jeder Münchner seinen Lieblingskeller, schwört, daß in seinem Garten der Stoff am besten schmeckt… Beim trotz aller Vorschriften meist schlecht eingeschenkten, weil kräftig aufgeschäumten Bier im gläsernen Maßkrug oder im irdenen Keferloher mag man die persönliche Vorliebe gelten lassen. Doch zu essen gibt es eher einfalls- und anspruchslose Einheitskost. Der Kenner bringt deshalb die Brotzeit selber mit!
Selbst am Viktualienmarkt kann man sich nach kräfteraubendem Marktgefeilsche im Biergarten stärken. Es weht halt ein Hauch von Italien über die Alpen, wie schon Heinrich Heine leise neidisch bemerkte… Und den spüren auch die Besucher, die hier gerne weilen und herumschlendern – freilich ohne Geld auszugeben, was die Marktfrauen veranlaßt, die nichtsahnenden Touristen unvermittelt aus träumerischer Italianitá in Bayerns rauhe Wirklichkeit zurückholen: »Schau, daß'd weiterkimmst, Saupreiß japanischer,« gehört da noch zu den milderen Formulierungen.

Wem der Sinn nach bürgerlichen Tafelfreuden steht, der ist in München richtig: In der Innenstadt, im durchaus altmünchnerischen und zünftigen »Nürnberger Bratwurstglöckl am Dom«, wo man sich an einem großen Tisch zu den Leuten setzen und einen Sechser bestellen sollte, nämlich sechs kleine, über Buchenholz köstlich kroß geröstete Bratwürstchen mit Sauerkraut oder Meerrettich, im eleganteren, weltläufigen »Franziskaner« oder im heimeligen »Spatenhaus«, in der »Pfälzer Weinstube« in der Residenz mit ihrer köstlichen heißen Lyoner, im »Weißen Brauhaus« im Tal, beim »Haxnbauer« oder im herrlich gewölbten »Dürnbräu« wird er gegen Mittag sicher finden, was er sucht

Jetzt im Herbst, wenn die Kastanien fallen und ein letzter heißer Föhntag noch einmal für überraschenden Durst sorgt, ist es in den Biergärten besonders schön! Das Bier wird im »Hirschgarten« zu Nymphenburg noch aus dem Holzfaß ausgeschenkt. Zur Brotzeit gibt's Haxerl, Schnittlauchbrot und Obatzdn: mit Butter, Zwiebel, Kümmel, Paprika und einem Schuß Bier zerdrückter Camembert

Auf der Theresienwiese, unter dem Schutz der Bavaria, tobt alljährlich und bierselig das Oktoberfest – in den letzten beiden Septemberwochen in den Oktoberanfang hinein. Für die Fremden offenbar als teutonisch-bajuwarische Schau der Lebensfreude eine Sehenswürdigkeit, für die Einheimischen folkloristisch verkitschte Selbstdarstellung: auf jeden Fall eine Gaudi, ein unbändiges Vergnügen

Mitten in der Stadt, zwischen Altem Rathaus und Altem Hof, versteckt sich in einer Seitengasse das »Zerwirkgewölbe« von 1264, eines der ältesten Geschäfte Münchens. Hier wurde für die königliche Tafel das Wild zerlegt, zerwirkt, wie der hergebrachte Fachausdruck lautet. Immer noch eine hervorragende Adresse für heimisches und importiertes Wild und Wildgeflügel oder einen kleinen Imbiß

Das Weinhaus »Schwarzwälder«,

Auch der »Schwarzwälder« ist eine Münchner Institution. Gegründet wurde das Haus 1912 von Richard Schwarzwälder, Sohn einer Pfälzer Winzerfamilie. Damals gehörte die Pfalz noch zu Bayern; und Schwarzwälder war nach München gekommen, weil die Residenz- und Hauptstadt natürlich ein wichtiger Markt für die Weine seiner Familie war. Drei Jahre später erbte er das stattliche Haus in der Hartmannstraße. Hier war Platz genug, das Geschäft auszuweiten, Flaschenlager und Faßkeller einzurichten, wo er nicht nur eigene, sondern Weine aus der ganzen Welt reifen ließ. Die Küche von Ehefrau Maria wurde bald weithin gerühmt, und so entwickelte sich die schlichte Weinstube zum hochgelobten Feinschmeckerrestaurant. Die ehrwürdigen, holzgetäfelten Gasträume mit den prachtvollen Gemälden und dem gediegenen Mobiliar machten den »Schwarzwälder« zum schönsten Gasthaus von ganz München. Frau Maria führte den Betrieb auch nach dem Tod

Oberkellner Alfons Vatter ist von Anfang an im »Le Gourmet« (Bild unten) dabei

ihres Mannes noch bis Mitte der sechziger Jahre weiter. Als sie sich für diese Aufgabe nicht mehr stark genug fühlte, wurde der »Schwarzwälder« verkauft, erlebte Zeiten, in denen die gebotene Leistung nicht immer dem noblen Rahmen entsprach.

Seit etwa drei Jahren paßt nun wieder beides gut zusammen. Der Münchner Gastronom Otto Koch hat den Betrieb gepachtet und die Möglichkeiten, die in diesem großen Bau schlummerten, ohne gravierende Veränderungen zu einem sinnvoll genutzten Imperium ausgebaut: Im Erdgeschoß das klassische Restaurant »Schwarzwälder«, wo man Altmünchner Spezialitäten, Tafelspitz, Böfflamott oder ein sauber paniertes Schnitzel neben Otto Kochs eigenen Klassikern serviert (siehe

Otto Koch und sein »Le Gourmet«

übernächste Seite). Das frühere Ladengeschäft am Eck wurde vergrößert und zum »Bistro«; hier kann man sich nach dem Einkaufsbummel stärken. Der legendäre Weinkeller wird nicht nur als Lager, sondern für Weinproben und Empfänge genutzt. Für letztere steht außerdem noch ein »Stüberl« zur Verfügung. Im ersten Stock schließlich Otto Kochs ureigenes Kind, das besternte Feinschmeckerrestaurant »Le Gourmet«, mit dem er aus einer eher unwirtlichen Gegend nunmehr in die elegantere Innenstadt gezogen ist.

Anfang der siebziger Jahre hatte der junge Koch sich selbständig gemacht und ganz mutig seine Eckwirtschaft gegenüber den Messehallen »Le Gourmet« genannt. Es war die Zeit des Aufbruchs in der deutschen Gastronomieszene. Als Bayer mit Leib und Seele hatte Otto Koch sich vorgenommen, der Küche seiner Heimat den gebührenden Stellenwert zuzumessen, indem er auch die einfachen Dinge so sorgfältig und liebevoll zubereitete, wie es sich gehört. Als »mei Küch'« tischte er schon damals so »ordinäre« Dinge wie Kutteln auf, allerdings mit Trüffeln; es gab Blutnudeln, Schillerlockensoufflé auf Linsen oder Ragout aus Hahnenkämmen. Gerichte, deren Modernität seine Gäste heute bestaunen. Aber damals hatte er seine liebe Not, sie zu verkaufen. Die Durststrecke, bis er endlich Anerkennung fand, dauerte Jahre. Aber ein gestandener Bayer läßt sich nicht beirren, vor allem, wenn er weiß, daß er recht hat. Und daß er damals recht hatte, dafür sind »Le Gourmet« und »Schwarzwälder« heute Beweis. Dabei ist Koch sich und seiner Küche treu geblieben: nur treffen seine kräftigen Aromen, intensiven Würzen und konzentrierten Saucen inzwischen auf mehr Verständnis.

Otto Koch mit seiner amerikanischen Frau Laureen. Unten: Ein Blick ins Bistro

1

KALBSFUSSRÖSTI

Für vier Personen:
1 Kalbsfuß, 3/4 l Gemüsebrühe,
2 EL Butterschmalz, Salz, Pfeffer

Den Kalbsfuß in Gemüsebrühe zwei Stunden lang weich kochen. Sobald er abgekühlt ist, das Fleisch mit der Haut vom Knochen lösen. Streifen von Pommes-frites-Stärke daraus schneiden. In einer beschichteten Pfanne in etwas heißem Schmalz knusprig braten, dabei salzen und pfeffern und zum Rösti formen. Mit golden gebratenen Kartoffelscheiben anrichten. Dazu gibt es eine Schnittlauchvinaigrette, die die mächtige Sache ein wenig leichter macht.

2

KARTOFFELCHARTREUSE MIT OCHSENSCHWANZ

Für vier Personen:
1 kg Ochsenschwanz, je 2 Karotten, Zwiebeln und Porreestangen, 1 Sellerieknolle, 2 Lorbeerblätter, je 1 TL Piment-, Wacholder- und Pfefferbeeren, 4-6 mittelgroße festkochende Kartoffeln, Butter für die Förmchen

Den Ochsenschwanz mit Wasser bedeckt aufsetzen. Von den Gemüsen jeweils eine Tasse winzig klein gewürfelt beiseite stellen, den Rest grob zerkleinert mit den Gewürzen zum Ochsenschwanz geben. Etwa zweieinhalb bis drei Stunden zugedeckt sanft garkochen. Abkühlen, das Fleisch von den Knochen lösen und zentimetergroß würfeln. Die Gemüsewürfel in wenig Brühe knackig garkochen.
Die Kartoffeln schälen, auf der Aufschnittmaschine in hauchdünne Scheiben schneiden, in Salzwasser blanchieren. Gebutterte Portions-Souffléförmchen damit akkurat auskleiden. Jeweils ein Blatt Alufolie einlegen, ein passendes zweites Förmchen hineinsetzen, das verhindern soll, daß die Kartoffelscheiben vom Rand rutschen. Bei 250 Grad im Backofen golden backen. Die Füllung aus Ochsenfleisch und Gemüse darin verteilen. Mit blanchierten Kartoffelscheiben abdecken. Mit Butter einpinseln. Erneut in den Ofen schieben, etwa 10 Minuten backen, bis auch die Abdeckschicht goldbraun geworden ist. Otto Koch richtet die Kartoffelchartreuse mit feinen Gemüsen an.

3

AMOURETTES MIT ARTISCHOCKEN

Für vier Personen:
Kalbsrückenmark (beim Metzger rechtzeitig bestellen),
Salz, Pfeffer aus der Mühle,
Mehl zum Bestäuben,
Butterschmalz zum Ausbacken,
2-4 Artischocken (nach Größe),
2 EL Olivenöl, 3-4 EL Bratenjus

Das Rückenmark über Nacht wässern. Das Wasser immer wieder wechseln. Dann die Haut einritzen und abziehen. Das Mark in Portionsstücke schneiden, salzen, pfeffern, mit Mehl bestäuben und in reichlich Schmalz goldbraun backen – wie Pommes frites.

Die Artischocken bis auf ihre Böden von Blättern befreien, die gesäuberten Böden in dünne Scheiben schneiden. In Olivenöl braten, dabei salzen und pfeffern. Mit etwas Bratenjus ablöschen.

Otto Koch richtet die Amourettes als kleinen Stapel aufeinandergeschichtet an und umgießt sie mit Bratenjus.

4

SCHOKOLADENMOUSSE

Otto Koch packt die Mousse in einen Mantel aus Baumkuchen und gibt ihr die Form eines Baumstammes. Auf dem Teller wirkt die darüber gesetzte Vanillesauce wie die Laubkrone eines Baumes in der Pistazienkerne, Granatapfelperlen und Himbeermarktupfen die Früchte markieren. Das ist anspruchsvolle Patisserie, für den Haushalt zu aufwendig. Deshalb hier nur das Rezept für die Schokoladenmousse.

Für vier bis sechs Personen:
2 Eigelb, 2 EL Zucker, 1 Tütchen Vanillezucker, 1 EL Grand Marnier,
150 g bittere Schokolade,
200 g Schlagrahm

Eigelb im Wasserbad dick und heiß schlagen, dabei Zucker, Vanillezucker und Grand Marnier zufügen. Die Schokolade schmelzen und in die warme Eiermasse rühren. Sobald sie abgekühlt ist, den steifen Schlagrahm unterziehen. In Portionsförmchen kalt stellen.

1

2

3

4

1
FALSCHE PRINZREGENTENTORTE

Einer der ganz großen Klassiker von Otto Koch; ein Paraderezept, für das er schon viele Komplimente bekommen hat.

Für vier Personen:
Crêpes:
100 g Mehl, 50 g zerlassene Butter, 4 Eier, 1/8 l Wasser, 1/4 l Milch, Salz, Butter zum Backen
Füllung:
400 g Champignons, 20 g Morcheln, 1/8 l Milch, 50 g Schalotten, 50 g Butter, Petersilie, Salz, Pfeffer
Madeirasauce:
1/4 l brauner Kalbsfond, 50 g Butter, ein Schuß Madeira, 1 TL Trüffelwürfel

Die Zutaten für die Crêpes im Mixer zu einem dünnflüssigen Teig verarbeiten. Etwa eine halbe Stunde ruhen lassen, damit sich der Kleber im Mehl entwikkeln kann. Acht sehr dünne Pfannkuchen daraus backen. Die Pfanne nur hauchdünn mit Butter einstreichen.
Für die Füllung die Champignons durch den Fleischwolf drehen, auf einem Blech ausbreiten unnd zwei Stunden an der Luft stehen lassen, damit die Pilze sich dunkel färben. Die Morcheln mit kochender Milch überbrühen und etwa eine Stunde einweichen.
In einer großen Pfanne die gewürfelten Schalotten in Butter andünsten, Champignons und gehackte Morcheln zufügen und solange unter Rühren dünsten, bis aller zu Beginn ausgetretene Saft verdampft ist. Gehackte Petersilie zufügen, salzen und pfeffern.
Pilzmasse noch heiß auf den kalten Crêpes verteilen und glatt streichen. Übereinanderstapeln, der oberste Pfannkuchen bleibt leer. Die Torte kalt stellen.
Für die Sauce Kalbsfond um die Hälfte einkochen, mit eiskalter Butter aufmixen, mit Madeira, Salz und Pfeffer abschmecken. Die Trüffel einrühren.
Zum Servieren die Torte mit sehr scharfem Messer, das immer wieder in heißes Wasser getaucht wird, in Stücke schneiden, auf Tellern anrichten, über Dampf oder in der Mikrowelle erwärmen. Mit der heißen Sauce überziehen.
Otto Koch verziert jedes Tortenstück mit einem zierlich geschnitzten, gekochten Champignon.

2
WEISSWURST VON MEERESFRÜCHTEN

Für vier Personen:
250 g Garnelen-, Hummer-, Scampifleisch oder Fischfilet, 3 Eiweiß, 1/4 l Rahm, Salz, Pfeffer, Schnittlauch, Schafsaitlinge (beim Metzger bestellen)

Wirsing mit Senfsauce:
300 g Wirsingblätter, Salz, 75 g Butter, Pfeffer, Muskat, 1/4 l Fischfond, 1/4 l Rahm 0,1 l trockener Weißwein, 2 TL grober Senf

Fisch- oder Meeresfrüchtefleisch etwas anfrieren, im Mixer fein pürieren, dabei langsam das ebenfalls eiskalte Eiweiß

und den eiskalten Rahm zufügen. Die Masse mit Salz und Pfeffer würzen. Schnittlauchröllchen unterrühren.
Mit einer Spritztülle in die ausgewaschenen Schafsdärme füllen und Würstchen von etwa zehn Zentimetern Länge abdrehen. In Salzwasser vier Minuten garziehen lassen.
Den Wirsing in Salzwasser blanchieren, in feine Streifen schneiden und in zwei Eßlöffeln Butter andünsten. Mit Salz, Pfeffer und Muskat würzen.
Für die Sauce Fischfond, Rahm und Weißwein einkochen. Die restliche Butter mit dem Schneebesen unterschlagen, den Senf zufügen; die Sauce kräftig abschmecken.
Zum Servieren den Wirsing auf Tellern verteilen. Die Weißwürstchen aus ihrer Haut lösen und darauf anrichten. Die Sauce aufmixen, abschmecken und gleichmäßig darübergießen.

3

GRATINIERTES RINDERMARK AUF KARTOFFELPÜREE

Im »Schwarzwälder« wird dieses Gericht in einem längs halbierten Markknochen serviert; im Haushalt wird man sich diese Mühe sparen. Man kann das Püree auch in Portionsförmchen füllen.

Für vier Personen:
4 große Markknochen,
4 mittelgroße mehlige Kartoffeln,
0,1 l Milch, 1 EL Butter, Salz, Pfeffer,
Schnittlauch

Das Mark vorsichtig herauslösen. 24 Stunden wässern.
Die Kartoffeln kochen, noch heiß durch die Presse drücken, mit der heißen Milch und der Butter verrühren, salzen und pfeffern. Das Püree sollte sehr trokken wirken. In Förmchen füllen, mit Markscheiben belegen und unter dem Grill kurz erwärmen, bis das Mark heiß geworden ist. Es salzen, pfeffern und mit Schnittlauch bestreuen.

4

WALNUSSAUFLAUF MIT APFELSAUCE

Für vier Personen:
1/2 l Milch, 250 g karamelisierte
Walnüsse, 4 Eigelb, 50 g Zucker,
5 Blatt Gelatine, 20 g Nougatmasse,
250 g Schlagrahm
Apfelsauce:
3 Äpfel, 1/4 l Weißwein,
2 EL Zimtzucker, je ein Schuß Sekt
und Zitronensaft

Milch aufkochen, 100 Gramm Walnüsse zerkleinern und darin ziehen lassen. Eigelb mit Zucker im Wasserbad dick und heiß schlagen, die kochendheiße Walnußmilch zufügen und nunmehr so lange auf mittlerem Feuer rühren, bis die Masse dicklich wird. Die eingeweichte Gelatine darin auflösen. Nougat und restliche, ebenfalls zerkleinerte Walnüsse unterrühren. Schließlich den steifen Schlagrahm unterziehen. In Portionsförmchen verteilen und im Kühlschrank fest werden lassen.
Für die Sauce die Äpfel schälen, vierteln und entkernen. Einen Apfel in möglichst exakte Rauten schneiden, mit etwas Sud aus Weißwein, Zimtzucker, Sekt und Zitronensaft bedecken. Im restlichen Sud die übrigen Äpfel weich kochen, zu feinem Mus mixen und abkühlen lassen. Das Dessert wie auf dem Photo hübsch anrichten.

Vom Almbetrieb und wahrem Bergkäse

Das Allgäu ist ein Urlaubsziel wie aus dem Bilderbuch. Die Landschaft wirkt niedlich und putzig, die Berge sind nicht schroff und abweisend, sondern mit dem leuchtenden Grün satter Weiden überzogen wie von weichem, kuscheligem Samt. Von den ins Tal sanft hinunterschwingenden Hängen grüßen, wie mit lockerer Hand hineingestreut, einzelne Höfe; weiter oben dann nur noch Kühe, die sich scheinbar federleicht und mühelos gegen die Steigung stemmen, um ihre Lieblingsmahlzeit, saftige Gräser und würzige Blumen, aufzuspüren. Die Glocken, die sie an breiten Lederriemen um den Hals tragen, sind weithin hörbar, ein vieltöniger, beruhigender Klang. Hier ist die Natur noch in Ordnung, denkt der urlaubende Städter, hier kann er sich's wohlsein lassen.
Tatsächlich aber sind die satten Matten Kulturlandschaft, von Menschenhand geschaffen. Naturbelassene Alpen wären mit dichtem Urwald und häßlichem Gestrüpp überzogen, von Idylle keine Spur. Schon vor Jahrhunderten haben Bergbauern abgeholzt, was möglich war, um der unwegsamen Gegend Almen abzutrotzen.
Für die Bauern im Tal ist ihr ererbter Weidegrund hoch oben immer noch wertvoll; jedes Frühjahr schicken sie ihre Kühe hinauf zur Alpe, wie man im Allgäu die Almen nennt. Denn hier können die Kühe sich ihr Futter selber suchen, müssen keine Silage fressen, sondern finden frisches Gras oder bekommen Heu von ungedüngten

Für den kleinen Elias, den Sohn der Sennleute, ist die Alpe noch ein Paradies

Dienst, der Spaß macht: Walter Fink und Engelbert Lipp von den Allgäu-Käsereien

Sennerin Vroni, Peters Frau, bewirtet auf der zweiten Schlappoldhütte Wandersleut'

Wiesen; dafür spenden sie bessere, fettere Milch. Die meisten Bauern haben sich zu Genossenschaften zusammengeschlossen, die jeweils den Sennbetrieb verwalten.

Die Schlappoldalpe oberhalb von Oberstdorf besteht aus zwei Hütten, eine auf halber Höhe, die andere knapp unterhalb der Bergstation der Fellhornbahn. Es führt auch eine Fahrstraße hinauf, allerdings nicht für jedermann. Etwa 80 Tiere hat Peter Ritter, der Senn von der Schlappoldalpe, zu betreuen. Im Laufe des Sommers treibt er sie von der tiefergelegenen Hütte zur Berghütte hoch, wo die Vegetation erst später genügend Futter bietet. Und im Herbst macht er, sobald es oben nicht mehr lohnt, wieder an der unteren Hütte Halt, bevor er die Tiere endgültig zur Viehscheid ins Tal führt, wo die Bauern ihr Eigentum wieder in Empfang nehmen. Jeder Bauer darf entsprechend seinem Weideanteil eine bestimmte Anzahl Kühe hinaufschicken, die Alpe beschlagen, wie man das nennt. Für die Milch, die seine Kühe täglich produzieren, bekommt er Milchgeld; will er Käse, muß er ihn kaufen. Der Senn erhält als Lohn für seine Arbeit ein sogenanntes Weide- und Verrichtgeld. Außerdem geht die Bewirtschaftung der Hütte auf seine Rechnung. Und die Schweine, die Peter Ritter hält, die er mit Molke köstlich mästen kann, sind ebenfalls sein Verdienst. Ein Teil des Käse verkauft Vroni, Peters Frau, an die Wandersleute, die den Sommer über einkehren, natürlich auch die Butter, die erfrischende Buttermilch und Molke. Die meisten Käselaibe allerdings gehen ins Tal, wo sich die großen Käsebetriebe um die Vermarktung kümmern. Bisher wurde auch der dort erzeugte Käse einfach als Allgäuer Bergkäse gehandelt. Mittlerweile weiß man jedoch die Qualität eines wahren Bergkäse, der wirklich aus Milch von glücklichen Kühen auf den Alpen gewonnen wird, besser hervorzuheben. Der Verbraucher kann sie am Qualitätssiegel erkennen. Es lohnt sich, darauf zu achten!

Allgäuer Käsespezialitäten: Bergkäse mit dem Echtheitssiegel, das garantiert, daß er von der Alpe stammt.
Oben: Herzhafter Romadur und Weißlacker, sehr würzig, raß, wie man hier sagt; besonders gut zum Bier

Peter Ritter, der Senn von der Schlappoldalpe, mit einem stattlichen Käselaib. Er hat ganz schön daran zu schleppen: zwischen 28 und 40 Kilogramm bringt einer auf die Waage. Das genaue Gewicht hängt davon ab, wieviel Milch an einem Tag erzielt und verarbeitet wurden. Seine Größe wird über das Verhältnis zwischen Durchmesser und Höhe bestimmt; die Form beruht auf uralter Tradition. Man weiß aus Erfahrung, daß ein Käselaib mit diesen Proportionen am besten gelingt; man weiß jedoch bis heute immer noch nicht ganz genau, warum. Das Käsemachen lernen die Sennen in den Käsereien im Tal. Zur Ausbildung gehört auch die Arbeit auf Almen in der Schweiz. Nur wer ein paar Jahre mit einem erfahrenen Käsemeister hat zusammenarbeiten können, bekommt die Verantwortung für eine Alpe anvertraut. Schließlich liegt ein Vermögen in seiner Hand. Auch der gewaltige Kupferkessel im »Höfle« der Schlappoldalpe stammt aus der Schweiz. Er faßt weit über tausend Liter. Abends und morgens werden die Kühe gemolken. Die Leistung jeder einzelnen wird gewogen, auf einer Schiefertafel vermerkt und ins Milchbuch eingetragen. Die Abendmilch bleibt über Nacht stehen, wird am Morgen entrahmt (aus dem Rahm werden Butter und Buttermilch), schließlich mit der Morgenmilch vermischt und mit Lab versetzt. Im Käsekessel wird die Milch erwärmt. Nach einer guten halben Stunde ist sie geronnen, dick geworden. Nunmehr wird sie geschnitten; mit einer sogenannten Käseharfe durchteilt der Senn die Masse, indem er möglichst gerade und exakte Linien zieht. Wenn die Milchmasse wie fein gewürfelt wirkt, läßt er sie etwa eineinhalb Stunden stehen, wobei die Temperatur die ganze Zeit über möglichst gleich gehalten wird. Sie darf nicht geringer sein als 32,5 Grad, aber auch nicht höher – sonst wäre es kein Rohmilchkäse mehr! Schließlich wird mit Hilfe des Käseleinens die Käsemasse herausgeschöpft: Der Senn fährt, das Tuch über einen biegsamen Rahmen gespannt, mit weit auseinandergestreckten Armen unter die Käsemasse, hält dabei die zwei oberen Zipfel mit den Zähnen fest und knüpft schließlich alle vier Zipfel an den mächtigen Haken über dem Kessel, der ihm hilft, den gewaltigen Frischkäseballen aus der Molke zu heben. Die Masse wird nunmehr einen Tag lang in Holzformen gepreßt, kommt schließlich für drei bis vier Tage in ein Salzbad, damit sich eine Rinde bilden kann. Und dann läßt man die Laibe im Keller reifen, wobei sie hohe Luftfeuchtigkeit brauchen und eine gleichmäßige, kühle Temperatur. Im Reifekeller der Schlappoldalpe bleibt sie jahraus jahrein bei acht bis zwölf Grad; ganz gleich ob gerade Hitzewelle herrscht oder grimmigster Winter.

Bäuerliches im schönen Leitzachtal

Was ist das? »Es muß so zach sein, daß man'n Hund d'mit aus'm Häus'l aus-zieh' ko«. So zäh, daß man damit einen Hund aus seiner Hütte ziehen kann? Die Antwort auf die Frage, was »Kiachä« sind, scheint schwierig. Denn was soll gut an einem zähen Küchlein sein? Soviel ist sicher, Kiachä haben nichts mit dem allseits bekannten Schmalzgebäck zu tun. Und sie sind im Leitzachtal eine Lieblingsspeise.

Das weitgeschwungene Tal östlich des Schliersees liegt ein wenig abseits des touristischen Trampelpfades und hat sich seine Ursprünglichkeit noch besser erhalten können, als die von Fremden überlaufenen Gebiete rund um Schlier- oder Tegernsee. In dieser sanften Alpenlandschaft lagern breit und behäbig stattliche Höfe inmitten weitläufiger Weiden, einige über und über prachtvoll bemalt. Vor manchem Haus trocknen die Milchkannen, kopfüber auf die Bank gestülpt, in den Vorgärten leuchten die Stockrosen mit den Rosenkugeln um die Wette, die Balkone drohen herunterzubrechen unter der Last der üppigen Geranienblüten. Eine Gegend, die einem das Herz aufgehen läßt.

Waltraud und Hans Maier sind hier aufgewachsen, sie sind stolz auf ihr Land, und als sie von unserem Buchprojekt hören, wollen sie uns zeigen, was man im Wirtshaus nicht mehr finden kann. Die *Zwuler* zum Beispiel, da kriegt der Hans gleich ganz hungrige Augen, weil er die so gerne ißt. Und der Semmelknödelsalat, und das Saure Kartoffelg'müs. Und wir kriegen alles aufgetischt, was ihnen an einfacher Bauernküche gerade einfällt (siehe nächste Seite). Und die Kiachä! Kaum eine Bäuerin macht sie mehr, schon weil es so unendlich viel Arbeit ist. Die Nachbarin schließlich zeigt uns dann Schritt für Schritt, wie es geht. Damit das Rezept nicht in Vergessenheit gerät.

Und als wir am Ende in ein warmes, frisches Kiachä beißen, wissen endlich auch wir, warum es »zach« sein muß: Aber es läßt sich nicht beschreiben . . .

Das Kiachä-Kochen ist eine Heidenarbeit. Am Vorabend muß die Bäuerin daran denken, das Mehl an die laue Seite des Küchenherds zu stellen, damit es schön warm und locker wird. Zum Teigmachen nimmt sie eine wunderschöne, uralte Schüssel aus Birnenholz, das sogenannte »Nudelmuatterl«. Leider gibt es heute keine »Muatterlschnitzer« mehr, darum muß man diese Schüssel sorgsam behandeln und immer wieder flicken, sollte sie mal brechen. Angesetzt wird der Vorteig mit Milch und Hefe, später kommt noch Topfen dazu. Der Teig wird kräftig durchgewalkt und zum Gehen auf einem Dreifuß auf den Herd gestellt. Dann werden tennisballgroße Kugeln geformt, jede zu einem Fladen ausgerollt. Sie werden erneut zum Gehen warm gestellt. Inzwischen erhitzt die Bäuerin in einem breiten eisernen Tiegel Butterschmalz und stellt schon mal die gelochte Abtropfschale bereit. Einzeln werden die Teigfladen nun im heißen Schmalz gekocht, wobei sie sich dick aufplustern

KIACHÄ
KÜCHLEIN

Für etwa 60 Stück:
1800 g Weizenmehl,
1200 g Roggenmehl, 80 g Salz,
1 Würfel Hefe (42 g), 1 und ³/₈ l Milch,
1 TL Zucker, 500 g Magertopfen,
Butterschmalz zum Ausbacken

Das Mehl am besten schon am Abend vorher auf die Heizung stellen, damit es durchwärmt und schön trocken wird. Mit dem Salz mischen, in eine Rührschüssel füllen. In die Mitte eine Vertiefung drücken. Dorthinein die in ¹/₄ l lauwarmer Milch aufgelöste Hefe gießen, mit dem Zucker und etwas Mehl vom Rand zu einem Brei mischen. Zugedeckt an warmem Ort 20 Minuten sich verdoppeln lassen. Dann die restliche warme Milch und den vorgewärmten Topfen untermischen. Den Teig schließlich in zwei Portionen teilen, weil er sich so besser bearbeiten läßt. Er muß so lange gründlich durchgeknetet werden, bis er weich und glatt erscheint. Beide Portionen wieder miteinander vermischen und durchkneten. Mit einem Tuch zugedeckt eine Stunde gehen lassen.

Dann wieder in zwei Portionen teilen, jeweils eine armdicke Rolle formen, davon zweifingerstarke Scheiben schneiden; diese zu Kugeln formen, jede Kugel mit dem Wellholz zu halbzentimeter dünnen Fladen ausrollen. Zwischen gewärmten Tüchern aufbewahren, bis aller Teig verarbeitet ist.

Das Backen geschieht bei hoher Hitze und wirkt sehr gefährlich: Das Schmalz so lange erhitzen, bis blauer Rauch emporsteigt. Jeweils einen *Kiachä*-Fladen einlegen, er explodiert geradezu im heißen Fettbad und plustert sich zu einem runden Kissen auf. Sobald es an der Unterseite gebräunt, drehen und auch die zweite Seite bräunen. Dabei mit der Fleischgabel einstechen, damit die Luft entweichen kann.

Im Gegensatz zu *Auszogenen*, die bekanntlich in der Mitte hell sind und außen braun, behalten die *Kiachä* außen einen weißen Rand und werden in der Mitte appetitlich braun.

Die ganze Liebe des Maierhans gehört den Haflingerpferden, die er züchtet.
Wann immer ihm sein Dienst als Polizist Zeit dazu läßt, ist er bei ihnen. Behütet von seinem Stumpen, der natürlich vom Gottfried Schatz stammt, dem *Hutmacher vom Tegernsee: »Der Bayer nimmt seinen Hut nur zum Essen ab, und in der Kirch'«*

Margarethe Maier, hier mit den Schwiegereltern beim Mittagessen im Herrgottswinkel ihres Häuschens, das sich sehr praktisch an ihr Elternhaus anbauen ließ, als sie und ihr Hans heirateten. Das Haupthaus, den prächtigen Wiedenhof, mit herrlichen alten Lüftlmalereien reich geschmückt (Photo ganz links), bewohnt ihr Vater. Ein solches Erbe zu pflegen kostet viel Mühe. Die Maiers lieben ihre Heimat, kennen ihre Historie ganz genau und wissen sehr wohl zwischen wahren Traditionen und Kitsch oder Folklore zu unterscheiden. Am Hochzeitstag trug Hans, wie es sich für eine bäuerliche Trauung schickt, das schwarze Bauern-g'wand, mit den engen Hosen, die ab der Wade weiter werden, und auf dem Kopf den flachen »Scheibling«. Margarethe bekam für ihren Ehrentag, wie es Brauch ist, ihre Festtagstracht angemessen, die sie ihr Leben lang an Feiertagen tragen wird

1
SEMMELKNÖDELSALAT

Schmeckt so gut, daß man beim nächsten Mal unbedingt schon einplanen sollte, daß etwas übrig bleibt, wenn es Semmelknödel als Beilage gibt.

Für vier Personen:
Semmelknödel (8 Stück):
350 g Knödelbrot (oder altbackene Semmeln in dünnen Scheiben), ca. 150 g Milch, Salz, Pfeffer, Majoran, 1 Zwiebel, 2 EL Butter, 3 Eier, 1 Bund Petersilie

Für den Salat:
2 Zwiebeln, 3-4 EL Obstessig, 4 EL neutrales Öl, Salz, Pfeffer, Schnittlauch

Das Knödelbrot in einer Schüssel mit kochender Milch benetzen und einweichen. Nicht alles auf einmal hineinschütten – wieviel man braucht hängt von der Beschaffenheit des Knödelbrots ab! Mit Salz, Pfeffer und zwischen den Fingern zerriebenem Majoran würzen. Die in Butter gedünstete, feingewürfelte Zwiebel zufügen, die Eier und feingehackte Petersilie. Mit den Händen gründlich mischen und eine halbe Stunde durchziehen lassen. Tennisballgroße Knödel formen, in Salzwasser 20 Minuten garziehen lassen.
Für den Salat die abgekühlten Knödel in Scheiben schneiden, die Zwiebeln in Ringe hobeln. Mit einer Marinade aus Essig, Öl, Salz, Pfeffer und reichlich Schnittlauch anmachen.

2
SAURES KARTOFFELG'MÜS

Für vier Personen:
2 EL Butterschmalz, 1 Zwiebel, 1 gehäufter EL Mehl, 1/4 l Brühe, 3 Wacholderbeeren, 1 Lorbeerblatt, 5 Pfefferkörner, 1 Bund Petersilie, 750 g gekochte Kartoffeln, Salz, Pfeffer, Essig zum Abschmecken

Im heißen Butterschmalz die feingewürfelten Zwiebel andünsten, mit Mehl bestäuben und mittelbraun anschwitzen. Mit Brühe ablöschen, die Gewürze zufügen und 20 Minuten leise köcheln. Die feingehackte Petersilie und gewürfelten Kartoffeln einrühren. Das Kartoffelgemüse mit Salz, Pfeffer und Essig kräftig und säuerlich abschmecken. Fleischwurst (*Leoni*) am Stück oder in Scheiben darin erwärmen.

3
ZWULER MIT SAUERKRAUT

Für vier Personen:
1 kg gekochte Kartoffeln vom Vortag, ca. 100 g Mehl, 2 EL Butterschmalz, 1-2 EL Öl, Salz, Pfeffer
Sauerkraut:
2 EL Butterschmalz, 1 große Zwiebel, 2 Knoblauchzehen, 3-4 Salbeiblätter, 1 TL Kümmel, 3 Wacholderbeeren, Muskat, 1 kg Sauerkraut, 1/4 l Gemüsebrühe, Salz, Pfeffer, nach Belieben ein Stück grünes oder geräuchertes Wammerl (Bauchfleisch oder Bauchspeck)

Die Kartoffeln pellen und nicht zu grob raffeln. In einer Schüssel mit Mehl bestäuben und lose mit den Händen durchschaffen, bis die Flocken trocken und locker wirken. Sofort in einer großen Pfanne im heißen Butterschmalz verteilen – der Boden sollte eben bedeckt sein, notfalls portionsweise arbeiten. So lange zugedeckt braten, bis die Flocken an der Unterseite goldbraun geworden sind, dann mit der Bratschaufel umwenden – *zerwühlen*, daher der Name –, dabei einen Schuß Öl in die Pfanne gießen. Dadurch werden die *Zwuler* lockerer. Nunmehr salzen und pfeffern, unter gelegentlichem Umwenden braten, bis die Kartoffelflocken knusprig und goldbraun sind.
Für das Kraut die gehackte Zwiebel und Knoblauch im Schmalz andünsten, Gewürze zufügen, das Kraut aufgelokkert zufügen und untermischen. Mit Brühe auffüllen, salzen und pfeffern. Wer mag, legt das Stück Schweinebauch oder -speck obenauf. Zugedeckt eine Stunde sanft köcheln.

4
HOLLERLIKÖR

Für ca. 1,5 l:
1 l Holundersaft (im Dampfentsafter ohne Zucker entsaftet), 300 g Zucker, 1 Tütchen Vanillezucker, 1 Zimtstange, 1/4 l Rum

Saft, Zucker, Vanillezucker und Zimt eine Viertelstunde leise köcheln. Abkühlen lassen, erst dann den Rum zufügen. In Flaschen hält sich der Likör mehrere Monate – sofern er nicht, was sehr wahrscheinlich ist, zuvor ausgetrunken wird.

Die Hausberge im Tegernseer Tal

Unter Hausbergen verstehen die Münchner alle schönen Berge in bequemer Reichweite ihrer Stadt; da fühlen sie sich dann zu Hause. Weil der Tegernsee gleich von einer Reihe prächtiger Hausberge gesäumt ist, gehört das ganze Tegernseer Tal einfach komplett dazu. Heute ist für die Münchner ihre Zweitwohnung in Tegernsee, das Sommerhaus in Rottach oder die Ferienwohnung beim Bauern in Gmund das, was früher für die Wittelsbacher ihre Sommerresidenz im ehemaligen Kloster Tegernsee war: Statussymbol und Ferienidylle – in dieser Reihenfolge. Und das berühmte Herzogliche Kloster-Bräustüberl dient den Münchnern jetzt als (ziemlich laute) Wohnstube.

Die Gegend hier ist ebenso schön wie überlaufen; an Sommerwochenenden kann man für die knapp 10 Kilometer von Gmund bis Rottach gut zwei Stunden benötigen. Im Auto, versteht sich, zu Fuß wäre man schneller.

Kurz nach der Ortsmitte von Tegernsee sollte man bereits nach einem Schild Ausschau halten, das linkerhand zum »Leeberghof« weist. Die Straße windet sich durch ein stilles Villenviertel steil nach oben, und dann ist man plötzlich da. Statt Trubel auf einmal idyllische Ruhe. Der »Leeberghof« ist ein Gasthaus besonderer Art. Ein großartiges Anwesen, geranienstrotzend, lüftlbemalt; ein entzückendes Salettl, wie der Münchner eine verglaste Laube nennt, zwei schmale Terrassenstufen mit traumhaft schönem Blick. Die ideale Lage für ein Ausfluglokal: von unten glitzert der See, von links grüßt der Wallberg, geradeaus das Ringbergschloß, man ist der Sonne nah. Es ist so schön, hier wär' der Gast mit irgendwas zufrieden. Doch der stellt alsbald mit Erstaunen fest, daß ein für ein Ausflugslokal ungewöhnlich guter Geschmack für klare Farben und Formen sorgt. Die Sonnenschirme sind weiß, nicht überdeutlich als Spende einer Zigarettenfirma ausgewiesen, die Servietten aus Stoff; Geschirr, Gläser und Besteck anständig. Und dann die Speisekarte mit ihrer verblüffend vielseitigen Auswahl: es gibt Schweinsbraten mit Bayrisch' Kraut, Kalbfleischpfanzl (ganz recht, das Wort kommt nämlich von Pfanne! und hat mit Pflanzen nichts zu tun) mit Kartoffelsalat, aber auch Hasenrückenfilet mit Steinpilzrisotto oder Zander auf Portweinlinsen und am Nachmittag sogar Kaffee und Kuchen, eine schlichte Brotzeit, wenn man mag. Das ist Ausflugsgastronomie auf allerhöchstem Niveau!

Betrieben wird der »Leeberghof« seit gut fünf Jahren von Eduard Schnitzler, der zufällig das Haus übernehmen konnte, weil der damalige Pächter mitten in der Saison aufgeben mußte. Eigentlich hatte der Kunsthistoriker, der nach seinem Studium noch eine Lehre als Hotelkaufmann gemacht hatte, seine Karriere als Gastronom

gerade an den Nagel hängen wollen. Er hatte sich schon mit einem Restaurant im schicken Rottach und einem Hotel in Bad Wiessee bewiesen, daß er dieses Metier nicht schlecht beherrscht. Nun wollte er sich lieber wieder der Kunst zuwenden, Ausstellungen organisieren, Künstler motivieren, Kritiken und Bücher schreiben.
Aber ein solches Angebot schlägt man nicht aus. Zumal der Hausbesitzer ein Freund war und Renovierungswilligkeit signalisierte. Heute sind sämtliche Anlaufschwierigkeiten vergessen.
Michael Höfle, der Saalchef, ist von Beginn an dabei; bald stieß Markus Bischoff dazu und übernahm die Küche. Drei Jahre bei Eckart Witzigmann in der »Aubergine« haben ihm das Rüstzeug gegeben, die feine Luxusküche zu beherrschen, ihm aber auch gezeigt, daß nicht nur komplizierte Kreationen wichtig sind, sondern, daß man das Einfache gleichermaßen schätzen kann. Und so findet er es völlig in Ordnung, auch ein simples Schnittlauchbrot anzubieten, wenn ein Gast nach seinem Spaziergang Lust auf so etwas hat.
Natürlich ist es nicht ganz einfach, die Gäste auf diese Vielfalt einzustimmen, die manchmal lieber genau wissen wollen, ist dies jetzt ein Luxus- oder ein Alltagsrestaurant? Zumal das Kalbfleischpfanzl natürlich ein wenig teurer ist als in der Boulettenbraterei. Aber Bischoff stellt fest, daß die Gäste mit Vergnügen zunehmend flexibler werden und es durchaus als angenehm empfinden, wenn sie sich nicht schon entscheiden müssen, bevor sie das Restaurant aussuchen, was sie heute essen wollen, sondern am schön gedeckten Tisch noch die freie Auswahl haben.
Hier sollte man einfach bleiben. Eines der vier bildschönen Gästezimmer zu ergattern, ist allerdings nicht einfach: sie sind auf Monate hin ausgebucht. Der Leeberg ist eben längst zum Hausberg geworden . . .

Der Leeberghof *war ursprünglich der Lehenshof vom Kloster Tegernsee, einem der wichtigsten Klöster Europas. Dessen Mönche gründeten einst München*

Keine alten Kräuterweiblein liefern hier die Pilze, sondern alerte Burschen, die als selbständige Computerfachleute statt zu arbeiten lieber das Pilzwetter nutzen

Der größte Gastraum ist licht und hell; mit einfachen Landhausmöbeln eingerichtet. Der schönste Platz jedoch ist draußen: der Tisch vor der Säule (unten)

Eduard Schnitzler, Michael Höfle und (auf dem großen Bild) Markus Bischoff mit seinem prachtvollen, knusprigen Schweinebraten

1

SCHWEINEBRATEN

Für sechs Personen:
1,5 bis 2 kg Schweineschulter mit Schwarte, 1 Knoblauchzehe, 2 TL Kümmel, Salz, Pfeffer, 2 Zwiebeln, Wurzelwerk, 1/2 l Wasser, Bier zum Bestreichen

Die Schwarte mit einem scharfen Messer einschneiden, dabei die Schnitte parallel und möglichst dicht setzen, damit der Braten schließlich aussieht, als sei er von einem bayrischen Rautenmuster überzogen. Das Fleisch rundum mit zerdrücktem Knoblauch, Kümmel, Salz und Pfeffer kräftig einreiben.

Mit der Schwarte nach oben in einen Bräter setzen, das zerkleinerte Wurzelwerk daneben streuen. In den 220 Grad heißen Ofen schieben und zunächst ohne Beigabe von Flüssigkeit 20 Minuten anbraten. Schließlich kochendes Wasser in den Bräter gießen. Die Hitze auf 180 Grad reduzieren. Weitere 90 bis 100 Minuten braten, bis der Braten gar ist. Dabei immer wieder mit Bratensaft beschöpfen.

Damit die Schwarte schön knusprig wird, zum Schluß die Oberfläche mit Bier einstreichen, den Braten noch einmal für einige Minuten ins heiße Rohr, besser unter den Grill stellen.

Zum Schweinebraten gibt's Bayrisch' oder Sauerkraut und Semmelknödel oder Kartoffelklöß'.

1

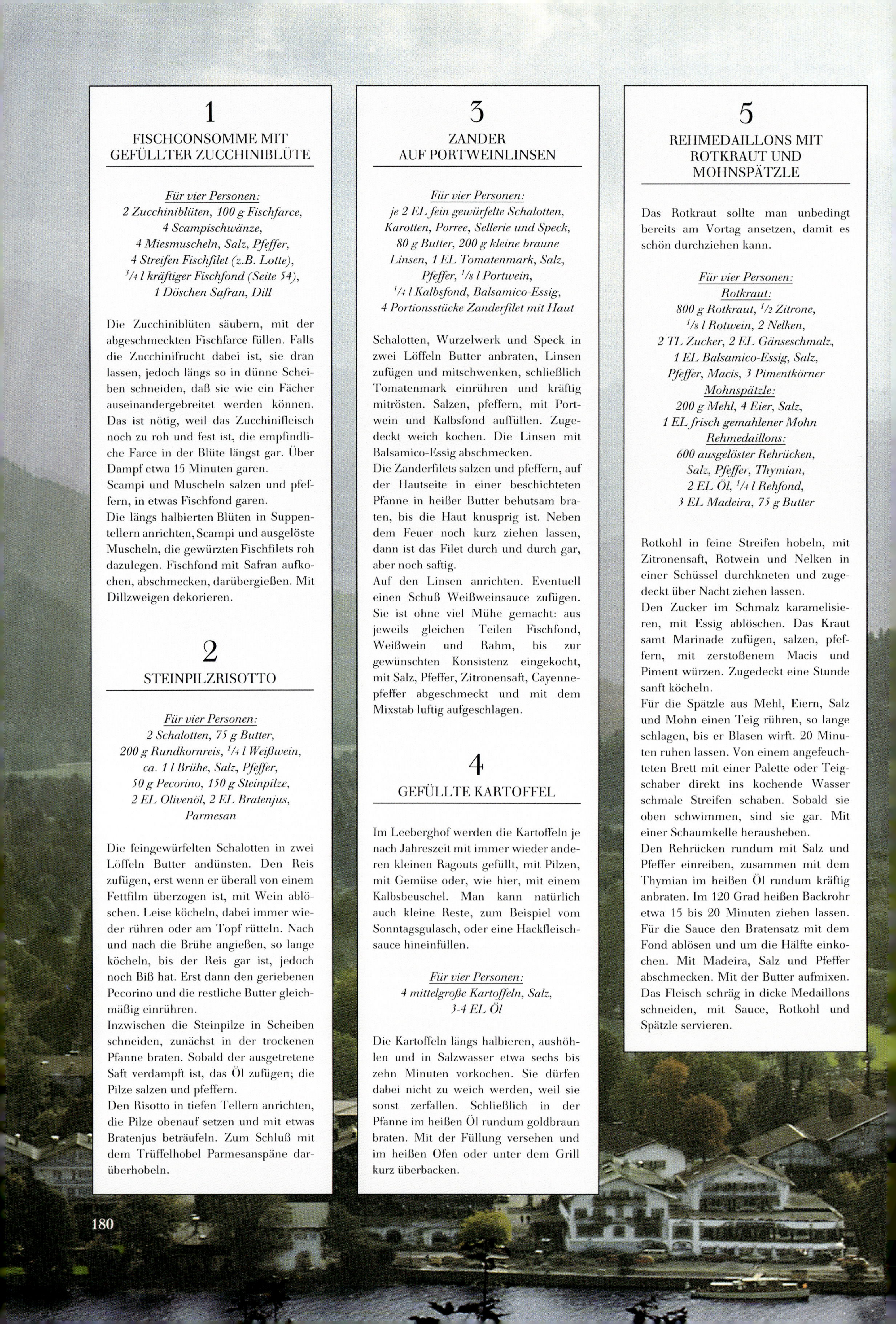

1

FISCHCONSOMME MIT GEFÜLLTER ZUCCHINIBLÜTE

Für vier Personen:
2 Zucchiniblüten, 100 g Fischfarce,
4 Scampischwänze,
4 Miesmuscheln, Salz, Pfeffer,
4 Streifen Fischfilet (z.B. Lotte),
$^{3}/_{4}$ l kräftiger Fischfond (Seite 54),
1 Döschen Safran, Dill

Die Zucchiniblüten säubern, mit der abgeschmeckten Fischfarce füllen. Falls die Zucchinifrucht dabei ist, sie dran lassen, jedoch längs so in dünne Scheiben schneiden, daß sie wie ein Fächer auseinandergebreitet werden können. Das ist nötig, weil das Zucchinifleisch noch zu roh und fest ist, die empfindliche Farce in der Blüte längst gar. Über Dampf etwa 15 Minuten garen.
Scampi und Muscheln salzen und pfeffern, in etwas Fischfond garen.
Die längs halbierten Blüten in Suppentellern anrichten, Scampi und ausgelöste Muscheln, die gewürzten Fischfilets roh dazulegen. Fischfond mit Safran aufkochen, abschmecken, darübergießen. Mit Dillzweigen dekorieren.

2

STEINPILZRISOTTO

Für vier Personen:
2 Schalotten, 75 g Butter,
200 g Rundkornreis, $^{1}/_{4}$ l Weißwein,
ca. 1 l Brühe, Salz, Pfeffer,
50 g Pecorino, 150 g Steinpilze,
2 EL Olivenöl, 2 EL Bratenjus,
Parmesan

Die feingewürfelten Schalotten in zwei Löffeln Butter andünsten. Den Reis zufügen, erst wenn er überall von einem Fettfilm überzogen ist, mit Wein ablöschen. Leise köcheln, dabei immer wieder rühren oder am Topf rütteln. Nach und nach die Brühe angießen, so lange köcheln, bis der Reis gar ist, jedoch noch Biß hat. Erst dann den geriebenen Pecorino und die restliche Butter gleichmäßig einrühren.
Inzwischen die Steinpilze in Scheiben schneiden, zunächst in der trockenen Pfanne braten. Sobald der ausgetretene Saft verdampft ist, das Öl zufügen; die Pilze salzen und pfeffern.
Den Risotto in tiefen Tellern anrichten, die Pilze obenauf setzen und mit etwas Bratenjus beträufeln. Zum Schluß mit dem Trüffelhobel Parmesanspäne darüberhobeln.

3

ZANDER AUF PORTWEINLINSEN

Für vier Personen:
je 2 EL fein gewürfelte Schalotten,
Karotten, Porree, Sellerie und Speck,
80 g Butter, 200 g kleine braune
Linsen, 1 EL Tomatenmark, Salz,
Pfeffer, $^{1}/_{8}$ l Portwein,
$^{1}/_{4}$ l Kalbsfond, Balsamico-Essig,
4 Portionsstücke Zanderfilet mit Haut

Schalotten, Wurzelwerk und Speck in zwei Löffeln Butter anbraten, Linsen zufügen und mitschwenken, schließlich Tomatenmark einrühren und kräftig miträsten. Salzen, pfeffern, mit Portwein und Kalbsfond auffüllen. Zugedeckt weich kochen. Die Linsen mit Balsamico-Essig abschmecken.
Die Zanderfilets salzen und pfeffern, auf der Hautseite in einer beschichteten Pfanne in heißer Butter behutsam braten, bis die Haut knusprig ist. Neben dem Feuer noch kurz ziehen lassen, dann ist das Filet durch und durch gar, aber noch saftig.
Auf den Linsen anrichten. Eventuell einen Schuß Weißweinsauce zufügen. Sie ist ohne viel Mühe gemacht: aus jeweils gleichen Teilen Fischfond, Weißwein und Rahm, bis zur gewünschten Konsistenz eingekocht, mit Salz, Pfeffer, Zitronensaft, Cayennepfeffer abgeschmeckt und mit dem Mixstab luftig aufgeschlagen.

4

GEFÜLLTE KARTOFFEL

Im Leeberghof werden die Kartoffeln je nach Jahreszeit mit immer wieder anderen kleinen Ragouts gefüllt, mit Pilzen, mit Gemüse oder, wie hier, mit einem Kalbsbeuschel. Man kann natürlich auch kleine Reste, zum Beispiel vom Sonntagsgulasch, oder eine Hackfleischsauce hineinfüllen.

Für vier Personen:
4 mittelgroße Kartoffeln, Salz,
3-4 EL Öl

Die Kartoffeln längs halbieren, aushöhlen und in Salzwasser etwa sechs bis zehn Minuten vorkochen. Sie dürfen dabei nicht zu weich werden, weil sie sonst zerfallen. Schließlich in der Pfanne im heißen Öl rundum goldbraun braten. Mit der Füllung versehen und im heißen Ofen oder unter dem Grill kurz überbacken.

5

REHMEDAILLONS MIT ROTKRAUT UND MOHNSPÄTZLE

Das Rotkraut sollte man unbedingt bereits am Vortag ansetzen, damit es schön durchziehen kann.

Für vier Personen:
Rotkraut:
800 g Rotkraut, $^{1}/_{2}$ Zitrone,
$^{1}/_{8}$ l Rotwein, 2 Nelken,
2 TL Zucker, 2 EL Gänseschmalz,
1 EL Balsamico-Essig, Salz,
Pfeffer, Macis, 3 Pimentkörner
Mohnspätzle:
200 g Mehl, 4 Eier, Salz,
1 EL frisch gemahlener Mohn
Rehmedaillons:
600 ausgelöster Rehrücken,
Salz, Pfeffer, Thymian,
2 EL Öl, $^{1}/_{4}$ l Rehfond,
3 EL Madeira, 75 g Butter

Rotkohl in feine Streifen hobeln, mit Zitronensaft, Rotwein und Nelken in einer Schüssel durchkneten und zugedeckt über Nacht ziehen lassen.
Den Zucker im Schmalz karamelisieren, mit Essig ablöschen. Das Kraut samt Marinade zufügen, salzen, pfeffern, mit zerstoßenem Macis und Piment würzen. Zugedeckt eine Stunde sanft köcheln.
Für die Spätzle aus Mehl, Eiern, Salz und Mohn einen Teig rühren, so lange schlagen, bis er Blasen wirft. 20 Minuten ruhen lassen. Von einem angefeuchteten Brett mit einer Palette oder Teigschaber direkt ins kochende Wasser schmale Streifen schaben. Sobald sie oben schwimmen, sind sie gar. Mit einer Schaumkelle herausheben.
Den Rehrücken rundum mit Salz und Pfeffer einreiben, zusammen mit dem Thymian im heißen Öl rundum kräftig anbraten. Im 120 Grad heißen Backrohr etwa 15 bis 20 Minuten ziehen lassen.
Für die Sauce den Bratensatz mit dem Fond ablösen und um die Hälfte einkochen. Mit Madeira, Salz und Pfeffer abschmecken. Mit der Butter aufmixen.
Das Fleisch schräg in dicke Medaillons schneiden, mit Sauce, Rotkohl und Spätzle servieren.

6

WARME PORTWEINFEIGE IM KALTEN SCHOKOLADENSCHAUM

Für vier Personen:
4 reife Feigen,
1 EL Zucker,
1/8 l Portwein,
3-4 EL Kokoslikör,
100 g Schokolade,
300 g Rahm

Die Feigen schälen, dicht nebeneinander in eine passende Form setzen und mit Zucker bestreuen. Mit Portwein und Kokoslikör begießen. Im 180 Grad heißen Ofen 20 Minuten garen.
Für die Sauce die Schokolade bereits am Vortag im heißen Rahm schmelzen. Kalt stellen. Vor dem Servieren mit dem Handrührer wie Schlagrahm aufschlagen. Den kalten Schaum in tiefe Teller verteilen, je eine warme Feige in die Mitte setzen. Im »Leeberghof« gibt's noch eine Kugel Vanilleeis dazu.

Winzerglück und Beerenauslesen

Mit der vollkommen erhaltenen Ringmauer, wehrhaften Türmen, Toren und einer ganzen Reihe eindrucksvoller Gebäude ist Sulzfeld am Main eines jener typischen unterfränkischen Dorfstädtchen ohne Stadtrecht, die den Würzburger Bischöfen pflichtig waren. Der stattliche, großzügige »Zehnthof« inmitten der eng aneinandergedrängten Häuser der Ackerbürger, wie die Bauern hier genannt wurden, bezeugt die Wertschätzung, die der Sulzfelder Wein seit Jahrhunderten genießt: Die Bischöfe lagerten hier ein, was ihnen zustand – den zehnten Teil der Ernte eines jeden Winzers.

Heute gehört der »Zehnthof« Familie Luckert. Es war ein langer, von harter Arbeit, aber auch schönen Erfolgen begleiteter Weg, bis die Luckerts, einst kleine Bauern mit einem winzigen Weinberg, hier ankamen . . .

Als der kleine bäuerliche Betrieb, den er von seinem Vater übernahm, sich wie viele andere nicht mehr rentierte, gab Theo Luckert seine Felder und Wiesen ab und wurde Fernfahrer. Den knappen Hektar Weinberg aber behielt er, denn dem Wein gehörte seine Liebe. Langsam aber sicher wurde aus dieser Liebe eine Leidenschaft. Luckert kaufte aufgelassene Weinberge zu und vergrößerte sich mit der Flurbereinigung. Er kümmerte sich mehr und mehr um seinen Wein, fuhr schließlich nicht mehr Lastwagen, sondern einen Weinbergtraktor. Ende der 60er Jahre kaufte er sich, um dessen guten Keller zu bekommen, ein altes Haus, riß es ab und baute neu. 1978 pachtete er die benachbarten Kel-

Wenn Frost das Laub vernichtet hat, sieht man die Trauben genau, hier Silvaner: Die grünen Beeren sind normal gereift, die blau gefärbten von einem Schimmelpilz befallen, der Botrytis cinerea. Der so unschön verschimmelte Teil der Traube ist der wertvollste: Hier hat sich die Botrytis richtig eingenistet und die Beerenhäute zerstört, so daß Flüssigkeit verdunstet und der Traubensaft konzentriert ist – sowohl was Zucker, als auch was den Extrakt betrifft. Daraus können die teuersten Weine, Beeren- und Trockenbeerenauslesen, entstehen. Luckert liest in dieser Lage jedoch alles zusammen, um aus einem Most im mittleren Spätlesebereich einen kraftvollen Wein zu gewinnen, den er als hochwertigen Kabinett verkaufen wird. Denn die klassisch fränkisch, also trocken mit weniger als 4 g Restzucker ausgebauten Weine stehen im Zentrum seiner Arbeit. Mit seinen edelsüßen, wuchtigen, trotzdem differenzierten Weinen steht er ganz an der Spitze in Franken, heimst er internationales Lob ein. Wie man sieht, ist die Ernte eine harte Arbeit, besonders, wenn es kalt und regnerisch ist!

ler vom »Zehnthof« dazu, konnte das Gebäude selbst 1985 schließlich auf Rentenbasis erstehen. Zusammen mit dem Denkmalamt wurde das Haus aufwendig und wunderschön renoviert. Hier wohnt sein ältester Sohn Wolfgang, der Weinbau studiert hat und für die Technik im Betrieb zuständig ist, mit seiner Familie; im Erdgeschoß gibt es einen herrlichen Probenraum (rechts).

Die Weine von Theo Luckert zeigen eine ganz persönliche Handschrift – während andere laufend den neuen Richtungen beim Anbau und in der Vinifikation folgten, vertraute er mehr der Erfahrung und den Traditionen. Vor zehn Jahren haben ihn die Kollegen ausgelacht, als er fortfuhr, seine Weine in Holzfässern reifen zu lassen, wie es üblich war, und sie nicht ausschließlich in Edelstahltanks ausbaute – heute ärgern sie sich, daß sie ihre Holzfässer weggegeben haben, denn inzwischen hat man gemerkt, daß das Holz den Weinen Charakter gibt. Er suchte auch nicht die ertragsreichsten Rebenklone (aus vieltragenden Rebstöcken ungeschlechtlich vermehrt), sondern solche, die robust und krankheitsresistent sind und extraktreiche Trauben hervorbringen. Und er versucht niemals, zu forcieren: »Ein Wein wird nur so gut, wie die Trauben im Weinberg sind. Und dafür braucht der Winzer Glück: Regen und Sonne zur richtigen Zeit!«

Auf seinen inzwischen 12 Hektar in den Lagen Cyriakusberg und Maustal steht zu 40 Prozent die klassische Rebsorte Frankens, der Silvaner, von dem er auch eine blaue Variante anbaut, die weiß gekeltert wird – in der Rebschule aus einem Stock vermehrt, den er vor der Flurbereinigung in einem Weinberg entdeckt hatte. Außerdem hat er Riesling, Müller-Thurgau, Domina, Weiß- und Spätburgunder, und je ein paar Ar Perle, Scheurebe, Bacchus, Rieslaner und Traminer.

Die ganze Familie arbeitet im Betrieb: Theo und Luitgart Luckert mit Sohn Wolfgang, der schon als Schulbub wußte, daß er Häcker werden wollte, wie hier die Winzer heißen. Bald wird auch sein jüngerer Bruder Ulrich mithelfen, der noch in anderen Betrieben lernt. Ein Schulfreund von Wolfgang, der genauso zielsicher Schreiner wurde, wie er selbst Winzer, hat das wunderschöne Probenzimmer gearbeitet. Zum Herbst gehört junger Wein, der, solange er noch süß ist, Bremser heißt, später Federweißer – mit jungen Schälnüssen ein Gedicht!

TRINK WIE EURE VATER AUS

Beißende Wurzeln

Er ist das Tüpfelchen auf dem i: Was wären die herrlichen, kroß gebratenen, fränkischen Bratwürstchen ohne ein paar frisch gerissene Meerrettichspäne? So nennt man die hauchfeinen Flocken, die man von der geschälten Wurzel mit einem scharfen, senkrecht gestellten Messer schabt. Wer kann

sich einen blau gesottenen Karpfen vorstellen, dem nicht etwas Meerrettich zu besserer Bekömmlichkeit verhilft? Eigentlich undenkbar! Nur im Aischgrund, dem Seen- und Karpfengebiet nordwestlich von Nürnberg, in unmittelbarer Nachbarschaft der Meerrettichbauern, lehnt man die beißende Schärfe der braunen Wurzel erstaunlicherweise ab.

Rund um die Meerrettichmetropole Baiersdorf sind die Äcker mit den langblättrigen Schöpfen der Meerrettichpflanzen zu sehen, die witzigerweise nicht senkrecht in den Boden hinunterwachsen, sondern schräg im Boden liegend ihr Blätterhaupt nach Osten richten, damit der Westwind nicht an ihnen rütteln und die nur flach unter der Oberfläche liegenden Wurzeln aus der Erde heben kann.

Wenn Meerrettich nach der Ernte im Herbst bei hoher Luftfeuchtigkeit (95%) sehr kühl (1 – 2°) gelagert wird, bleibt er bis zu einem Jahr frisch und saftig. Der Bequemlichkeit der Verbraucher zuliebe wird jedoch der größte Teil in Meerrettichreibereien verarbeitet. In Baiersdorf sitzt die Industrie, doch meist sind es kleine Betriebe, wie zum Beispiel der von Friedrich und Kunigunde Hieronymus in Dachsbach, wo die ganze Familie mit anpackt, um die Wurzeln zu schälen, zu reiben und in Gläser zu füllen.

Hier sieht man deutlich, wie schräg die Meerrettichwurzel im Boden liegt. Aus dem dünnen Seitentrieb, genannt Fexer, wird nächstes Jahr wieder eine neue Wurzel. Berge von Meerrettich, hier Kren genannt, verarbeitet Friedrich Hieronymus. Jede Partie muß überprüft werden: bei falschem Boden und Überdüngung bilden sich schwarze Ringe in der Wurzel; dann ist sie für die Verarbeitung ungeeignet. Gerieben wird der Meerrettich in einer Maschine, abgefüllt wird von Hand. Damit er bei Luftkontakt nicht dunkelt, wird er wenig geschwefelt, mit Mayonnaise verrührt.

Zu Gast in einer Dorfwirtschaft

Ehe er es recht begriffen hat, ist ein flotter Autofahrer durch Rezelsdorf hindurchgebraust – und selbst wenn er auf der Fahrt durch die recht unscheinbare Ortschaft in der flachen Gegend im Süden des sogenannten Aischgrunds, zwischen Erlangen und Neustadt, nach dem Gasthaus »Lunz« eigens Ausschau hielte, würde er es im Vorüberfahren nicht finden. Denn es liegt ein wenig abseits von der Hauptstraße, dort wo das Dorf mit seiner Kirche, Dorfteich, Misthaufen, Hühnerställen und einer Menge Viehzeug auf der Straße noch ganz und gar ländlich wirkt.

Vor der Dorfwirtschaft ein paar Autos; in der um die Mittagszeit gut besuchten Gaststube wird es plötzlich ganz still, wenn ein Fremder sie betritt; zunächst wird dieser mißtrauisch betrachtet. Die hübsche Saaltochter allerdings ist von Anfang an offen und herzlich, so daß auch die Stammgäste sich bald wieder ihren Gesprächen zuwenden.

Das Gasthaus »Lunz« ist vor allem für seine Karpfen weithin bekannt. Sie stammen aus eigenen Teichen, sind deshalb immer frisch, kernig im Biß, saftig das Fleisch und sauber im Geschmack. Tatsächlich riecht es hier überall appetitlich, anders als in manch anderem Wirtshaus in den Ortschaften dieser Gegend, die berühmt für ihre Fischküche ist. Und wo bereits über dem Parkplatz die Schwaden vom Fritierfett liegen, sollte man gar nicht erst aus dem Wagen steigen.

Ein Betrieb wie das Gasthaus der Familie Lunz kann nur funktionieren, wenn der ganze Clan zusammenwirkt. »An Großkampftagen kommen noch fünf Cousinen zu Hilfe«, erzählt Barbara, die jüngere der beiden Töchter der Wirtsleute Berta und Robert Lunz. Sie und ihre Schwester Renate arbeiten täglich mit. Barbara bedient, Renate steht, soweit ihre beiden Kinder ihr Zeit dazu lassen, mit Mutter Berta in der Küche. Und an den Wochenenden sowie zum allwöchentlichen Schlachtfest kann die Familie zusätzlich mit der Unterstützung von Tanten und Onkeln rechnen.

Zu Essen gibt es im Gasthaus »Lunz« handfeste, solide Hausmannskost; allerdings von seltener Qualität: Fleisch und hausgemachte Würste stammen von Schweinen, die im Koben hinter dem Haus mit Kartoffeln, Rübenschnitzen, Roggenschrot und natürlich Küchenabfällen sorgfältig gemästet werden; das Geflügel ist aus eigener Zucht; die Fische kommen aus den eigenen Teichen, neben Karpfen gibt es auch Zander, Schleien, Brachsen, Waller oder Hecht. Selbst Obst und Gemüse stammen aus eigenem Anbau. »So weiß ich, was ich den Gästen auf den Teller geb'«, sagt Robert Lunz, »ich merk' doch, wenn ich mal Schnitzel kaufen muß: da läuft beim Braten das Wasser 'raus; und schmecken tut's erst net!«

Lunz ist nicht nur Gastwirt aus Leidenschaft, sondern auch Landwirt aus Überzeugung. Seine Sammlung von unterschiedlichen Obstbäumen, zum Beispiel, ist sicher einzigartig. Wo immer er eine seltene, vielleicht sogar längst vergessene Apfel- oder Birnensorte fand, hat er sich Reiser geschnitten und auf junge Bäume aufgepropft. Mehr als 300 verschiedene Obstsorten hat er mittlerweile auf diese Weise zusammengetragen. Und wer bei ihm im Herbst etwa einmal eine »Köstliche von Charneu« probieren durfte, die am Baum hat reifen dürfen, eine Birne von solch unübertrefflichem Wohlgeschmack, wird sicher nie wieder eine andere essen mögen. Aber auch rare Aprikosen- und Pfirsichsorten hat er zusammengetragen und so geschützt angepflanzt, daß sie ausreifen und Geschmack entwickeln können.

Überall wuseln Tiere herum: Gänse in ihrem Gehege, Katzen, rosige Schweine, auf dem Misthaufen scharrende Hühner und Enten, die geschäftig hin und her marschieren, ihre Küken und ein verrücktes Huhn mit wahrhaft seidenweichem »Fell«

Eine sicher einzigartige Sammlung von Obstbäumen hat Robert Lunz zusammengetragen. Allein ungefähr 60 verschiedene Apfelsorten, auch längst vergessene Arten, hat er durch Aufpropfen von Reisern vermehrt

Geflügelzucht hat in dieser Gegend lange Tradition. Zu fast jedem Hof gehört ein Hühnerschlag oder sogar ein Taubenhaus. Und sei es nur für den eigenen Bedarf. Robert Lunz allerdings treibt die Sache auf die Spitze: Neben Gänsen, Enten, Hühnern, Tauben hält er sogar Wachteln, deren Eier die kalten Platten im Gasthaus »Lunz« verzieren. Natürlich züchtet er diese Geflügel für den Verkauf, entweder für gastronomische Betriebe in der Region oder im eigenen Gasthaus. Aber außerdem hat er Spaß an ganz besonders ausgefallenen, seltenen Exemplaren. Wie zum Beispiel das junge Seidenhuhn in seiner Hand, dessen kuschelweiche Federn sich tatsächlich wie seidiges Haar anfühlen. Doch auch solche Raritäten landen mal ganz ohne Sentimentalität im Topf. Wie natürlich auch das acht Tage alte Entenküken, das Enkel Sebastian im Arm hält: in drei Monaten wird es ein Weihnachtsbraten sein

1

GEBACKENER KARPFEN

Für vier Personen:
2 Karpfen, je ca. 3 Pfund schwer,
Salz, Pfeffer, Mehl zum Wenden,
Fett zum Ausbacken

Die Karpfen bereits vom Fischhändler längs halbieren lassen. Gründlich waschen und abtrocknen. Salzen, pfeffern und in Mehl wenden. Überschüssiges Mehl abschütteln, das anhaftende jedoch gut festdrücken. Ins heiße Fett geben, das jetzt laut aufrauschen muß. Zehn Minuten ausbacken.
Dazu schmeckt Kartoffelsalat und Meerrettich.

2

KARPFEN BLAU

Für vier Personen:
1,5 l Wasser, 1/4 l Essig, 1 Zwiebel, je
1 TL Piment- und Wacholderbeeren,
1 EL Pfefferkörner, 2 Nelken,
2 Lorbeerblätter, Salz, 2 Karpfen

Aus Wasser und Essig mit Zwiebelringen und Gewürzen einen kräftigen Sud kochen. Die bereits vom Fischhändler geschuppten, ausgenommenen und längs halbierten Karpfen mit dem Kopf zuerst, Hautseite nach oben, so in den Fischtopf legen, daß das Schwanzende nach oben klappt. So passen die Fischstücke in einen normal großen ovalen Bräter und die Schwanzstücke werden, weil sie viel dünner sind, trotzdem gar. Die Karpfen in diesem Sud zugedeckt gut zehn Minuten kochen – dabei darf das Wasser ruhig heftig wallend kochen: So wird das Fett herausgelöst und das Fleisch bleibt dennoch saftig. Dazu gibt's Meerrettich, Salzkartoffeln und Salat.

Die Karpfen werden natürlich vor jeder Mahlzeit frisch geschlachtet. Ein Zweieinhalbpfünder ergibt, längs halbiert, zwei Normalportionen. Für kräftige Esser darf es ruhig auch ein Vierpfünder sein. Früher hat Berta Lunz die Karpfen im selbst ausgelassenen Butterschmalz gebacken; das ist viel weniger schnell verbrannt und hatte länger seinen frischen Duft behalten, als das gekaufte. Aber leider: inzwischen haben die Lunz' ihr Milchvieh aufgeben müssen

Donnerstags wird geschlachtet. Die gesamte Familie hilft dann mit. Gut, daß der Schwager Andreas Zink Hausmetzger ist; während der Saison von Oktober bis März ist er in der ganzen Region gefragt, er schlachtet dann täglich, an manchen Tagen sogar zweimal. 10 000 Schweine, schätzt er, waren es bisher bestimmt. Auch eine Hausschlachtung geht nicht ohne behördliche Aufsicht ab: am Vortag hat der Tierarzt die Gesundheit des Tieres überprüft. Und am Schlachttag darf erst mit dem Wursten begonnen werden, wenn er die Innereien des Tiers kontrolliert und ihm Unbedenklichkeit attestiert hat. Im Morgengrauen geht es los: Der Metzger holt das Schwein aus seinem Koben; sicherheitshalber bindet er ihm einen Strick ums Hinterbein, damit er die Sau daran fassen kann, sollte sie davonspringen wollen, weil sie merkt, was man mit ihr vorhat. Ein Bolzenschuß in den Schädel bereitet ihr ein schmerzloses, rasches Ende. Schwägerin Kunigunde hat schon am Morgen den großen Wurstkessel mit Wasser gefüllt und kräftig Feuer darunter angefacht. In einer Zinkwanne wird die Sau gebrüht, damit sich die Borsten lösen und leichter abschrubben lassen. Anschließend wird das Tier aufgehängt und zerteilt. Das Fleisch ist ausgereift und dunkel, das Fett appetitlich weiß. Die Arbeit geht ruhig und zügig voran, man merkt, wie gut alle aufeinander eingespielt sind. Fleisch und Schwarten für die Blut- und Leberwürste werden sofort im Kessel teils gebrüht, teils weichgekocht; die Därme sauber ausgewaschen; das Fleisch für die Bratwürste roh durch den Wolf getrieben. Naschen ist dabei ausdrücklich erlaubt. Das frische Brät, nur mit Salz und Pfeffer gewürzt, schmeckt wunderbar. »Ja«, bestätigt Robert Lunz, »weil das Fleisch noch warm verarbeitet wurde«. Das ist wichtig für Geschmack und die Konsistenz der Würste. Deshalb ist echte Hausmacher Wurst so unvergleichlich gut. Außerdem: Nur bei Hausschlachtungen gilt die Vorschrift nicht, Wurstdärme erst einmal eine Weile in Salzlösung zu wässern. Darum ist die Haut der Würste so unnachahmlich zart, die sonst natürlich ebenso zäh und fest wäre, wie die von Würsten aus der Großmetzgerei. Was nicht am selben Tag frisch aus dem Kessel gegessen wird, hängt Robert Lunz für ein, zwei Tage in den Rauch. So lassen sich die Blut- und Leberwürste gut aufbewahren. Aber es ist ohnehin bald alles aufgegessen. Und: nächsten Donnerstag wird ja wieder geschlachtet!

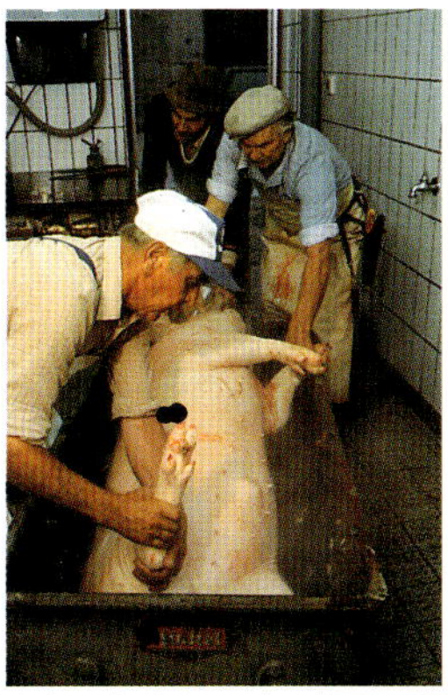

Bevor alles losgeht, wird im Schlachtraum das nötige Handwerkszeug bereitgestellt: das Beil zum Zerteilen, die scharf geschliffenen Messer, die Haken, mit denen die Hufe entfernt werden, und die Schnur zum Binden der Würste. Außerdem wird im großen Wurstkessel das Wasser aufgesetzt.

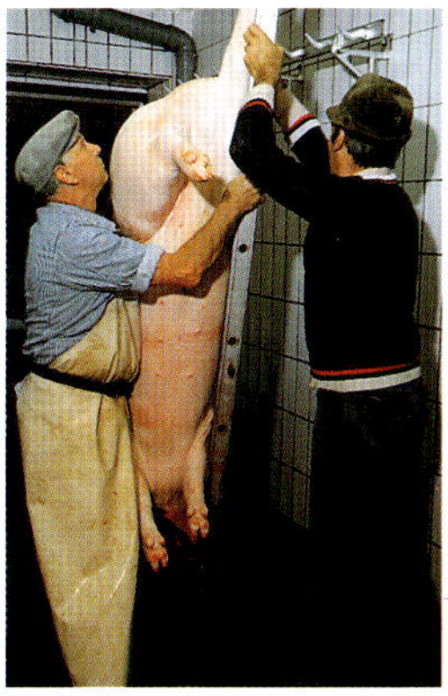

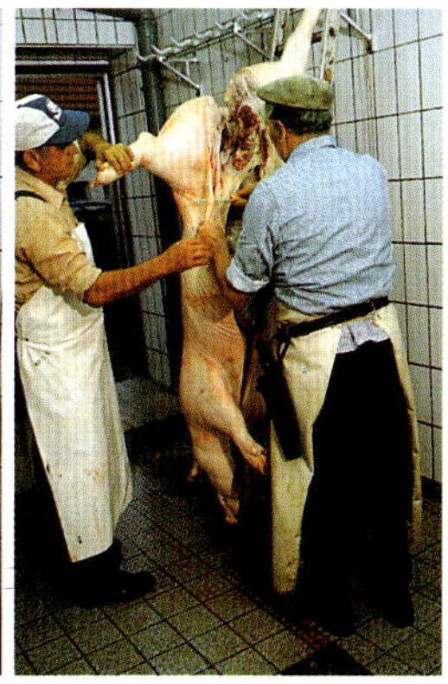

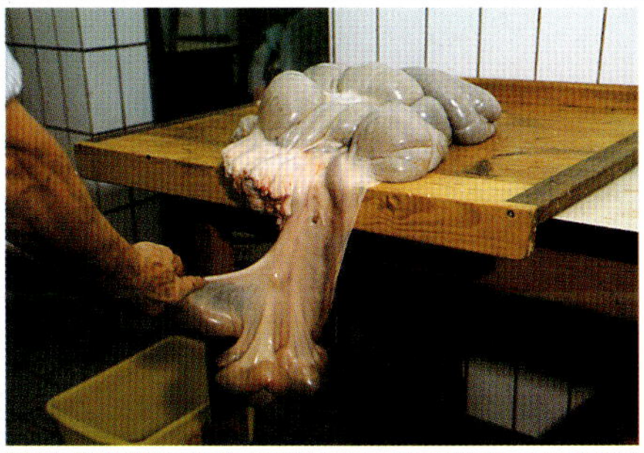

Für die Blut- und Leberwürste wie für den Schwartenmagen muß man als erstes die Därme sauber auswaschen. Das Fleisch und die Schwarten für die Wurstmasse werden im Kessel weichgekocht und anschließend zerkleinert. Sie gehören in winzig kleine Würfel geschnitten, und zwar von Hand. Eine mühsame Arbeit! Aber die Würste haben so ein ganz anderes Gefüge, als wenn man das Fleisch durch den Wolf gelassen hätte. Zur Belohnung darf man dabei so viel vom gekochten Kesselfleisch essen, wie man mag. Deshalb gehört aufs Arbeitsbrett ein Häufchen Salz und ein Stück Brot. Und zum Mittagessen gibt's dann die frisch gesottenen Blut- und Leberwürsten mit einer Portion Sauerkraut

WINTER

Herzhafte und edle Schmausereien. Von gemütlichen Wirtsstuben bis zum Märchenschloß

Süßes Schmalzgebäck: Schneeballen

Kunstvoll: Bäckerzeichen

Funkelnd: Mariensäule

Schmiedeeisern: Wirtshausschilder

Winterfreuden: Eisstockschießen

Knusprig ausgebacken: Brachsen

Vergnügen: Spaziergang im Schnee

Köstlich: Weißwürste, Weißbier, Brezn

Vom Krämerladen zum Ferienhotel

Als 1767 das stattliche, zwei Stockwerke hoch verschindelte Fachwerkgebäude in Thalkirchdorf erbaut wurde, einem hübschen, kleinen Ort in der Nähe von Oberstaufen, war es noch ein Bauernhaus mit Krämerladen. Bald jedoch kamen eine Bierzäpflerkonzession und eine sogenannte Bäckergerechtigkeit hinzu. So nannte man die Befugnis, das »Bäckereigewerbe auszuüben«. Dieses unterlag strengen Kontrollen, die die Versorgung mit gutem und preiswertem Brot sicherstellen und verhindern sollten, daß das Volk übervorteilt wurde.

1839 erwarb ein Vorfahr der Familie Schädler das schmucke Anwesen. Seither befindet sich das »Gasthaus Traube« im Familienbesitz. Mittlerweile hat Tochter Martha mit ihrem Mann Ludwig Mittermeier das Regiment übernommen. Der Niederbayer kam vor 25 Jahren als Koch ins Haus, verliebte sich und blieb. Aber natürlich hilft Vater Georg noch nach Kräften mit. Mit seinem Enkel Uli, der gerade im Haus seine Lehre absolviert, sind augenblicklich drei Generationen hier beschäftigt.

Inzwischen hat sich die »Traube« zu einem richtigen Ferienhotel ausgewachsen. Brot wird heute keines mehr gebacken. Dafür kann sich der Gast Fitneß-, Schroth- und Schlankheitskuren unterziehen, wie sie ja auch in Oberstaufen üblich sind. Im Sommer lassen sich diese Bemühungen durch Spaziergänge in der lieblichen Allgäulandschaft oder sportliche Betätigungen auf dem nahegelegenen Alpsee unterstützen. Im Winter sind in diesem ziemlich schneesicheren Gebiet Ski und Rodel gut.

Das Besondere an der »Traube« ist die gemütliche Stube, die in den dreißiger Jahren dieses Jahrhunderts eingerichtet wurde. Wie in der ganzen Gegend seit eh und je aus Sparsamkeitsgründen nicht mit teurem Zirbelholz ausgestattet, sondern mit billiger Fichte und dann hochglänzend hellgrün und elfenbeinfarben lackiert. Mit einer ungewöhnlichen, dreischenkligen Eckbank am Kachelofen, die wie die an der Wand entlang verlaufenden Sitzbänke mit Fleckerlteppich bezogen ist, in den Farben passend darauf abgestimmt. Wer abnehmen will, ist hier eigentlich arm dran, denn Luwig Mittermeier kocht wunderbar. Herzhafte, kräftige Gerichte nach Allgäuer Art, wie man sie sonst nicht mehr häufig auf Speisekarten findet. Lamm-Medaillons in Bärlauchsauce zum Beispiel, Brachsen auf die verschiedenste Weise und Kässpätzle, die eine Sünde wert sind!

Martha und Ludwig Mittermeier, die Wirtsleute von der Traube

Wohl die einzige Traube weit und breit, die hier gedeiht . . .

Milchwirtschaft ist fürs Allgäu wesentlicher Wirtschaftsfaktor

Daneben allerdings spielt auch der Schnee eine wichtige Rolle!

1
ALLGÄUER KÄSESUPPE

Für vier bis sechs Personen:
Suppe:
2 EL Butter, 1 gestrichener EL Mehl,
2/3 l Fleischbrühe, 1/3 l Milch,
1/10 l Rahm,
150 g geriebener Emmentaler,
Salz, Pfeffer, Muskat
Außerdem:
1 Scheibe Weißbrot, 3 EL Butter,
1 Zwiebel, 1 EL Öl, Schnittlauch

In der aufschäumenden Butter das Mehl andünsten, jedoch nicht bräunen. Fleischbrühe, Milch und Rahm angießen. Auf mittlerem Feuer etwa 20 Minuten leise köcheln lassen.
Den geriebenen Käse einrühren und behutsam in der Suppe schmelzen. Jetzt nicht mehr kochen lassen, weil sonst der Käse zusammenklumpt und sich nicht mehr auflöst. Mit Salz, Pfeffer und Muskat abschmecken.
Das Weißbrot zentimeterklein würfeln und in zwei Eßlöffeln Butter kroß braten. Die Zwiebel in feine Ringe hobeln, in der restlichen Butter, die mit dem Öl erhitzt wurde, braun rösten.
Die Suppe in einer Terrine oder in Suppentellern anrichten, mit Croûtons, Zwiebelringen und Schnittlauchröllchen bestreut servieren.

1

2

2

FISCHSUPPE MIT SAFRAN

Ludwig Mittermeier nimmt hierfür natürlich Fische aus dem nahgelegenen Alpsee. Es handelt sich jedoch um ein Grundrezept, das sich mit allen möglichen Fischen zubereiten läßt. Wer's eilig hat, kann sogar fertigen Fischfond und Fischfilet verwenden.

Für vier Personen:
1 Forelle, 1 Felchen à ca. 400 g,
2 gelbe Rüben, 1 Porreestange,
1/2 Sellerieknolle, 1 Glas Weißwein,
1 Lorbeerblatt, 1/2 TL Pfefferkörner,
1 Eiweiß, 1 Döschen Safran,
1/8 l Weißwein, Salz, Pfeffer

Den Fischfond bereits am Vortag ansetzen: die Fische filieren; die Filets sorgfältig auch von den Y-Gräten befreien und zugedeckt kalt stellen. Die Mittelgräten und die Köpfe in einen Topf füllen. Von den gelben Rüben, Porree und Sellerie auf dem Gemüsehobel je etwa vier Eßlöffel streichholzfeine Streifen schneiden und beiseite legen. Den Rest grob gewürfelt in den Topf geben. Mit Wein sowie gut einem Liter Wasser auffüllen, Lorbeerblatt und Pfeffer zufügen. Zugedeckt etwa eine halbe Stunde auskochen. Den Sud durch ein Sieb filtern und kalt stellen.

Zum Klären das Eiweiß hineinquirlen. Auf mittlerem Feuer langsam erhitzen und kurz bevor der Sud richtig kocht den Topf vom Feuer ziehen. Den Sud abkühlen und nunmehr durch ein mit einem Kaffeefilter ausgelegtes Sieb gießen, in dem alle Trubstoffe zurückbleiben. Den Safran in den Sud rühren, mit Salz und Pfeffer abschmecken.

Zum Servieren die rohen Filetstücke in Suppentellern anrichten. Mit wenig Salz und Pfeffer würzen. Die Gemüsejulienne daneben verteilen. Mit der kochendheißen, gut abgeschmeckten Brühe auffüllen. Die Zeit, bis die Teller am Tisch angelangt sind, genügt, um den Fisch garziehen zu lassen.

1

ALLGÄUER KÄS'SPÄTZLE

Das Nationalgericht, das auf nahezu jeder Speisekarte zu finden ist, aber nur selten wirklich delikat zubereitet wird: Es müssen eben selbstgemachte, eigens dafür gekochte Spätzle sein, der Käse natürlich frisch gerieben. Wichtig ist außerdem ein Salat dazu, der mit genügend Vinaigrette angemacht ist: Ein wenig davon über die Käs'spätzle geträufelt, gibt ihnen Frische, macht sie leichter und besser verdaulich.

Für vier Personen:
Spätzle:
400 g Mehl, 5 Eier, Salz
Außerdem:
70 g Butter, 2 Zwiebeln,
100 g geriebener Allgäuer Bergkäse,
Pfeffer, Schnittlauch

Aus Mehl, Eiern und Salz mit dem Handmixer einen weichen Teig rühren. Mit dem Spätzlehobel oder der Spätzlepresse ins kochende Salzwasser drükken. Sobald die Spätzle oben schwimmen, sind sie gar; mit heißem Wasser kurz abbrausen und abtropfen lassen.
Die Hälfte der Butter in einer großen Pfanne erhitzen. Die in feine Ringe gehobelten Zwiebeln darin braun rösten. Herausheben und beiseite stellen. Die restliche Butter erhitzen, die abgetropften Spätzle darin schwenken, dabei den geriebenen Käse dazwischenstreuen. Alles auf gelindem Feuer durch Schwenken und Schütteln der Pfanne mischen. Mit reichlich Pfeffer würzen. Mit gerösteten Zwiebeln und Schnittlauch bestreut servieren.

1

2

GEBACKENE BRACHSEN

Für Brachsen gibt es keine Schonzeiten, man darf sie also rund ums Jahr servieren. Obwohl sie wunderbar schmecken, gelten sie als minderwertiger Speisefisch. Sie stecken nämlich voller höchst unangenehmer Gräten. Damit die Fische trotzdem ungetrübten Genuß bieten, weiß Ludwig Mittermeier einen Trick: Er schneidet sie auf beiden Seiten mit vielen, akkurat parallel gesetzten Schnitten bis auf die Mittelgräte ein; auf diese Weise werden die Quergräten so zerkleinert, daß sie nicht mehr stören.

Für eine bis zwei Personen:
1 Brachse von etwa 400-500 g,
1/2 Zwiebel, 1-2 Petersilienstengel,
Salz, Pfeffer, Mehl zum Wenden,
Butterschmalz zum Backen

Die Brachse bereits vom Fischhändler küchenfertig zurichten lassen. Zu Hause auswaschen, einige Zwiebelringe und Petersilie in den Bauch stecken, innen und außen salzen und pfeffern. Schließlich den Fisch in Mehl wenden, was nicht anhaftet, gut abschütteln. Den Fisch in reichlich Butterschmalz auf beiden Seiten kroß braten. Dazu schmeckt am besten ein saftiger Kartoffelsalat.

2

Allgäu: Biotop und Heimat

Klirrende Kälte, gleißender Schnee, strahlende Sonne und tiefblauer Himmel: Winterfreuden! Langläufer sind in ihren Loipen unterwegs, Lifte und Seilbahnen schaufeln Skifahrer auf die Berge. Eine Traumlandschaft? Eigentlich schon. Aber der Spaß der Touristen droht das Allgäu immer ärger in Mitleidenschaft zu ziehen – neue Seilbahnen, noch mehr Pisten? Lange Jahre war das die Devise.

Doch hat Besinnung Einzug gehalten: Der Schatz der Region, die Schönheit der Landschaft, geriet in Gefahr. Die Bergbauernhöfe waren unwirtschaftlich geworden, ohne Subventionen lief ohnehin nichts mehr. Auf Menge ausgerichtete Produktion hatte sich als Fehlschlag erwiesen: Bei Überdüngung büßen die Wiesen ihren Artenreichtum ein, es bleiben nur Gras und Löwenzahn – die Milch verliert ihren Wohlgeschmack und alle Eigenschaften für einen guten Käse. Solche »modernen« Methoden und das Höfesterben veränderten die in Jahrhunderten gewachsene Kulturlandschaft, zerstörten ihr abwechslungsreiches Gleichgewicht: eintönige Graswiesen ohne Blumen, versteppende und durch Samenanflug sich in struppige Wälder verwandelnde Alpen – eine Gefahr, die Touristen zu verlieren, die man so dringend braucht. So kam es, daß man sich auf die Erfahrungen der Altvordern zurückbesann, wieder mit und nicht gegen die Natur produziert. Mehrere Gemeinden, allen voran Hindelang (auf dessen etwa 5000 Einwohner kommen 7000 Gästebetten!), haben reagiert und eine neue Konzeption entwickelt: Eine ökologisch bewußte und sinnvolle Landwirtschaft, Erhalt der bergbäuerlichen Kulturbiotope, Qualität der Produktion vor Quantität – unterstützt freilich aus verschiedenen Fonds. Die ersten Erfolge haben sich eingestellt . . .

Wenn genügend Schnee fällt, ist die Landschaft unberührbar: Die Skifahrer richten auf den Buckelwiesen keinen Schaden an. Liegt aber wenig, so gibt's statt Schlittenpartien Wagenfahrten

... die Skiläufer zerstören die Grasnarbe. Im Unterallgäu geht farbenfroh die Sonne unter, am Grünten herrscht Betrieb, am Simmerberg ist's ruhiger und in Hindelang lockt die Post zur Einkehr

Königliche Tafelfreuden

Das Traumschloß von Ludwig II., Neuschwanstein, wurde von einem Theatermaler entworfen, ehe ein Architekt sich um die zu bauende Realität Gedanken machte: Bildhafte, auf die Idee und ihren Effekt bedachte Romantik, nicht eine aus irdischen Bedürfnissen gestaltete Architektur – etwa als Ausdruck der Macht, zur Repräsentation, als Museum oder zum Wohnen gebaut. Das märchenhafte, einem Besuch auf der Wartburg und wagnerischen Schauplätzen verpflichtete Gebäude verfügt zwar über prunkvolle Säle und reich ausgestattete Zimmer, es scheint aber dennoch mehr als Bild gedacht, wirkt, vor allem aus der Ferne, eben als ein Realität gewordenes Bühnenbild . . .

Daß in einem solchen Schloß die Küche keine große Rolle spielt, ist eigentlich klar. Nichts von einer königlichen, in der Entstehungszeit entwikkelten modernen Technik, die festliche Gastmäler ermöglicht hätte. Der menschenscheue Märchenkönig liebte gesellschaftliche Tafeleien nicht! So ließ er für das intimere Linderhof das berühmte »Tischlein-deck-dich« bauen, eine ingeniöse Einrichtung, die

den im Untergeschoß gedeckten und mit Speisen versehenen Tisch ins Eßzimmer hinauffahren läßt, so daß Ludwig nicht einmal servierendes Personal ertragen mußte.
Bei seinem Vater, Maximilian II., war das ganz anders gewesen – er liebte sorgfältig komponierte Gastmäler, am liebsten verbunden mit geistreichen Gesprächen. So gründete er eine illustre Tafelrunde von vorwiegend norddeutschen Schriftstellern und Geisteswissenschaftlern, deren Haupt Emanuel Geibel wurde. An der Tafel nahmen weiterhin Platz: Der Historiker Felix Dahn, Joseph Victor von Scheffel, der Literaturhistoriker Wilhelm Hertz, der Satiriker und Theaterleiter Franz von Dingelstedt, der Professor für slawische Sprachen Friedrich Bodenstedt, der Professor für Kulturgeschichte und spätere Leiter des Nationalmuseums Wilhelm Heinrich Riehl, Paul Heyse, der Übersetzer und Kunstsammler Adolf Friedrich von Schack (Schack-Galerie), Hermann von Lingg, Martin Greif, Julius Grosse, der Schweizer Heinrich Leuthold . . . Dieser »Münchner Dichterkreis« war höchst national gesonnen und sicherte München die Bedeutung eines der geistigen Zentren Deutschlands.
Was bei den Tafelrunden aufgetischt wurde, war vom Feinsten: Hof- und Mundkoch des Königs war schließlich Johann Rottenhöfer. Seine »Anweisung in der feineren Kochkunst« gehört zu den Standardwerken der Kochliteratur, ist praktisch das Kompendium einer leicht regional geprägten Hofküche der damaligen Zeit. Diese wurde zwar von französischen Vorstellungen beherrscht, doch war die Küche des Adels damals gesamteuropäisch, erst in der bürgerlichen Küche wurden regionale Unterschiede bemerkbar und nur die bäuerliche war so eindeutig regional beziehungsweise lokal geprägt, wie wir uns heute eine Landesküche vorstellen. Maximilian und seine Dichter dachten national, speisten aber international!
So etwa ging's auch an der Tafel Ludwigs I., seines Vaters Maximilian I. Joseph und dessen Vorgängers Kurfürst Karl Theodor zu – wenn man auch feststellen muß, daß die Freude am Essen unter diesen drei Herrschern stetig abnahm; was im übrigen auch schon rein äußerlich zu erkennen ist. Von der kunstsinnig betonten Lebenslust des Mannheimer Kurfürsten über die geschickt durch die napoleonischen Wirren steuernde Politik des ersten bayerischen Königs bis zur bürgerlich anmutenden Disziplin und Sparsamkeit des großen Bauherrn liegen Welten . . .
Immerhin feierte Ludwig I., der ja mit der Ausgestaltung Münchens zu einer Stadt von europäischem Rang beschäftigt war und sich in Rom dafür Anregungen holte, dortselbst die Geburt seines Sohnes Luitpold im Jahre 1821 mit einer mitgebrachten Flasche seines besten Weines, einem 1783 Rüdesheimer. Besagter Luitpold wiederum gelangte als Prinzregent zu Volkes Beliebtheit und man widmete ihm eine wohlgeratene Torte: Er war ein echter Münchner Gourmet.

Kirchliche Sinneslust

Der Mönch, der – lachend und in voller Körperfülle – seinen Bierkrug hebt, ist ein vielbenutztes Bayernklischee. Aber ein wahres: Küche und Keller wurden jahrhundertelang von der Kirche geprägt! Mönche bewahrten die lateinischen Rezeptbücher auf, übersetzten sie, entwickelten und schrieben neue Rezepte. Wie Fleisch gebraten, Fisch gesotten, Brot und Kuchen gebacken, Gemüse angebaut, Wein gekeltert, Bier gebraut wird – im Schoß der Kirche lag das Wissen!
Bier sehen die Bayern als Grundnahrungsmittel oder sogar als »flüssiges Brot« an – man mag sich kaum vorstellen, daß es keine bayerische Erfindung ist. Dabei hatten es die Babylonier entwickelt und die Römer nach Germanien gebracht; »Bier« leitet sich ab von lateinisch *biber*, »Trank«.
Zunächst hatten nur die Klöster das Brauen gepflegt, weil nämlich das Löschen des Durstes mit einem kräftigen Gebräu das Fasten nicht unterbrach – er ist also wörtlich zu nehmen, der Spruch vom »flüssigen Brot«!
Dann, als der Wein aufgrund klimatischer Veränderungen knapp und teuer wurde, begannen auch die Bür-

ger Bier zu brauen. Zunächst wurden die Gäste zu Hause bewirtet, schließlich auch in der Taverne, der Tafernwirtschaft. Aber die Obrigkeit erhob bald kräftige Steuern. Außerdem wurde das Brauen verboten, wenn nach Mißernten das Getreide knapp war. Die Klöster hingegen, keinem Landesherrn verpflichtet, konnten brauen ohne Steuern und Einschränkungen – Klosterbier war also beliebt. Allerdings macht man seit undenklichen Zeiten Unterschiede, denn es gab Klöster, die an der Pforte nur dünnes »Conventbier« ausschenkten, während die Mönche selbst starkes »Paterbier« tranken. Berühmtheit erlangten schon früh Andechs, Tegernsee und Weihenstephan, heute staatliche Lehranstalt, die als die älteste bestehende Brauerei der Welt gilt. Das bayerische Bier genoß insgesamt einen hervorragenden Ruf, seit Herzog Wilhelm IV. von Bayern im Jahre 1516 das berühmte Reinheitsgebot erlassen hatte, daß nämlich »füran allenthalben in unsern Stettn, Märckten, unnd auf dem Lannde, zu kainem Pier, mehrer stuckh, dann allain Gersten, hopffen, und wasser, genomen unnd gepraucht sölle werden«. Die Hefe, die selbstverständlich hinzukommt, war damals noch unbekannt – man schüttete jedes Mal etwas vom vorherigen Bier an den neuen Sud. Und was war nun verboten? Als bittere Aromastoffe hatte man auch Kräuter, Eschenlaub, Eichenrinde, Wurzeln und Pilze, Ochsengalle und anderer schönen Dinge mehr genommen.

Um die Kräuter kümmerten sich allerdings die Klöster in anderer Hinsicht: Mönche waren es, die seit dem frühen Mittelalter in den Klostergärten Kräuter zogen und auf den Bergwiesen sammelten, um daraus medizinische Elixiere und Auszüge zu gewinnen, deren beste als Liköre die Zeiten überdauert haben, etwa auf Frauenchiemsee oder in Ettal. Die Volksmedizin und das Wissen um die Wirkung von Pflanzen hat ihre in Bayern immer lebendig gebliebene Existenz nur den Mönchen zu verdanken. Größtes Verdienst erwarben sich die Klöster schließlich mit der Anlage von Fischteichen. Auch hier waren natürlich die Vorschriften für die Fastenzeit die Ursache – aber Schlemmen wollten die Klosterbrüder immer . . .

Auf der alten Salzstraße zur guten Küche

So etwas traut man sich nur mit dem Überschwang jugendlicher Kraft zu: mit 23 Jahren mit einem eigenen Gasthaus sein Glück zu versuchen. Ohne jede Erfahrung und ausgerechnet im Bayerischen Wald! Gebhard Endl war ganz jung mit der Grafenauerin Renate verheiratet, als sich in ihrem Heimatort die Möglichkeit bot, ein Gasthaus mit Gästezimmern zu übernehmen. Der schmucklose Bau aus den siebziger Jahren liegt oberhalb der Ortschaft mit einem hübschen Blick ins Land. »Säumerhof« heißt er nach den sogenannten Säumern; so nannte man die Salzträger (von »Saumpfad«), die auf der hier verlaufenden Salzstraße von Bayern nach Böhmen unterwegs waren.

Koch wollte Gebhard Endl schon in einem Alter werden, in dem andere Buben davon träumen, Lokomotivführer zu sein. Allerdings war er nach der Lehre vom Beruf enttäuscht. Nur Schnitzel und Würste braten, das war ihm zu wenig; er wollte die große Küche kennenlernen. Und als er dann auf Eckart Witzigmann traf, dessen »Tantris« in München gerade neu eröffnet war, hatte Gebhard Endl endlich den erträumten Lehrmeister gefunden: Das war eine neue Welt, eine andere kulinarische Dimension.

Aber seine Gäste im »Säumerhof« wollten gar nichts anderes. Sonntags, wenn Hochbetrieb herrschte, bestellten von 160 Gästen garantiert 120 Schnitzel. Nach anfänglichem Frust weiß er inzwischen: auch ein Schnitzel, Kartoffelsalat oder Pichelsteiner (das Nationalgericht im Bayerischen Wald) können vorzüglich sein, wenn anständige Produkte sorgfältig zubereitet werden. Seither sind mehr als zehn Jahre vergangen; Schnitzel wird man auf der Speisekarte keins mehr finden. Dafür gibt es Wild, Pilze und Beeren aus dem Wald, oder zum Tafelspitz die klassische Meerrettichsauce, wie sie die Großmutter schon zubereitet hat und wie man sie nicht besser machen kann: aus kräftiger Fleischbrühe und mit in Milch eingeweichter Semmel angedickt.

Längst ist dem umtriebigen Endl sein eigenes Haus nicht mehr genug. Als Geschäftsführer des »Wilden Mann« im 40 Kilometer entfernten Passau, Hotel, Restaurant und Tages-Café, ist er inzwischen ziemlich ausgelastet!

Renate Endl, als Bäckerstochter in einem Geschäftshaushalt aufgewachsen, wollte nie in die Gastronomie. Jetzt könnte sie sich eine andere Arbeit nicht vorstellen

Sobald eine Aufgabe einmal zu seiner Zufriedenheit abgeschlossen ist, ruht Gebhard Endl nicht, bis er die nächste Geschäftsidee entwickelt hat

1

2

1
HAUSGEBEIZTER HIRSCHSCHINKEN

Medaillons aus der Hirschkeule
Sud:
1 l Wasser, 80 g Salz, 10 Nelken, 5 Lorbeerblätter, 5 Knoblauchzehen, 1 TL weiße Pfefferkörner, 20 Wacholderbeeren, je 1 Stengel Thymian, Rosmarin und Salbei
Außerdem:
Zucker zum Einreiben

Die Fleischstücke sauber parieren. Mit lauwarmen Sud übergießen, der aus den angegebenen Zutaten gekocht wurde. Sie müssen davon vollkommen bedeckt sein. Vier Wochen zugedeckt an einem kühlen Ort stehen lassen, dabei gelegentlich wenden.
Den nunmehr gebeizten Schinken aus der Lake nehmen, rundum abtrocken und mit etwas Zucker einreiben. Jeweils einen Bindfaden durch die Fleischstücke ziehen und einen Tag aufhängen. Anschließend vom Metzger ca. drei Tage kalt räuchern lassen.
Vor dem Anschneiden mindestens zwei Tage an einem kühlen Ort ruhen lassen. Zum Servieren auf der Aufschnittmaschine in hauchdünne Scheiben aufschneiden. Mit einem kleinen Salat hübsch anrichten.

2
SALAT MIT KALBSZUNGE UND KALBSBRIES

Für vier bis sechs Personen:
1 Kalbsbriesnuß, 1 Zwiebel, 1 Lorbeerblatt, 3 Nelken, Salz, 1 Kalbszunge, 1 EL Olivenöl, Pfeffer, 1 EL Balsamicoessig
Vinaigrette:
2 EL milder Weinessig, 1 EL Balsamico-Essig, 2 EL Olivenöl, 1 EL Sonnenblumenöl, 1 Schalotte, 1 Knoblauchzehe, Petersilie, Basilikum, Salz, Pfeffer, Zucker

Das Bries mit Zwiebel und Gewürzen in einem Topf mit Wasser bedecken. Langsam zum Kochen bringen, etwa fünf Minuten leise ziehen lassen und herausnehmen. Nunmehr die Zunge in diesem Sud eine Stunde garen.
Das Bries putzen und in Röschen teilen. Im heißen Öl rundum golden braten, dabei salzen, pfeffern und mit Balsamico-Essig beträufeln, bis es davon gleichmäßig überzogen ist.
Die Zunge häuten und längs in dünne Scheiben schneiden. Mit den Briesröschen auf Tellern anrichten und mit etwas Vinaigrette würzen. Mit Salatblättchen dekorieren, die mit der restlichen Vinaigrette angemacht sind.

3

4

3

FILET VOM DONAUZANDER IN RIESLINGSAUCE

Für zwei Personen:
300 g Blattspinat, 3 EL Butter, 1 Knoblauchzehe, Salz, Pfeffer, frisch geriebene Muskatnuß, 2 Stücke Zanderfilet à 200 g, 1 EL Sonnenblumenöl

Rieslingsauce:
0,1 l Riesling, 0,1 l Nosilly Prat (trockener Wermut), 0,2 l Fischfond, 1 Schalotte, 60 g Butter, Cayenne, Salz, Zitronensaft

Den sorgsam entstielten Spinat in etwas Butter dünsten. Mit Knoblauch, Salz, Pfeffer und Muskat würzen.
Die Zanderfilets salzen und pfeffern, in einer Mischung aus Butter und Öl rasch braten und warm stellen.
Für die Sauce Wein, Wermut, Fischfond und gewürfelte Schalotte auf die halbe Flüssigkeitsmenge einkochen, mit der Butter aufmixen und mit Cayennepfeffer, Salz und Zitrone abschmecken.
Die gebratenen Fischstücke auf einem Spinatbett anrichten und mit der Rieslingsauce umgießen.
Gebhard Endl dekoriert den Teller zum Schluß mit gedünsteten Pilzen und kroß gebratenen Kartoffelwürfeln.

4

KARAMELISIERTE APFELSCHEIBEN AUF RUMTOPFSABAYON

Für vier bis sechs Personen:
4 gleich große Äpfel (Cox Orange), 5 cl Riesling, 10 g Butter, Zitronensaft, 20 g Zucker, 0,1 l Rumtopfflüssigkeit, 1 Eigelb

Die geschälten Äpfel quer in gut zentimeterstarke Scheiben schneiden. Das Kerngehäuse ausstechen. In einer Pfanne Wein, Butter, Zitronensaft und Zucker aufkochen, die Apfelscheiben darin unter ständigem Rütteln und Schütteln dünsten, bis der Sud karamelisiert ist und die Äpfel auf beiden Seiten golden geworden sind.
Für den Sabayon die Rumtopfflüssigkeit mit dem Eigelb im Wasserbad dick und heiß schlagen. Neben dem Herd so lange weiterschlagen, bis der Sabayon nur noch lauwarm ist. In tiefe Teller verteilen, die Apfelscheiben darauf anrichten. Mit Rumtopffrüchten, Minzeblättern und einer Eiskugel garnieren.

»Feine Speisen« – hier ist der Name Programm

Aus Abenteuerlust ist Helmut Krausler Koch geworden. In der Steiermark, wo er geboren und aufgewachsen ist, hielt es ihn nicht. Er fuhr zur See und hat sich als Smutje die Welt angesehen. Anfang der siebziger Jahre verschlug es ihn nach Süddeutschland. Er hörte von Witzigmann und dem damals noch neuen »Tantris«, wurde neugierig und verdingte sich bei ihm. »Natürlich hab' ich geglaubt, ich kann schon alles«, amüsiert er sich heute noch, »aber Witzigmann hat mir ganz schnell gezeigt, daß da noch einiges fehlt.« Drei Jahre war er beim gestrengen Lehrmeister; es sind nicht viele, die so lange bei ihm gearbeitet haben.

Und heute kocht er in Niederaichbach, ausgerechnet; ein kleines Dorf in der Nähe von Landshut, das, am Ufer der Isar im Niederbayerischen gelegen, überaus idyllisch wäre, dräuten nicht die gewaltigen, weißen Schwaden aus den Kühltürmen des nahgelegenen Kernkraftwerks herüber. Grund für diesen Umzug war natürlich eine Frau: Gertraud, gelernte Patissière, hat das Berg-Café ihrer Eltern mit in die Ehe gebracht. »Ein Ausflugslokal«, lacht Krausler, »in dem sich die Tische unter Torten bogen und wo in den Kaffeetassen die Sahne stand.« Die Eltern zogen sich gern aus dem Geschäft zurück. Und nach und nach wurde aus dem Ausflugslokal direkt gegenüber vom Niederaichbacher

Farbenfroh und sorgfältig restauriert: Markt in Landshut

Das Schloß von Niederaichbach des Fürsten von Urach

Schloß des Fürsten von Urach ein kleines, elegantes Restaurant, das er, völlig folgerichtig, »Krausler's feine Speisen« nannte.
Der Standort ist nicht gerade ideal. Das Bilderbuchstädtchen Landshut zieht zwar alle vier Jahre immer größere Touristenschwärme an, wenn in der sehenswürdigen Stadtkulisse das prächtige Spektakel einer mittelalterlichen Fürstenhochzeit gefeiert wird. Aber davon kann kein Restaurant leben, schon gar nicht, wenn es eine solch anspruchsvolle Küche bietet.
Auf Kompromisse läßt sich der Perfektionist gar nicht erst ein. Und er besteht darauf, auch weiterhin luxuriöse Zutaten in seinen Menüs zu verwenden, trotz der allgemeinen Hinwendung zu regionalen, schlichteren Produkten. Er ist der Überzeugung, daß seine Gäste, wenn sie sich zu einem Restaurantbesuch entschließen, ein Fest feiern wollen und all das genießen, was sie zu Hause sich niemals selber zubereiten könnten. Also gibt's bei ihm Gänseleber im Menü, Langustinen oder Hummer. Aber natürlich verzichtet auch er nicht darauf, gleichzeitig mit bodenständigen Produkten zu spielen, sie in erlesene Speisenfolgen unauffällig und kontrapunktisch einzubinden. Und am Ende weiß man nicht, wessen Leberknödel oder Grießnockerl für die Niederbayerische Hochzeitssuppe nun lockerer, delikater und duftiger sind, seine oder die von der Brückelmeierin (siehe Seite 219).
Seit fast 20 Jahren gibt es nun die Krauslers im Berg-Café; die Stammgäste von nah und fern haben das Restaurant längst schätzen gelernt. Und mit dem neuen Flughafen von München direkt vor seiner Haustür wächst ihm noch mehr Kundschaft zu.

Helmut Krausler, ein Abenteurer wurde Koch

Das Restaurant ist hell und großzügig eingerichtet

1

LACHSMOUSSE IM BROTMANTEL

Für sechs bis acht Personen:
1/4 l Fischfond, 200 g Pumpernickel, 300 g mildgeräucherter Lachs, 1/4 l Fischvéloute (je zur Hälfte Fischfond und Rahm, etwas eingekocht), 1/4 l Fischfond, Salz, Pfeffer, Cayennepfeffer, Zitronensaft, Sherry, 1/2 Schlagrahm

Den Fond etwas erwärmen und mit dem zerbröselten Brot mischen. Mit zwei Dritteln davon Seitenwände und Boden einer kleinen Kastenform ausgießen und fest werden lassen.
Den eisgekühlten Lachs mit der ebenso kalten Véloute mixen, durch ein Sieb passieren und mit dem Fischfond mischen. Mit Salz, Pfeffer, Cayennepfeffer, Zitrone und Sherry kräftig abschmecken. Kurz bevor die Farce fest zu werden beginnt, den nicht zu steifgeschlagenen Rahm gleichmäßig unterziehen. In die vorbereitete Form füllen, mit den Bröseln zudecken. Bis zum nächsten Tag kaltstellen.
Zum Servieren aus der Form stürzen, mit einem gut geschärften Messer in Scheiben schneiden und mit Zitronenfilets dekoriert anrichten.

2

NIEDERBAYRISCHE HOCHZEITSSUPPE

Dies ist eine feine, edle, sozusagen die Luxus-Version der Suppe, die tatsächlich hier bei keiner Hochzeit fehlen darf: die Knödel und Nockerl sind besonders duftig und locker.

Für vier bis sechs Personen:
Leberknödel:
2 frische Semmeln oder 150 g Weißbrot, 250 g Rinderleber, 250 g fetter Schweinebauch, 2 Schalotten, 2 EL Butter, 2 Knoblauchzehen, Majoran, Petersilie, 1 Eigelb, Salz, Pfeffer, Semmelbrösel zum Wenden, Butterschmalz zum Backen
Grießnockerl:
1 Ei, 50 g Butter, 120 g Grieß, Salz, Pfeffer
Pfannkuchen:
100 g Mehl, 3 Eier, 0,2 l Milch, Salz, Butter zum Backen
Außerdem:
Fleischbrühe, Schnittlauch

Eingeweichte Semmeln, Leber, Schweinefleisch, in Butter angedünstete Schalotten und Knoblauch, Majoran und Petersilie durch den Wolf drehen. Eigelb untermischen, salzen und pfeffern. Knödel formen, in Bröseln wälzen und in Butterschmalz ausbacken.
Für die Grießnockerl Ei und Butter schaumig rühren, Grieß zufügen, salzen und pfeffern. Eine halbe Stunde quellen lassen. Nocken abstechen und in Salzwasser garziehen lassen.
Aus den angegebenen Zutaten einen fast flüssigen Pfannkuchenteig quirlen. Dünne Pfannkuchen backen und in feine Streifen schneiden.
In klarer, kräftiger Fleischbrühe mit reichlich Schnittlauch servieren.

3

KALBSBRIES-TERRINE

Für eine Kastenform von 1 l Inhalt:
1 Kalbsbries (ca. 300 g), Salz,
200 g gekochter Vorderschinken in zentimeterdicken Scheiben,
2 EL Butter, 200 g Champignons,
Salz, Pfeffer, Muskat,
300 g Hühnerfleisch, 300 g Rahm,
hauchdünne Scheiben fetten Specks zum Auslegen der Form

Das Bries in Salzwasser einmal aufwallen lassen, im Sud abkühlen, dann in Röschen zerpflücken und von Häuten und Sehnen säubern. Die Briesröschen und den in zentimetergroße Würfel geschnittenen Schinken in der heißen Butter anbraten, die in Scheiben geschnittenen Pilze mitbraten. Mit Salz, Pfeffer und Muskat würzen.
Für die Farce das gut gekühlte Hühnerfleisch mit dem ebenfalls eiskalten Rahm fein pürieren. Mit Salz, Pfeffer und Muskat würzen. Die abgekühlten Bries- und Schinkenwürfel unterziehen. In die mit Speckscheiben ausgekleidete Form füllen. Mit Alufolie zudecken. Im Wasserbad im 150 Grad heißen Ofen 50 Minuten garen.
Im Ofen auskühlen und einen Tag im Kühlschrank fest werden lassen, bevor die Terrine angeschnitten wird.

4

LINSENSUPPE MIT WACHTELBRUST

Für vier bis sechs Personen:
2 Schalotten, 100 g Butter,
200 g Linsen, 2 EL Essig,
1 l Geflügelbrühe, Salz, Pfeffer,
1 Kräutersträußchen (Thymian, Lauch, Lorbeerblatt), 2 Wachteln,
50 g durchwachsener Speck in hauchdünnen Scheiben,
Orangenzesten (hauchfeine Streifen von Orangenschale), Petersilie

Schalotten feinhacken und in zwei Löffeln Butter andünsten. Linsen hinzuschütten, mit Essig und Brühe ablöschen. Salzen und pfeffern, das Kräutersträußchen zufügen. Zugedeckt leise weichkochen. Mit der Schaumkelle einige Eßlöffel Linsen herausheben und beiseite stellen. Den Rest mit dem Pürierstab fein zerkleinern. Zwei Drittel der Butter untermixen. Die cremige Suppe abschmecken, die aufbewahrten Linsen wieder zufügen.
Die Wachteln vierteln, in der restlichen Butter anbraten und garziehen lassen. Salzen und pfeffern.
Die Linsensuppe anrichten, jeweils ein Wachtelstück in die Mitte setzen, mit kroß gebratenen Speckstreifen, Orangenzesten und Petersilie garnieren.

1

WACHTEL IM KARTOFFELKLEID

Für vier Personen:
4 Wachteln, Salz, Pfeffer, 200 g Hühnerfleisch, 200 g Rahm, Muskat, Cayennepfeffer, 4-6 Kartoffeln (je nach Größe), Butterschmalz

Die Wachteln vierteln, die Brust vom Knochen lösen, auch die Schenkel entbeinen, dabei jedoch den Knochen im Unterschenkel lassen, der später wie ein Stiel zum Anfassen dient. Die Wachtelstücke häuten, salzen und pfeffern. (Karkasse eventuell für einen Fond oder eine Brühe auskochen.)
Das eiskalte Hühnerfleisch mit dem ebenfalls kalten Rahm mixen, dabei mit Salz, Pfeffer, Muskat und Cayenne abschmecken. Jeweils eine Brust und Keule mit dieser Farce bestreichen und aufeinanderpacken.
Kartoffeln schälen und auf der Aufschnittmaschine in hauchdünne Scheiben schneiden (Einstellung 0). Die Scheiben mit einem Tuch gründlich abtrocknen, salzen und pfeffern. Die Wachtelpäckchen mit den Kartoffelscheiben umhüllen. In Butterschmalz langsam schön kroß ausbacken. Auf einem Bett von gedünstetem Chicoreegemüse anrichten. Mit klarem Trüffel-Portweinjus umgießen.

2

KANINCHEN-NIERENBRATEN MIT ROTE-BETE-SAUCE

Für vier bis sechs Personen:
1 Kaninchen (mit Nieren und Leber), 200 g Rahm, Salz, Pfeffer, Cayenne, hauchdünne Scheiben grünen Specks, 2 EL Olivenöl, einige Thymianzweige, 2 Knoblauchzehen

Rote-Bete-Sauce:
100 g frisch gekochte Rote Bete, 100 g Butter, 0,2 l Geflügelfond, 200 g Rahm, Salz, Pfeffer, Piment, Zitronensaft, Champagner

Die Rückenfilets auslösen. 200 Gramm Fleisch aus der Keule lösen, gut gekühlt mit dem Rahm mixen und würzen. (Den Rest für eine andere Mahlzeit verwenden.) Die Speckscheiben zu einer Fläche ausbreiten. Die Rückenfilets nebeneinander daraufsetzen, mit etwas Farce bestreichen. Die geputzten Nieren und Lebern dazwischen setzen, dabei mit etwas Farce verbinden. Zu einem Rollbraten aufwickeln und verschnüren. Salzen, pfeffern und im heißen Öl rundum anbraten. Dabei Thymian und Knoblauchzehen dazu streuen. Im 160 Grad heißen Ofen 20 Minuten garziehen lassen. Den Rollbraten in Scheiben schneiden und auf einem Bett von blanchiertem, in Butter und einem Löffel Rahm gedünstetem Wirsing anrichten, der mit Muskat gewürzt ist.
Für die Rote-Bete-Sauce die weichgekochte Rote Bete mit der Butter aufmixen und kalt stellen. Geflügelfond und Rahm um die Hälfte einkochen und mit der Rote-Bete-Butter aufmixen.
Die Sauce mit Salz, Pfeffer, Zitronensaft, Piment und einem Schuß Champagner abschmecken.

3

MEERBARBE IN SAFRANSAUCE

Meerbarben (*rougets barbets*) sollten nie zu groß sein und taufrisch. Dann duften sie angenehm nach Meer.

Für vier Personen:
4 schöne Meerbarbenfilets,
je 4 EL winzig kleine Würfel von
Zucchini und roter Paprika,
2 EL Olivenöl, Salz, Pfeffer,
ca. ¼ l Fischfond, 1 Döschen Safran,
75 g Butter, 1 EL Pernod,
1 Löffel Schlagrahm

Die Fischfilets sorgfältig von Gräten säubern, die schöne rote Haut jedoch unbedingt dranlassen!
Die Gemüsewürfelchen im Olivenöl andünsten, salzen und pfeffern. Die Fischfilets damit dick belegen. Die Filets nebeneinander in eine ofenfeste Form betten, mit heißem Fischfond umgießen. Bei 180 Grad im vorgeheizten Ofen etwa acht bis zehn Minuten pochieren. Den Fond schließlich vorsichtig abgießen, mit dem Safran aufkochen, schließlich die Butter mit dem Stabmixer einarbeiten. Die Sauce mit Pernod, Salz und Pfeffer abschmecken. Zum Schluß zum Auflockern den geschlagenen Rahm unterziehen.
Die Fischfilets auf heißen Tellern anrichten und mit der leuchtend gelben Sauce umgießen.

4

MOZARTKNÖDEL

Für vier bis sechs Personen:
100 g Rahm, 100 g dunkle Kuvertüre,
1 Schuß Cognac, 100 g Pistazien,
150 g Marzipanrohmasse,
700 g Magerquark, Schale und Saft
von 1 Zitrone, 50 g Butter,
1 Vanilleschote, 3 Eier, 8 EL Zucker,
130 g frisch geriebenes Weißbrot,
Salz, ca. 200 g zu Bröseln geriebener
Brioche oder Rührkuchen

Den Rahm aufkochen, die Kuvertüre hineinbröckeln und langsam auflösen. Mit Cognac parfümieren. Im Kühlschrank fest werden lassen.
Pistazien im elektrischen Zerhacker zerkleinern, die Marzipanrohmasse zufügen und glatt mixen.
Den Quark gut abtropfen lassen. Mit Zitronensaft und -schale, zerlassener Butter und dem ausgeschabten Mark einer Vanilleschote verrühren.
Eier und 5 EL Zucker dick und schaumig schlagen, die Quarkmasse zufügen und schließlich das geriebene Weißbrot untermischen. Diesen »Knödelteig« eine Stunde lang kalt stellen.
Zuerst eine Schokoladenkugel formen, mit einer Schicht Pistazienmarzipan umgeben und mit einem Mantel aus Quarkmasse umhüllen. Die Knödel schön rund formen und in leise siedendem Salzwasser garziehen lassen.
Die Knödel noch warm in Kuchenbröseln wälzen, die mit etwas Zucker in der trockenen Pfanne golden geröstet wurden. Zum Auseinanderschneiden ein elektrisches Messer nehmen, damit der Knödel nicht so leicht zerfällt; mit Himbeermark und frischen Beeren hübsch anrichten.

Schmausereien in Schmatzhausen

»Wenn i' das Kochen anfang'«, sagt Franziska Brückelmeier, »brat' i' z'erst amol d'Knochen an.« Mit 10 bis 15 Pfund Kalbs- und Rinderknochen, einem durchwachsenen Stück Fleisch, etwas Gewürz und Wurzelwerk wird zunächst eine kräftige Suppe angesetzt. »Denn«, fährt die Brückelmeierin fort, »so hab' i's g'lernt: Nie Wasser zum Kochen nehmen, Wasser verdirbt alles!« Das Wasser zum Ansetzen der Brühe ist natürlich nicht gemeint. Aller Anfang ist also eine gute Brühe. Kein schlechter Standpunkt!

Das Gasthaus Brückelmeier könnte ein Juwel sein. Es steht im Herzen eines kleinen Dörfchens nordwestlich von Landshut, mit dem verheißungsvollen Namen Schmatzhausen. Als Fremder käme man indes wohl kaum auf die Idee, das arg durch Renovierungen mitgenommene Gebäude zu betreten, trotz seiner idyllischen Lage, im Schatten einer großen Linde, genau gegenüber der Dorfkirche. Wer es trotzdem tut, mag bestimmt nicht glauben, daß er in dem Gastraum mit dem Charme eines Turnerheims an der richtigen Adresse ist. Aber das macht nichts, außer einem Bier würde man ihm ohnehin nichts servieren, wenn er nicht angemeldet ist.

Dem *Gasthaus Brückelmeier* ist es ergangen wie so vielen Wirtschaften auf dem Land: Früher hat der Brückelmeierwirt sein Bier natürlich selber gebraut, wie seine Vorfahren auch, schon seit 1875. Aber vor fast 25 Jahren hat er seine kleine Brauerei aufgeben müssen. Die Arbeit hat sich einfach nicht mehr gelohnt. Die großen Brauereien konnten das Bier billiger anbieten; die Menschen sind auch nicht mehr so häufig in die Wirtschaft gegangen, sondern haben ihr Bier lieber aus der Flasche daheim vorm Fernseher getrunken. Eine Zeitlang hat Franziska, die Brückelmeierwirtin, trotzdem noch jeden Tag für die Gäste gekocht. Aber die sind immer weniger geworden, und es ist immer schwieriger gewesen, sich mit den Vorräten auf die unregelmäßige Nachfrage einzustellen. Und so hat sie irgendwann beschlossen, ihre Spezialitäten nur noch auf Anfrage zuzubereiten. So weiß sie genau, wie viele Gäste kom-

LEBERKNÖDEL, SEMMELKNÖDEL UND BRATNOCKERL

Die Mühe lohnt sich besonders, wenn man gleich eine doppelte Portion herstellt: Knödel und Nockerl lassen sich wunderbar einfrieren. Die Semmelknödel werden genau wie die Leberknödel zubereitet, nur ohne Leber, eventuell ein zusätzliches Ei zufügen.

Für zwölf Personen:
Leberknödel:
500 g durchgedrehte Schweineleber, 1 große Zwiebel, 2 EL Butter, 10 Semmeln vom Vortag oder 500 g Knödelbrot, ca. 1/8 l Milch, 3-4 Eier, Salz, Pfeffer, Majoran, 1-2 Bund Petersilie, Butterschmalz zum Ausbacken, Fleischbrühe
Bratnockerl:
500 g Brät (vom Metzger), 3 Semmeln, ca. 4-5 EL Milch, 2-3 Eier, Muskat, Pfeffer, Salz, 1 Bund Petersilie

Die Schweineleber, falls der Metzger es nicht bereits getan hat, durch den Wolf drehen. Feingehackte Zwiebel in Butter weichdünsten. Die Semmeln in dünne Scheiben schneiden und mit ein wenig heißer Milch anfeuchten. Alles gut mischen. Soviele Eier zufügen, daß ein formbarer Teig entsteht. Mit Salz, Pfeffer, Majoran und reichlich feingehackter Petersilie würzen. Tischtennisballgroße Klöße formen. In heißem Butterschmalz kurz fritieren. Gut abtropfen und schließlich in Fleischbrühe garziehen lassen.

Für die Bratnockerl das Brät mit den entrindeten, in Milch eingeweichten, gut ausgedrückten Semmeln mischen, soviel Eier einarbeiten, daß ein geschmeidiger Teig entsteht. Mit Muskat, Pfeffer, Salz und gehackter Petersilie würzen. Aus dem gut durchgearbeiteten Teig mit einem Eßlöffel Nocken formen, in kochendem Salzwasser fünf bis zehn Minuten garziehen lassen.

Knödel und Nockerln in einer Terrine anrichten, mit heißer Brühe auffüllen und mit reichlich frisch in Röllchen geschnittenem Schnittlauch bestreuen.

Das Gasthaus von Franziska und Michael Brückelmeier ist wirklich ein Geheimtip. Wer sich nicht zwei bis drei Tage vorher anmeldet und mit der Wirtin bespricht, was er mit seinen Gästen bei ihr essen will, kriegt nichts. Nicht einmal eine Brotzeit. Deshalb ist der wichtigste Schlüssel zu diesem kulinarischen Fest die Telefonnummer (Seite 247)

men und was sie essen wollen. Zwei Tage Zeit muß man ihr geben. Schließlich muß zunächst einmal eingekauft werden. Die Täubchen zum Füllen, die Bauerngickerl, die fleischigen Enten oder das fette Kirchweihganserl bekommt sie nur bei ganz bestimmten Bauern in der Umgebung. Oder sie fragt den Jäger, ob er ihr nicht ein Reh schießen mag, damit's ein schönes Rehragout geben kann. Das nämlich bereitet sie nur zu, wenn die angesagte Gruppe mindestens acht Gäste zählt, lieber sogar mehr. Denn sie verarbeitet dafür die beiden Schultern und die Keulen vom Reh. Sonst lohnt sich der Aufwand gar nicht erst. Außerdem findet sie, daß manches erst dann richtig schmeckt, wenn man einen großen Topf davon zubereitet. Wer Glück hat, erwischt einen Tag, an dem auch der Herr Pfarrer Gäste hat, dann gehen die überzähligen Portionen hinüber zur Haushälterin ins Pfarrhaus, und man bekommt eine Schüssel zum Probieren, auch wenn man nur zu viert oder sechst am Tisch sitzt . . .

Die Küche der Brückelmeierin ist gutbürgerlich in des Wortes bestem Sinn. So hat man früher, bevor die Fertigkostindustrie die Gastronomie entdeckte, in vielen guten Gasthäusern essen können: Anständige Zutaten, immer frisch zubereitet, nach einfachen Rezepten, die schon die Großmutter befolgt hat. Heute findet man einen Aufwand, wie ihn Franziska Brückelmeier treibt, fast nur noch in luxuriösen Restaurants; nur dort lassen sich die entsprechenden Preise dafür erzielen. Sie jedenfalls würde von einem Bauern, der sein Geflügel nicht ordentlich mit Körnern füttert, nicht kaufen. Denn eine magere Gans, die ja zäh und trocken werden muß, kann und will sie ihren Gästen nicht anbieten. Oder, anderes Beispiel, der Rahm: früher nahm sie einfach zum Kochen das, was sich auf der Milch abgesetzt hat. Diesen dicken Rahm hat sie von Tag zu Tag gesammelt; wenn er ein klein wenig sauer wurde, machte das nichts, das gab den Saucen Pfiff. (Was wir aus Frankreich als »Crème fraîche« importieren, ist schließlich nichts anderes). Heute muß sie sich behelfen: sie kauft normale, süße Sahne, läßt sie über ihr Haltbarkeitsdatum stehen und verwendet nur, was sich dick abgesetzt hat. Ganz passabel, aber im Vergleich zu früher natürlich ein Ersatz . . .

GEFÜLLTE TÄUBCHEN

Für vier Personen:
4 junge, küchenfertige Täubchen mit ihren Innereien, Salz, Pfeffer,
Füllung:
3 Semmeln vom Vortag, 2 Eier, 2 Zwiebeln, 100 g Butter, Petersilie mit Wurzel, 1 gelbe Rübe, 1 Porreestange, ca. $^{1}/_{4}$ l kräftige Fleischbrühe

Die Täubchen innen und außen mit Salz und Pfeffer einreiben.
Für die Füllung die Semmeln in dünne Scheiben schneiden, mit den Eiern, einer feingehackten, in einem Löffel Butter weichgedünsteten Zwiebel, gehackter Petersilie und der gehackten Täubchenleber mischen und etwas ziehen lassen. Die Masse gut abschmecken und in den Bauch der Täubchen, sowie unter die Brusthaut schieben, dabei darauf achten, daß sie unverletzt bleibt – sonst quillt die Füllung wieder heraus.
Die gefüllten Täubchen in eine Bratenreine auf ein Bett von gehackten Innereien, Abschnitten (Hals, Flügelspitzen, Mägen, Herz etc.) sowie Wurzelgemüse setzen. Mit heißer Butter übergießen. Im 200 Grad heißen Ofen etwa 75 Minuten braten, dabei immer wieder zuerst mit Fleischbrühe, dann mit dem Bratensaft übergießen, der mit Brühe losgekocht wurde.
Zum Servieren die Täubchen auf eine Platte setzen, Hälse, Magen und Herzen daneben verteilen. Den Bratensaft durch ein Sieb filtern und getrennt dazu reichen. Außerdem passen dazu verschiedene Salate.

Wer sich angesagt hat, bekommt den Tisch gedeckt, mit Tischtuch und (Papier-)Servietten. Ein bescheidener Luxus im ansonsten recht karg ausgestatteten Gastraum. Hier treffen sich die Leute aus dem Dorf auf ein Bier oder zwei

1

AUS'ZOGENE

Ein duftiges, in Butterschmalz gebakkenes Hefegebäck, das frisch und noch warm unwiderstehlich gut schmeckt.

<u>Für 10 Stück:</u>
1/2 Würfel Hefe, ca. 1/8 l Milch,
50 g Zucker, 500 g Mehl, Prise Salz,
50 g Butter, 2 Eier,
Butterschmalz zum Ausbacken

Hefe mit etwas lauwarmer Milch, einem Löffel Zucker und einem Löffel Mehl verrühren und zugedeckt an einem warmen Ort eine Stunde gehen lassen, bis dieser Vorteig Blasen wirft.
Mit dem restlichen Mehl, Zucker, Salz, geschmolzener Butter und den Eiern in der Küchenmaschine zu einem weichen Teig verarbeiten; dabei soviel Milch zufügen, wie nötig. Den Teig tüchtig schlagen, bis er seidig glänzt und Blasen wirft. Erneut zudecken und eine Stunde gehen lassen.
Kleine, tischtennisballgroße Kugeln daraus formen, auf einem bemehlten Brett unter einem Tuch eine weitere halbe Stunde gehen lassen.
Erst dann die einzelnen Kugeln flach drücken, behutsam mit den Händen dehnen und auf Handtellerdurchmesser »ausziehen«. In heißem Butterschmalz schwimmend ausbacken.

1

2

REHRAGOUT

Für weniger als acht, besser zehn und mehr Personen, sollte man ein solches Ragout gar nicht erst zubereiten. Notfalls kann man ja, was übrig bleibt, fürs nächste Mal einfrieren. Die Sauce bekommt übrigens Farbe, Konsistenz und Aroma durch ein wenig Schweineblut. Man muß es beim Metzger extra bestellen, damit er es mit etwas Essig abrührt, weil es nur so frisch bleibt, und für Sie aufbewahrt.

Für zehn Portionen:
1 Rehschlegel (Keule) von ca. 1,5 kg, 2 Rehschultern je ca. 1,2 kg, 3 gelbe Rüben, 2 Zwiebeln, 1 Porreestange, 1/4 l Essig, 1/4 l Wasser, Salz, 1 TL Zucker, 2 Lorbeerblätter, 2 Nelken, ca. 1/8 l frisches Schweineblut, ca. 1/4 l Brühe, 200 g saurer Rahm (mindestens 30%) oder Crème fraîche, 1 EL Stärke

Die Rehkeule ganz lassen, die Schultern jeweils im Gelenk auseinanderschneiden und in drei Stücke teilen. In einen ausreichend großen Topf schichten, dabei gelbe Rüben, Zwiebeln und Porree grob gewürfelt dazwischenstreuen. Essig, Wasser und Gewürze zufügen. Das Fleisch in dieser Beize zwei, drei Stunden marinieren, dabei ab und zu die Stücke wenden, damit auch die oben liegenden gebeizt werden.

Schließlich langsam zum Kochen bringen, das Schweineblut unterrühren, soviel Brühe angießen, daß fast alles bedeckt ist. Zugedeckt etwa 90 Minuten leise köcheln. Das Fleisch herausnehmen, von den Knochen lösen und in große Würfel schneiden.

Für die Sauce den Sud durch ein Sieb filtern. Die Stärke mit etwas Sud und Rahm verquirlen und in den aufkochenden Sud rühren. Den restlichen Rahm zufügen. Einige Minuten durchkochen, bevor die Fleischwürfel wieder eingelegt werden. Abschmecken und in einer großen Terrine zu Tisch bringen.

Dazu schmecken Semmelknödel, die nach dem Rezept für Leberknödel (Seite 219) zubereitet werden.

Ein Museum: Rothenburg

Hoch ob dem sich durch die Felsen schlängelnden Flüßchen Tauber liegt die Stadt Rothenburg: weltberühmtes Ensemble von einzigartigem Reiz, eine von spätem Mittelalter und Renaissance geprägte freie Reichsstadt. Rothenburg, Nördlingen und Dinkelsbühl – alle drei hart an der Grenze vom bayerischen zum württembergischen Franken gelegen – konnten die Zeitläufte fast unbeschadet überstehen: So haben früher viele Städte in Deutschland ausgesehen! Ihr Glück lag, aus heutiger Sicht gesehen, darin, daß sie im Dreißigjährigen Krieg verschont blieben und danach an den Rand des politischen und wirtschaftlichen Geschehens gerieten. Ihr Leben verlief fortan geruhsam, keine Neuerungen zerstörten die Stadtbilder. In Dinkelsbühl, Nördlingen und vor allem Rothenburg kann man erleben, wie schön eine Stadt ist, wenn sie zwar individuell gestaltet, aber von der Idee her aus einem Guß ist: Jedes Haus eine eigenständige Leistung, mit Charakter und Persönlichkeit. Folgerichtig tragen sie auch einen Namen, sind nach einem schmückenden Tier oder Wappen benannt. Nicht, weil alles gleichmacherisch erdacht worden wäre, sondern durch Maß und immer wiederkehrende Formen in der Vielfalt von Ecken, Türmen, Erkern, Baukörpern und Vorsprüngen fügt sich alles zur Einheit – wobei sich die Fassaden der Häuser nicht einmal an die Fluchtlinien halten.

Heute leben die Städte sozusagen als begehbare Museen von ihrer schönen Substanz – in Rothenburg scheinen manchmal mehr Japaner oder Amerikaner als Einwohner zu weilen. Ganze Schulklassen und Seniorenheime, Kunstbeflissene in Cord und Freizeitler in Stretch bilden eine Mischung, die ertragen sein will. Aber die Menschen leben hier von ihnen und lassen es sich nicht verdrießen – auch nicht, daß in einigen Geschäften das ganze Jahr über Weihnachten ist . . .

Überall in der alten Stadt gibt es Brunnen – prunkvolle zum Schmuck und praktische für die Wasserversorgung

Das »Plönlein«: eine mittelalterliche, urgemütliche Häusergruppe mit dem Siebersturm

Überall in Rothenburg gibt es Spielzeug zu kaufen – mal schön, mal kitschig. Die wirklich schönen, alten Sachen kann man dagegen im Puppen- und Spielzeugmuseum entdecken; interessant auch das mittelalterliche Kriminalmuseum. Doch das schönste bietet Rothenburg in seinen Straßen – das prachtvolle Rathaus, die schönen Ausleger der Geschäfte und Wirtschaften; sogar der allbekannte Burger-Imbiß verzichtet hier auf Neon!

Diller's Schneebal
Diller
Puderzucker
Schneeballen
Geöffnet

1

SCHNEEBALLEN

Ein Festgebäck, das früher zur Kirchweih oder zu Hochzeiten gehörte, wie der Gang zur Kirche, heute in Rothenburg als Spezialität das ganze Jahr hindurch in den Bäckereien und Konditoreien angeboten wird. Man braucht dafür ein spezielles Fritiereisen (das man in den Haushaltsgeschäften der Stadt natürlich kaufen kann). Geschickte Hausfrauen formen die Kugeln von Hand. Man kann sich auch mit einem Drahtsieb behelfen. Im übrigen sehen die duftigen Gebäckkugeln komplizierter aus, als sie sind.

Für etwa 10 Stück:
2 Eier, 60 g Zucker, 4 EL Sahne,
2 EL Kirschwasser,
65 g Butter, ca. 350 g Mehl,
Butterschmalz zum Ausbacken,
Puderzucker zum Bestäuben

Eier und Zucker schaumig rühren, Sahne und Kirschwasser einarbeiten, schließlich die zimmerwarme, fast geschmolzene Butter und das Mehl untermischen. Einen glatten Teig daraus kneten.

Den Teig in Stücke teilen, knapp tennisballgroße Kugeln formen. Jeden dieser Bälle auf bemehlter Fläche zu einem dünnen Kreis ausrollen. Mit dem Teigrädchen oder Messer in einem Zentimeter Abstand Schnitte ziehen, dafür sorgen, daß rundum jedoch ein intakter Rand stehen bleibt. Jeden zweiten Streifen über den Zeigefinger ziehen, die gesamte Platte schließlich hochnehmen und locker in den Fritierkorb legen. In heißem Butterschmalz drei Minuten hellbraun ausbacken.

Die Schneeballen sehr gründlich abtropfen lassen, dick mit Puderzucker bestäuben und möglichst noch warm zum Kaffee servieren.

Auf bemehlter Fäche werden die knapp tennisballgroßen Teigkugeln zu dünnen runden Fladen ausgerollt. Parallel so einschneiden, daß rundherum ein völlig intakter, schmaler Rand stehen bleibt

Jeden zweiten Streifen aufnehmen und über den Zeigefinger legen, dann das Ganze hochheben und zu einer ziemlich locker-luftigen Kugel formen. Dabei diese auf gar keinen Fall zusammendrücken!

Die Kugel vorsichtig in die untere Hälfte des Eisens gleiten lassen. Zuklappen und in heißes Butterschmalz halten – das Fett dringt durch die Löcher in die Form und bäckt den Teig zum luftigen Ball

Großes Bild: Schneeballen sind die Rothenburger Spezialität – man kann sie in unzähligen Geschäften kaufen.
Oben: Solch schöne, liebevoll restaurierte Tierzeichen bezeichnen viele Häuser

Noch warm mit Puderzucker bestäuben. Am besten gleich essen, doch schmecken die Schneeballen auch kalt. Manche lieben sie in Kakao oder Kokosflocken gewälzt oder mit Schokolade überzogen

Detwang: ein Dorf im Dornröschenschlaf

Unterhalb von Rothenburg liegt, am Ufer der Tauber, das kleine Dörfchen Detwang. Es ist viel älter als die Stadt oben, deren erste Kirche von St. Peter und Paul von Detwang abhängig war. Aber schon bald überrundete das Kind die Mutter, die der Deutsche Orden 1258 übernahm. 1544 wurde die Kirche evangelisch, längst gehört Detwang zu Rothenburg.

Schon auf dem Weg hinunter muß man das Dörfchen ins Herz schließen, wie seine Häuser sich um die Kirche ducken, die mit ihrem mächtigen romanischen Turm wie eine Glucke über sie zu wachen scheint. Im Winter, wenn kein Laub an den Bäumen ist, prägt sich das Bild noch klarer ein als im Sommer. Außerdem ist das die touristenarme Zeit, das Dorf hält Winterschlaf – wer jetzt in die Kirche will, muß zum Pfleger gehen, im stattlichen Haus gegenüber mit den schönen Läden, bekommt den Schlüssel oder es wird ihm aufgeschlossen.

Die auf romanischer Basis gotisch ausgebaute und mit barocken Teilen ausgestattete Kirche nimmt sofort durch ihre angenehmen Proportionen und einen klaren Ausdruck gefangen. In der Mitte der großartige Kreuzigungsaltar von Tilman Riemenschneider. Er war ursprünglich für die Michaelskapelle in Rothenburg geschaffen. Aber dort brauchte man 1653 Platz und schaffte ihn nach Detwang, wo er arg beengt aufgestellt werden mußte: Die Figurengruppen wurden zu nah an das Kreuz herangeschoben, so daß die Blicke der Aufschauenden am Christus vorbeigehen. Außerdem wurde das Lendentuch Christi abgebrochen. Trotz dieses Schicksals – das unsachgemäße Verschleppen erlitten so viele kirchliche Kunstwerke, wenn sie nicht gar in Museen landeten – gehört der Altar zu den großen Werken der europäischen Kunst. Man versteht, daß sich Paare aus ganz Deutschland in dieser Kirche trauen lassen wollen. Dafür kommt dann ein Pfarrer aus Rothenburg.

Ganz oben der Kreuzigungsaltar des Würzburger Bildhauers Tilman Riemenschneider. Man merkt, daß die Gruppen zu nahe am Kreuz stehen – auch sind die Seitenflügel im Verhältnis zu mächtig. Riemenschneider verzichtete 1508, als er diesen Altar schuf, schon längst darauf, seinen Figuren eine farbige Fassung zu geben – er baute ganz auf die Wirkung des honiggolden gebeizten Holzes, das Spiel von Licht und Schatten auf den lyrischen Gestalten und ihren verinnerlichten Gesichtern. Die übrige Ausstattung ist nicht groß, aber der Gesamteindruck: eine schöne, wahre, bescheidene Dorfkirche, wie man sie öfter in Franken findet

Die »Schwane« in Volkach: Gasthaus

Der Main mäandert ja höchst unschlüssig durch das Frankenland, bis er sich endlich bei Mainz in den Rhein ergießt. Im Zickzackkurs arbeitet er sich langsam nach Westen. Seine tollste Kapriole schlägt er allerdings bei Volkach, wo er auf seinem Weg nach Süden auf einmal eine fast kreisrunde Schleife zieht, um danach weiter zu fließen, als hätte er die gerade Linie niemals verlassen.

Das hübsche Städtchen Volkach, an der Biegung dieser Mainschleife gelegen, ist bekannt wegen seiner spätgotischen Wallfahrtskirche »Maria am Weinberg« mit einer berühmten Plastik, der »Madonna im Rosenkranz« von Tilman Riemenschneider. Die Weinlagen hier gehören bestimmt zu den bekanntesten in ganz Franken: Volkacher Ratsherr oder Kirchberg, Nordheimer Vögelein, Escherndorfer Lump – um diese Namen schon einmal gehört oder getrunken zu haben, muß man kein ausgepichter Weinkenner sein. Außerdem ist die Gegend berühmt für ihren Spargel, der im sandigen Muschelkalkboden besonders gut gedeiht. Kirsch- und Steinobstplantagen ziehen graphisch wirkende Linien durch das Land. Man weiß hier fabelhafte Brände zu destillieren!

Eines der schönsten Gebäude zwischen all den liebevoll herausgeputzten Fachwerkhäusern der Altstadt ist, direkt gegenüber der Stadtpfarrkirche, das »Gasthaus zur Schwane«. Tatsächlich hat der Name mit dem Wasservogel, der goldenglänzend vom schmiedeeisernen Ausleger grüßt, nichts zu tun. Vielmehr wurde das Haus von der Familie Schwan um 1400 begründet. Der Name blieb jedoch bis heute, auch als nach 1679 Haus, Hof und Weingut längst in anderen Händen war und selbst als 1935 Joseph Pfaff II. das Anwesen erwarb. Der Zusatz »der Zweite« war damals nötig, um Verwechslungen zu vermeiden, weil es bereits einen Joseph Pfaff in Volkach gab. Inzwischen ist mit Michael Pfaff und seiner Frau Petra die zweite Generation am Werk. Die Töchter Eva und Katharina arbeiten auch mit.

Das Rathaus von Volkach mit seiner zweiläufigen Treppe

Rotgedeckte Dächer, verwitterter Putz: altfränkische Idylle

und Ortschaft wie aus dem Bilderbuch

Die Gaststuben der »Schwane«, wie das Haus von den Gästen liebevoll verkürzt genannt wird, gehören bestimmt zu den schönsten im ganzen Land; die dunkle Täfelung, die alten, bäuerlichen Möbel, blanke, einfache Stühle – alles ganz schlicht und echt, ohne tümelnden Zierat; auffällig die prächtigen Kachelöfen von seltener Machart; auf den blankgescheuerten Tischen wunderschönes, grobes Bauernleinen in Weiß und Rot, den fränkischen Nationalfarben. Als Schmuck nur Blumen und zinnerne Platzteller – Petra Pfaff hat beim Dekorieren eine glückliche Hand. Bildschön im Sommer der entzückende Innenhof, in dem es sich in (bei dem milden Klima häufigen) lauen Sommernächten gemütlich sitzen und zechen läßt.
Der Wein wird dabei nicht ausgehen. Michael Pfaff hat 8 Hektar Rebgärten, die meisten direkt unterhalb von »Maria im Weingarten«; er ist zufrieden mit ihr als Schutzpatronin. Die Hälfte seiner Rebfläche hat er mit Silvaner bepflanzt, der ja für Franken einmal typisch war und leider lange Zeit vernachlässigt wurde; ein Viertel ist Riesling, der Rest Kerner, Spätburgunder und Rieslaner, wie er den Müller-Thurgau nennt. Pfaff baut seine Weine eher klassisch aus, natürlich trocken, aus hochreif geerntetem Lesegut, das er obendrein einem biologischen Säureabbau unterzieht, um so jene harmonischen, runden Weine zu erzielen, für die Franken berühmt geworden ist. Den in Mode gekommenen Ausbau in neuen, kleinen Holzfässern macht er nicht mit. Da sieht er sich eher als Traditionalist. »Wenn allerdings«, so gibt er aber auch zu, »der Wein nur zart vom Holz geküßt worden ist, hab' ich nichts dagegen.« Es lebe der Unterschied!
Die Küche der »Schwane« ist deutlich fränkisch ausgerichtet, auf eine feine, leichte, moderne Weise. Viel Fisch aus dem mittlerweile wieder fischreichen Main. Und aus hauseigener Schlachtung gibt es die besten fränkischen Würste, die man sich überhaupt vorstellen kann.

Goldglänzend grüßt der Namenspatron vom Ausleger

Petra und Michael Pfaff, die Wirtsleute von der »Schwane«

1

FRÄNKISCHE KARTOFFELSUPPE

Für vier bis sechs Personen:
3 große Kartoffeln, 1 Porreestange,
1 Zwiebel, $^1/_4$ Sellerieknolle,
2 EL Butter, 75 g Speck,
$^1/_2$ Glas Weißwein, 1 l Kalbsbrühe,
einige Petersilienstengel,
$^1/_{10}$ l süßer Rahm,
Salz, Pfeffer, Muskat

Die Kartoffeln schälen und würfeln. Das Weiße vom Porree, die Zwiebel und die Sellerieknolle ebenfalls klein schneiden. In der heißen Butter andünsten, dabei den winzig gewürfelten Speck zufügen. Mit Wein und Brühe auffüllen, die Petersilienstengel zugeben (die Blätter abzupfen und beiseitelegen). Zugedeckt eine halbe Stunde köcheln, bis alles weich ist. Mit dem Pürierstab fein zerkleinern, nach Belieben durch ein Sieb passieren.

Den Rahm zufügen, die Suppe mit Salz, Pfeffer und Muskat abschmecken und noch einmal mit dem Pürierstab schaumig aufmixen.

In der »Schwane« serviert man die Kartoffelsuppe mit Stücken von hausgeräuchertem Saiblingfilet als Einlage und mit winzigen, kroß gebratenen Kartoffelwürfelchen bestreut.

2

KALBS-ENTRECOTE AUF HEU MIT GRAUPENRISOTTO

Für vier Personen:
4 Scheiben aus dem ausgelösten Kalbsrücken à ca. 200 g,
2 EL Butterschmalz, Salz, Pfeffer,
2 Händevoll frisches Heu
Graupenrisotto:
1 Zwiebel, 2 EL Butter,
150 g dicke Gerstengraupen,
1/4 l Sekt, ca. 1/2 l Brühe,
je 2 EL winzige Würfel von Porree, gelben Rüben und Sellerie,
3 EL Rahm, Petersilie

Die Kalbssteaks in rauchend heißem Butterschmalz rasch auf beiden Seiten anbraten. Salzen, pfeffern und auf ein Bett von Heu in eine ofenfeste Pfanne setzen. Das Heu mit etwas Wasser anfeuchten, damit es nicht verbrennt. Die Pfanne zugedeckt in den 160 Grad heißen Ofen stellen; die Steaks etwa 10 Minuten nachziehen lassen. Dabei werden sie zugleich sanft geräuchert.

Für den Risotto die feingehackte Zwiebel in heißer Butter andünsten. Die Graupen zufügen, mit zwei Drittel des Sekts und der Brühe ablöschen. Leise etwa 20 bis 30 Minuten köcheln, bis die Graupen kernig weich sind. Die Gemüsewürfelchen, Rahm und den restlichen Sekt unterrühren. Abschmecken und noch einige Minuten ziehen lassen.

Angerichtet wird auf einem Bett von Grünkohlgemüse, mit einer milden Sauerrahmsauce, der Tupfen von konzentrierter Rotweinsauce Farbe und Würze geben. Den Graupenrisotto einfach daneben häufen.

1

2

Joachim Jäcklein, gebürtiger Volkacher, kennt die »Schwane« schon von Kindesbeinen an. Seit 1991 ist er hier Küchenchef

1

KALBSLEBER IM KOHLBLATT

Für vier Personen:
1 Schweinenetz (beim Metzger rechtzeitig bestellen!), 1 kleiner Weißkohl

Füllung:
2 Semmeln, 300 g Kalbsleber, 2 EL Butter, 1 EL Öl, 1 Gläschen Portwein, 1 Zwiebel, 1 Bund Petersilie, 1 Ei, Salz, Pfeffer, Muskat,

Außerdem:
2 EL Butter, 1 Zwiebel, 75 g Bauchspeck in dünnen Scheiben, 1/8 l Kalbsfond

Das Schweinenetz mindestens eine Stunde lang wässern. Den Weißkohl in Blätter zerlegen; dafür den ganzen Kopf in kochendes Salzwasser tauchen, bis die Blätter biegsam genug sind, um sich ablösen zu lassen. Eiskalt abschrecken.

Für die Füllung die Semmeln in zentimetergroße Würfel schneiden. Die Hälfte davon in heißer Butter anrösten. Die sorgsam entsehnte und gehäutete Leber ebenfalls würfeln; auch davon die Hälfte, diesmal im heißen Öl, rundum rasch anbraten. Mit Portwein ablöschen. Herausheben, die gehackte Zwiebel in derselben Pfanne weich dünsten. Alles salzen und pfeffern.

Die restliche Leber mit dem verbliebenen Weißbrot, der gedünsteten Zwiebel, Petersilie und Ei im Mixer pürieren. Diese Farce mit Salz, Pfeffer und Muskat würzen. Leber- und Weißbrotwürfel untermischen.

Die Füllung auf die Kohlblätter verteilen, sie jeweils zu Krautwickeln aufrollen. Jede Roulade in ein Stück Schweinsnetz packen. Die Rouladenpäckchen in einem flachen, ofenfesten Schmortopf in der heißen Butter zunächst rundum scharf anbraten. Die feingehackte Zwiebel sowie den in winzige Würfel geschnittenen Speck drumherumstreuen. Mit Kalbsfond ablöschen. Im 160 Grad heißen Ofen 10 bis 15 Minuten garziehen lassen.

Die Kohlpäckchen in der Mitte schräg aufschneiden, damit man ihr hübsches Innenleben sieht, und anrichten. In der »Schwane« serviert man dazu zarte Böhnchen und Möhrengemüse.

2

MISTKRATZERLE IN RIESLING

Für vier Personen:
2 Stubenküken à 400 g, Salz, Pfeffer, Mehl zum Wenden, 3 EL Butterschmalz, 1 Zwiebel, 1 Porreestange, 1 Stück Sellerie, 1 gelbe Rübe, 3/8 l Riesling, 1/2 l Wasser, 2 Knoblauchzehen, 1 Nelke, 1 Lorbeerblatt, 1 TL Pfefferkörner, 2 EL Butter, 250 g Zwiebeln, 200 g Crème fraîche

Die Hühnchen in vier bis sechs Portionsstücke zerlegen. Rückgrat, Flügelspitzen, Hals und Hautstücke aufheben. Die Fleischstücke salzen, pfeffern, mit Mehl bestäuben und im heißen Butterschmalz rundum golden anbraten.

Inzwischen Zwiebel, Porree, Sellerie und gelbe Rüben putzen und grob würfeln. Die Hühnerstücke herausheben, zwischen zwei Tellern warm stellen. Im verbliebenen Fett das Gemüse anbraten. Die beiseite gestellten Hühner»abfälle« zufügen und mitrösten. Mit Wein und Wasser ablöschen. Die Gewürze zufügen. Etwa eine Stunde leise köcheln, bis ein konzentrierter Saucenfond entstanden ist. Durch ein Sieb filtern.

Die Butter im Schmortopf erhitzen, die geschälten Zwiebelchen darin andünsten. Mit Saucenfond auffüllen. Die Hühnchenstücke zufügen. Nunmehr zugedeckt etwa 20 Minuten sanft garschmoren. Zum Schluß dann die Crème fraîche einquirlen und die Sauce nochmals abschmecken. Mit Nudeln und Rosenkohlgemüse servieren.

3
OFENSCHLUPFER

<u>Für vier bis sechs Personen:</u>
1 altbackenes Kastenweißbrot,
2 EL Butter, 4-6 reife Birnen,
6 Eier, 1/4 l Rahm, 2-3 EL Zucker,
1 Päckchen Vanillezucker

Das Brot in dünne Scheiben schneiden. In eine gebutterte Form schichten, die geschälten, in Scheibchen geschnittenen Birnen dazwischen verteilen.
Eier, Sahne, Zucker und Vanillezucker verquirlen; die Brotscheiben damit knapp bedecken.
Bei 200 Grad 40 bis 50 Minuten backen. Abgekühlt in Stücke schneiden und auf Vanillesauce anrichten.

3

Die »Mädels« von Sommerach

Sie sind eine Institution, die Schwestern Schmitt aus Sommerach, liebevoll und ganz und gar nicht despektierlich »die Mädels« genannt. Die beiden rüstigen Damen, ehrwürdige 82 und 79 Jahre alt, führen ihren »Gasthof zum Schwan«, als wäre das in diesem Alter eine Selbstverständlichkeit. Natürlich ist es kein gewöhnliches Gasthaus. Wer sich nicht anmeldet, steht unter Umständen vor verschlossener Tür, weil die Damen ihr Mittagsschläfchen halten, der Fußboden gerade gewischt wurde und noch nicht trocken ist oder weil die beiden Schwestern sich voll auf gerade anwesende Gäste konzentrieren möchten und deshalb die Türe kurzerhand versperrt haben. Dann halten die Damen in unnachahmlicher Weise hof, unterhalten ihre hingerissenen Gäste mit entzückenden Geschichten aus ihrer Jugendzeit, in der sie dank eines wohlhabenden Onkels in Berlin die Welt gesehen haben.
Ihre Mutter hat bis wenige Tage vor ihrem Tod mit 90 Jahren immer bei den Gästen gesessen, überall noch mitgeholfen. So werden die beiden es auch halten. »Es wäre mir einfach zu langweilig, wenn ich mich zur Ruhe setzen müßte!« sagt Ida, die jüngere, nicht nur für den Ausschank und die Gäste zuständig, sondern auch für den schimmernden Glanz der Ahorntischplatten im Gastraum. Sie werden täglich mit Schmierseife gescheuert und mit einem Wolltuch nachpoliert, bis sie glatt wie Seide sind. Agnes, die ältere, steht indessen in der Küche. Sie ist berühmt für ihre Fischgerichte – natürlich nimmt sie nur Fische aus dem Main –, auch für ihre Enten, den Rinderbraten, die Rouladen und ihre unnachahmlich zarten Klöß' kommen die Gäste von weither. Und dann gibt es noch die herrlichen Wurstspezialitäten von Herrn Horn, wie ihn die Damen respektvoll ansprechen; er ist seit fast 50 Jahren der dritte im Bunde und mit seinen 78 auch der jüngste. Als Metzger, aber auch Kellermeister und Mann für alles im Haus.

Das Gebäude des »Gasthof zum Schwan« *wurde 1700 erbaut; die kunstvolle Fassade erst acht Jahre später vollendet, übrigens vom selben Barockkünstler, der den vierbeinigen Bildstock an der Straße nach Volkach geschaffen hat*

Die Holztäfelung im Nebenzimmer stammt von 1897, es ist reinster Jugendstil. Die passende Malerei allerdings hat erst 1951 ein Rothenburger Kunstprofessor angebracht. Vorher war der Raum mit verschiedenen Wappen ausgemalt

Genau so gemütlich und heimelig, wie es beim Blick von außen wirkt, ist es drinnen in der Gaststube

ROULADE
MIT KARTOFFELKLOSS

Bei den Schwestern Schmitt haben die Klöße ihren ganz besonderen Schmelz. Sie werden aus frisch gekochten Kartoffeln zubereitet.

Für sechs Personen:
6 halbzentimeterdünne Scheiben Rindfleisch aus der Oberschale, Salz, Pfeffer, Muskat, scharfer Senf, 100 g grobes Wurstbrät, 2 Gewürzgurken, 1 Zwiebel, 2 EL Butterschmalz, ca. 1/2 l Brühe, 1 Glas Weißwein, 1 Becher Rahm

Kartoffelklöß':
750 g mehlige Kartoffeln, Salz, 125 g Kartoffelstärke, 1 kleines Ei, 2 Scheiben Weißbrot, 2 EL Butter

Die Fleischscheiben auf der Arbeitsfläche ausbreiten, mit der glatten Seite des Klopfers flach streichen. Salzen, pfeffern, mit Muskat würzen und mit Senf bestreichen. Das Brät auf den Fleischscheiben verteilen. Die Gurken längs in Streifen schneiden und zusammen mit der feingehackten Zwiebel darauf betten. Die Rouladen sorgfältig aufrollen und mit Zwirn oder Holzspießchen verschließen.

Im heißen Butterschmalz scharf rundum anbraten, mit etwas Brühe und Wein ablöschen. Auf mildem Feuer zugedeckt sanft garschmoren, dabei immer wieder mit einem Schuß Brühe loskochen. Zum Schluß den Rahm unterquirlen. Die Rouladen insgesamt zwei bis zweieinhalb Stunden schmoren, bis sie mürbe sind.

Für die Klöße die Kartoffeln weich kochen, noch heiß pellen und durch die Presse drücken. Salz und Stärke zufügen, mit den Händen durcharbeiten, je nach Beschaffenheit des Teigs das ganze Ei, eventuell auch nur ein Eigelb einarbeiten. Der Teig darf nicht kleben!

Aus dem geschmeidigen Teig tennisballgroße Klöße formen, in Butter geröstete Weißbrotwürfelchen in die Mitte stecken.

Die Kartoffelklöße nun in ganz leise siedendem Salzwasser etwa 15 bis 20 Minuten langsam gar ziehen lassen.

Fünf Hektar Rebland besitzen die Damen Schmitt. Der Wein, den sie dort mit Hilfe von Kellermeister Horn und zwei Helfern aus dem Dorf kultivieren, schenken sie in ihrem Gasthaus aus. Wer Glück hat, bekommt auch alte Tropfen zum Probieren

Bildschön, der unverstellte Blick auf Sommerach. Hier haben sich nicht, wie anderswo, vor dem Tor Neubaugebiete ausgebreitet. Den Schwestern Schmitt sei Dank, denen der Grund gehört und die nicht zulassen wollen, daß diese Ansicht verschandelt wird

Dieser Riemenschneider-Bildstock »Graue Marter«, einer der schönsten der Region, steht an der Straße nach Münster Schwarzach. Allerdings ist es nur eine Kopie. Das Original ist in der Friedhofskapelle aufgestellt

Die Wallners im Großmarkt und ihre Weißwürste

»Flaumig muß eine Weißwurscht sein, also saftig, zart, geschmeidig in einem, flaumig eben!« sagt Heinz Wallner mit Nachdruck, wobei er das entscheidende Wort ganz breit, »flaamig«, ausspricht. »Am Gaumen zergehen müssen sie, wenn man sie mit der Zunge drückt . . .« Er scheint dabei eine imaginäre Weißwurst zu zerdrücken.
Seine Würste sind flaumig und zergehen am Gaumen. Das wissen die wahren Feinschmecker in München. So kann es passieren, daß in der »Gaststätte in der Großmarkthalle« nach dem Einkauf Eckart Witzigmann, Otto Koch und andere besternte Köche aufeinandertreffen und drei (oder fünf) Weißwürste essen. Man bestellt sie nämlich nicht paar-, sondern stückweise. Zwei sind immer zu wenig . . . Vorausgesetzt, sie sind aus schierem Kalbfleisch, kernigem Rückenspeck, gelatinehaltiger Schwarte beziehungsweise Häutelwerk vom Kalbskopf und der richtigen Menge Wasser bzw. Eis. Erlaubt sind bis zu 49 % Schweinefleisch, 10 % Schwarten und 25 % Wasser, höchstens 30 % Fett.
»Meine Würste sind rein kälbern«, stellt Heinz Wallner unmißverständlich fest. Er ist gelernter Metzger und Wirt. Das gehörte früher in München zusammen: Ein Gasthaus war und ist berühmt, wenn seine Würste gut sind. Vielleicht kaufen deshalb nicht wenige Wirte ihre Weißwürste bei ihm, so daß er Tag für Tag zwei- bis dreitausend Stück macht – außer am Heiligen Abend, da werden es zwanzigtausend! Daß die Weißwurst eine Münchner Erfindung ist, kann als gesichert gelten. Ob sie, wie oft kolportiert, tatsächlich 1857 im Gasthaus »Zum ewigen Licht« auch das Licht der Welt erblickte, mag dahingestellt sein. Aber daß sie das Zwölfuhrläuten nicht erleben darf, ist eine alte Mär: Das war nötig, als die Würste ungebrüht verkauft wurden. Seit 1935 ist das aber verboten – und eine gebrühte hält leicht drei Tage im Kühlschrank. Aber, so Wallner: »Die Leute woll'ns net, drum is sie für'n Vormittag und die kühle Jahreszeit – am Abend im Biergarten hat's nix zum Suchen«.
Seit Jahrzehnten wird gestritten, wie die Weißwurst zu essen ist – die einen wollen sie aussaugen, das sind die »Zuzzler«, die aber aussterben, weil die Würste heute kalt und mit weniger Wasser verarbeitet werden, also fester sind – »und g'schmacklich besser«, sagt Wallner: »Man schneidet sie einfach mit dem Messer längs auf und schält die Wurst aus der Haut.«
Heinz und Luise Wallner führen die Münchner Traditions-Gaststätte seit 1967. Sohn Ludwig als Metzger und Tochter Gabi in Büro und Küche machen tatkräftig mit. Das ist auch nötig, denn Personal ist knapp. Wer die hübschen und – für München ungewohnt – liebenswürdigen Bedienungen erlebt, glaubt das nicht. Denen macht ihre Arbeit Spaß: »Ois is guat!« lobt die Karin, »Reklamationen? Na, so was gibt's bei uns gar net.« Luise Wallner ist eine ausgezeichnete Köchin. Bei ihr weiß man: So und nicht anders muß es schmecken!

So gemütlich sitzen die Wirtsleute Luise und Heinz Wallner selbstverständlich nur für uns in ihrer eigenen Gaststube!

Kurz nach zehn Uhr herrscht noch Ruhe: Bald wird es keinen Platz mehr geben und alle werden ordentlich zugreifen!

1

KALBSBEUSCHERL

Bei bayrischen Metzgern gibt's die hierfür nötige Kalbslunge bereits geputzt, von Röhren, Sehnen und Häuten befreit, fix und fertig vorgekocht und sogar bereits »nudelig«, also in feine Streifen geschnitten. Anderswo wird man die Lunge selber parieren, also säubern müssen und im würzig-sauren Sud weichkochen. Es ist jedoch eine Mühe, die sich lohnt – denn ein sorgfältig zubereitetes Beuscherl ist eine besondere Delikatesse! Und es ist um so besser, je akkurater man zuvor die Lunge gesäubert hat.

<u>Für vier bis sechs Personen:</u>
ca. 500 Kalbslunge, 1 Kalbsherz,
1 dickes Bund Suppengrün, 1 Zwiebel,
2 Lorbeerblätter, 5 Wacholderbeeren,
1 TL Pfefferkörner, 2 Thymianzweige,
$^1/_{10}$ l Rotweinessig, Salz,
2-3 EL Schweineschmalz,
2 gestrichene EL Mehl, 1 EL Zucker,
2-3 Salzgurken, 2 Knoblauchzehen,
Zitronenschale, 1 EL Rahm

Lunge und Herz sorgfältig von Häuten und Sehnen säubern. Mit kleingeschnittenem Wurzelwerk, grob gehackter Zwiebel, Lorbeerblättern, Wacholderbeeren, Pfefferkörnern und Thymianzweigen in einen Topf füllen, Essig angießen, salzen, alles mit Wasser bedecken. Damit die Lunge unter Wasser bleibt, mit einer Untertasse beschweren. Auf kleinem Feuer eine gute Stunde leise köcheln lassen, bis Herz und Lunge gar sind; sie lassen sich dann mit einer Fleischgabel leicht durchstechen. Nochmals von Häuten und Sehnen befreien und in sehr feine Streifen schneiden. Dabei die letzten harten und unschönen Stellen aussondern.

Für die Sauce im heißen Schmalz Mehl und Zucker sanft anbräunen. Feingehackten Knoblauch zufügen. Mit soviel Kochsud ablöschen, wie man Sauce haben möchte. Etwa 20 Minuten leise köcheln, bis der Mehlgeschmack verschwindet und die Sauce schön dicklich geworden ist. Die Gurken winzig würfeln und zusammen mit den Lungen- und Herzstreifen in die Sauce rühren. Mit etwas abgeriebener Zitronenschale würzen, den Rahm einrühren, schließlich mit Salz und Rotweinessig abschmecken.

Das Beuscherl wird im Suppenteller serviert. Dazu paßt am besten ein dicker, lockerer Semmelknödel, der wie eine Insel in der Tellermitte sitzt.

1

2

GESOTTENE OCHSENBRUST MIT SAUREM KARTOFFELGEMÜSE

Das von zwei Seiten mit einer Fettschicht eingeschlossene Brustfleisch gerät stets herrlich saftig. Es läßt sich übrigens kalt besser in Scheiben schneiden, als frisch gesotten. Deshalb sollte man es ruhig schon am Vortag zubereiten, dann auf der Aufschnittmaschine aufschneiden und in der heißen Brühe wieder erwärmen.

Für vier bis sechs Personen:
1 kg Brustkern, Wurzelwerk, Salz,
3 Lorbeerblätter, 1 TL Pfefferkörner
Kartoffelgemüse:
1 kg festkochende Kartoffeln,
1 EL Schweineschmalz, 1 EL Butter,
1 Zwiebel, 2 EL Mehl,
$^{1}/_{2}$ - $^{3}/_{4}$ l Brühe, Salz, 1 Nelke,
1 Liebstöckelzweig, Pfeffer,
2-3 EL Essig

Das Fleisch mit grob zerkleinertem Wurzelwerk, Salz, zwei Lorbeerblättern und Pfefferkörnern in einen Topf füllen. Mit Wasser bedecken und auf mildem Feuer leise zwei bis drei Stunden köcheln.

Die Kartoffeln in der Schale garkochen. Für die Sauce Schmalz und Butter erhitzen, die feingehackte Zwiebel darin andünsten. Bevor sie Farbe nimmt, mit Mehl bestäuben und gut durchrösten. Mit Brühe ablöschen, Salz, Nelke, Lorbeerblatt, Liebstöckelzweig, Pfeffer und Essig zufügen. Ohne Deckel eine halbe Stunde leise köcheln lassen, bis die Sauce sämig und würzig geworden ist. Die Gewürze herausfischen, die mittlerweile gepellten, in Scheiben geschnittenen Kartoffeln einrühren. Erwärmen und noch einmal schön säuerlich abschmecken, bevor serviert wird.

Sohn Ludwig Wallner hat festen, kernigen Rückenspeck von den Schwarten befreit – die werden jetzt kurz blanchiert und abgekühlt. Unterdessen wird der Speck in breite Streifen . . .

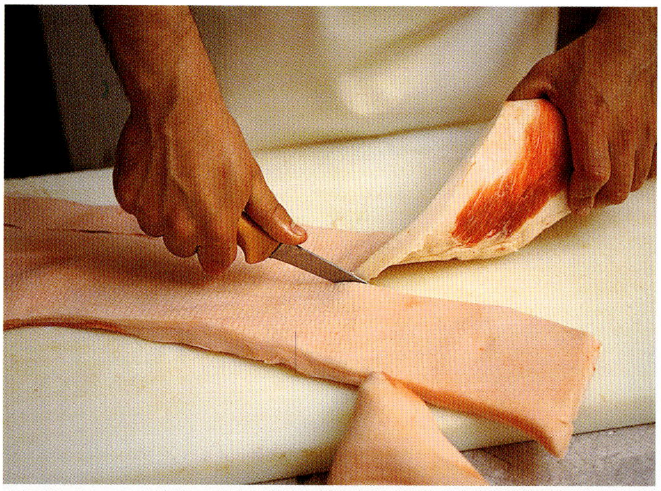

. . . geschnitten, damit er in den Fleischwolf geht. Es ist gar nicht so leicht, guten Speck vom Schlachthof zu bekommen, denn die Schweine sind heute meist zu jung und zu mager

Der Speck, der den Würsten ihre Geschmeidigkeit gibt und das Aroma des Fleischs aufschließt, wird frisch verwendet. Das Kalbfleisch dagegen wurde bereits einen Tag zuvor zu Brät gemacht – Heinz Wallner sieht darin das »Geheimnis« seiner guten Weißwürste

Zusammen mit dem Speck wird Lauch – Wallner gibt ihm den Vorzug vor der üblichen Zwiebel – durch den Wolf gelassen; aber erst zum Schluß, sonst verdirbt das Brät

Kalbsbrät und Speck wurden im Kutter, dem Spezialgerät der Wurstmacher, in dem ein Messer mit hoher Geschwindigkeit senkrecht rotiert, zu einer feinen Masse püriert

Zum Auflockern kommen nun noch Eis und Wasser hinzu, schließlich wird gewürzt: Natürlich mit Salz, unbedingt mit Zitronenschale und Petersilie, eventuell mit Muskatblüte

Der Darm wird auf die Füllmaschine gezogen – ein idealer Darm (vom Schwein) kommt aus München, ist dünn, zart gesalzen und unzerteilt. Dann reicht er für 150 Weißwürste!

Das Füllen geht schnell – aber nur, wenn die Därme gut sind. Die billigsten kommen aus China, sind aber dick und zottig. Die »Dänen« sind zwar passabel, jedoch recht hart

Es braucht Erfahrung, damit die Würste prall werden, aber nicht platzen. Eine Weißwurst sollte 75 bis 78 g wiegen – »mehr als 76 g ist unanständig«, findet Heinz Wallner

Das Brühen: Etwa 18 Minuten bei 68 bis 70 Grad. Danach kommen sie zum raschen Abkühlen in eiskaltes Wasser. Hier vor den Weißwürsten die dickeren Stockwürste

Morgens um acht: Frisch gebrühte Weißwürste sind der allerhöchste Genuß! Dazu paßt schon jetzt ein Weißbier, süßer Senf und eine bayerische, also knusprige Brezn

Gasthäuser, Hotels und Restaurants

Restaurant **Aubergine**
Maximilianplatz 5
8000 München 2
Tel. 089/598171
Fax /5236753

Biologisches Kurhotel
Schulstraße 1
8242 Bischofswiesen
Tel. 08652/7799
od.7772
Fax /8666

Bischofshof am Dom
Kräutermarkt 3
8400 Regensburg
Tel. 0941/59086
Fax /53508

Gasthaus **Blumenthal**
Stiegelmühle
8545 Spalt
Tel. 09873/332

Boettner
Theatinerstraße 8
8000 München 2
Tel. 089/221210
Fax /221210

Bräustüberl
8091 Au am Inn
Tel. 08073/1209

Gasthaus **Brücklmeier**
Kirchplatz 5
8301 Schmatzhausen
Tel. 08781/728

Bürgerspital-Weinstuben
Theaterstr. 19
8700 Würzburg 11
Tel. 0931/13861
Fax /371512

Restaurant **Dallmayr**
Dienerstraße 14–15
8000 München 1
Tel. 089/2135100
Fax /2135167

Gasthaus-Restaurant
Franziskaner-Fuchsenstuben
Perusastraße 5
8000 München 2
Tel. 089/231812-0
Fax /23181244

Gasthaus **Glockenbach**
Kapuzinerstraße 29
8000 München 2
Tel. 089/534043

Gastwirtschaft Josef **Grimm**
Hauptstraße 4
8466 Bruck i. d. Oberpfalz
Tel. 0934/721

Gaststätte **Großmarkthalle**
Kochelseestraße 13
8000 München 70
Tel. 089/764531

Restaurant **Käferschenke**
Prinzregentenstraße 73
8000 München 80
Tel. 089/4168247

Kathi-Bräu
Brauerei K. Meyer
Heckenhof 1
8551 Aufseß
Tel. 09198/277

Krausler's feine Speisen
Georg-Baumeister-Str. 25
8301 Niederaichbach
Tel. 08702/2285
Fax /3530

Kurhausstüberl
Am See 1
8221 Waging am See
Tel. 08681/400912
Fax /400925

Der **Leeberghof**
Ellingerstraße 10
8180 Tegernsee
Tel. 08022/3966-67
Fax /1720

Insel-Hotel **Zur Linde**
Haus Nr. 1
8211 Frauenchiemsee
Tel. 08054/316
Fax /7299

Zum goldenen **Löwen**
Alte Regensburger Straße 18
8411 Kallmünz
Tel. 09473/380

Gasthof **Lunz**
Rezelsdorf
8521 Markt Weisendorf
Tel. 09163/286

Pflaum's Posthotel
8570 Pegnitz
Tel. 09241/7250
Fax /80404

Gasthaus **Rottner**
Winterstraße 25
8500 Nürnberg 80
Tel. 0911/612032
Fax /613759

Säumerhof
Steinberg 32
8352 Grafenau
Tel. 08552/2401
Fax /5343

Gasthof
zum **Schwan**
Hauptstraße 10
8711 Sommerach
Tel. 09381/2347

Zur **Schwane**
Hauptstraße 12
8712 Volkach
Tel. 09381/515
Fax /4415

Restaurant
Schwarzwälder
Le Gourmet
Hartmannstraße 8
8000 München 2
Tel. 089/2120958
Fax /2904172

Gasthof
Sonnenkaiser
Leitzachtalstraße 116
8165 Elbach/Fischbachau
Tel. 08028/2307
Fax /1536

Weinhaus **Stern**
Hauptstraße 23–25
8768 Bürgstadt
Tel. 09371/2676
Fax /65154

Straubinger Hof
Blumenstraße 5
8000 München 2
Tel. 089/2608444

Traube
Thalkirchdorf
8974 Oberstaufen 2
Tel. 08325/451
Fax /756

Berggasthof **Vorderbrand**
Vorderbrandstraße 91
8240 Schönau am Königsee
Tel. 08652/2059

Weißes Roß
Am Kirchberg 1
8451 Illschwang
Tel. 09666/223
Fax /284

Produzenten & Geschäfte

Böllermacher
Franz Pfnür
Gerner Straße 12
8240 Berchtesgaden/
Maria Gern
Tel. 08652/61491

Café **Krönner**
Theresienplatz 22
8440 Straubing
Tel. 09421/10994
Fax /10992

Delikatessen
Alois Dallmayr
Dienerstraße 14–15
8000 München 1
Tel. 089/21350
Fax /2135205

Enzianbrennerei **Grassl**
Unterau
8240 Berchtesgaden
Tel.08652/5036
Fax /64498

Feinkost **Käfer**
Prinzregentenstr. 73
8000 München 80
Tel: 089/41680
Fax: /4168622

Fischerei
Robert **Kneidl**
Seeleitenweg 5
8221 Waging am See
Tel. 08681/4262
Fax /45148

Fischerei
Holmer u. Thomas **Lex**
Haus Nr. 31
8211 Frauenchiemsee
Tel. 08054/603

Fruchtgroßhandel
Willi **Jobst** KG
Bahnhofstraße 21 a
8423 Abensberg
Tel. 09443/1295
Fax /7613

Geflügelzüchter
Josef **Bergler**
Döllnitzmühle 10
8473 Pfreimd
Tel. 09606/626

Luise **Händlmaier**
Eschenbacher Straße 2
8400 Regensburg
Tel. 0941/63091
Fax /63482

Clara u. Josef **Haslbeck**
Einkaufen auf dem Bauernhof
Unterharthof 28
8441 Parkstetten
Tel. 09428/630
Fax /8863

Käseecke
Gerhard **Waltmann**
Friedrichstraße 10
8520 Erlangen
Tel. 09131/207187
Fax /206993

Allgäuland-Käsereien GmbH
Theodor-Aufberg-Straße 10
8972 Sonthofen
Tel. 08321/8080
Fax /80840 od. 51

Kugelmüller
Johann **Meisl**
beim Gasthaus zur Kugelmühle
an der Almbachklamm
8246 Marktschellenberg

Meerrettich
Friedrich **Hieronymus**
Erlanger Straße 18
8531 Dachsbach
Tel. 09163/225

1. Bayr. Satzkrebszucht
Dr. Max **Keller**
Habsburgstraße 14
8900 Augsburg 22
Tel. 0821/91477
Fax /701980

Schlappold Alpe
Unterhalb Bergstation
Fellhorn-Bahn
8980 Oberstdorf

Diller's Schneeballenladen
Hofbronnengasse 16
8803 Rothenburg o. d. Tauber
Tel. 09861/86623

Weingut
Bürgerspital z. Hl. Geist
Theaterstraße 19
8700 Würzburg 11
Tel. 0931/3503441
Fax /3503444

Weingut Rudolf Fürst
Inh. Paul **Fürst**
Hohenlindenweg 46
8768 Bürgstadt
Tel. 09371/8642
Fax /62930

Weingut Zehnthof
Theo **Luckert**
Kettengasse 3–5
8711 Sulzfeld
Tel. 09321/6536
Fax /5077

Inntaler Ziegen- u.
Schafmilchproduktion GmbH
Josef **Lerchenmüller**
Edelweißstraße 6
8093 Rott/Inn
Tel. 08039/1465 o. 4283
Fax /3847

WÜRZBURG
SCHWEINFURT
BAMBERG
BAYREUTH
HOF
Coburg
ERLANGEN
FÜRTH
NÜRNBERG
Ansbach
Amberg
Weiden
REGENSBURG
Straubing
Ingolstadt
Landshut
Passau
AUGSBURG
MÜNCHEN
Rosenheim
Kempten
SALZ-
BURG
Garmisch-
Partenkirchen

Rezeptregister

Register

Bibliographie

Folgende Bücher haben uns gefallen und waren uns bei den Recherchen zu diesem Buch nützlich:

AABEL, M.: Neues, illustriertes, bewährtes Kochbuch. Stahl's Verlagsbuchhandlung, Regensburg 1892

ADAC-SPEZIAL 9/92: Oberbayern, Tor zum Paradies, ADAC Verlag, München

BILGRI, Pater Anselm; GERARD, Klaus-Wilhelm: Kloster Andechs, Kochbuch für Leib und Seele. Orta, München 1991

BILLER, Josef H.; RASP, Hans-Peter: München Lexikon. Süddeutscher Verlag, München 1988

DETTELBACHER, Werner: Franken. DuMont, Köln 1979

EBERTSHÄUSER, Heidi C.: Das bairische Jahr. Hugendubel, München 1979

EBERTSHÄUSER, Heidi C.: Das bairische Leben. Hugendubel, München 1980

EGGER, Walter: Land unterm Zwiebelturm. Hugendubel, München 1977

ENGELMANN, Bernt: Mitunter föhnig aufgeheitert. Knesebeck & Schuler, München

FRIEDL, Paul: Die niederbayerische Kuchl. Morsak, Grafenau 1988

HEERINGEN, Gustav von: Franken. Borowsky, München

HOFMANN Maria; LYDTIN, Dr. med. Helmut: Bayerisches Kochbuch. Birken, München 1974

HORN, Erna: Das altbayerische Küchenjahr, Prestel, München

HORN, Erna: Bayern tafelt. Prestel, München 1980

KERSCHER, Otto: Genau a so is gwen. Pustet, Regensburg 1979

KERSCHER, Otto: Land- und Bauernleben vom Böhmerwald bis zum Gäu. Morsak, Grafenau 1989

KOLB, Aegidius; LIDEL, Leonhard: D'schwäbisch' Kuche. Allgäuer Zeitungsverlag, Kempten 1978

KÜHLMANN-REDWITZ, Anna von: Tafel-Freuden. Theodor Ackermann, München

LANDESSTELLE FÜR NICHTSTAATLICHE MUSEEN IN BAYERN (Hrsg.): Museen in Bayern. C.H. Beck, München 1991

MC CORMACK, R.W.B. Mc: Tief in Bayern. Eichborn, Frankfurt am Main 1991

MERIAN 8/27: Bayerischer Wald. Hoffmann und Campe, Hamburg

MERIAN 8/45: Bayern. Hoffmann und Campe, Hamburg

MILLAU, Gault: Guide Deutschland 1992. Heyne, München

MICHELIN, Reifenwerk: Michelin Deutschland 1992.

MÖSSLANG, Franz Hugo: Deutschland deine Bayern. Rowohlt, Hamburg 1971

NEUNER-DUTTENHOFER, Bernd: Das Kochbuch aus München & Oberbayern. Hölker, Münster 1975

OKER, Eugen: Bayern wo's kaum einer kennt. Nymphenburger, München 1982

RAUERS, Prof. Dr. Friedrich: Kulturgeschichte der Gaststätte. Alfred Metzner, Berlin 1941

RIEDL, Christine Charlotte: Lindauer Kochbuch. Johann Thomas Stettner, Lindau 1886

ROSENFELD, Margaretha Johanna: Nürnberger Kochbuch. Nachdruck im Verlag W. Größchen, Dortmund, sowie Verlag die Pegnitzschäfer, Nürnberg

ROTTENHÖFER, Johann: Anweisung in der feineren Kochkunst. Borowsky, München

SCHANDRI, Marie: Regensburger Kochbuch. Alfred Poppenrath, Regensburg 1925

SCHNEIDER Herbert; WANNINGER, Karl: Küchen-Bayrisch. W. Ludwig, Pfaffenhofen 1978

SCHUHBECK, Alfons: Das neue bayrische Kochbuch. Zabert Sandmann, Steinhagen 1989

VÖLKL, Georg: Harte Zeiten. Frisinga, Freising

WALTERSPIEL, Alfred: Meine Kunst in Küche und Restaurant. Süddeutscher Verlag, München 1967

WITZIGMANN, Eckart: Meine hundert Hausrezepte. Südwest Verlag, München 1986

Bildnachweis

Wulf Harder (Seite 6)

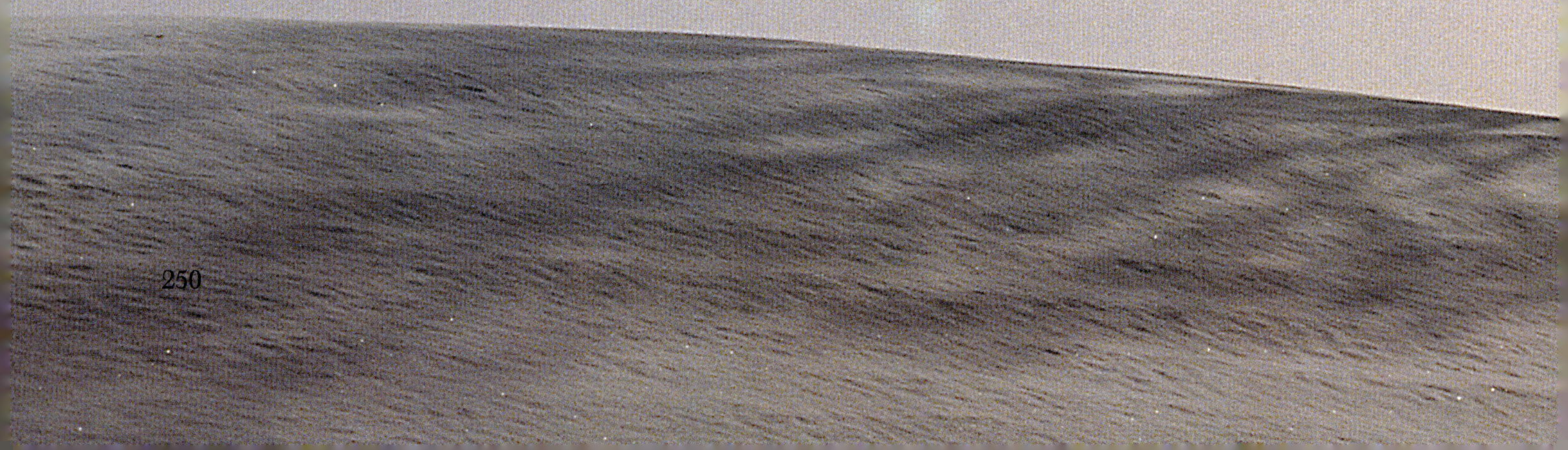